林語堂傳

林太乙 著

「要做作家，必須能夠整個人對時代起反應。」

林太乙女士

林太乙是林語堂的次女。她曾任《讀者文摘》中文版總編輯。她著有小說六部，包括《丁香遍野》、《金盤街》等，均以英文撰寫，並且譯成八種其他文字出版。她曾受聯合國文教組織委託，將中國古典名著《鏡花緣》譯成英文，在英美兩國出版，並與黎明合編《最新林語堂漢英詞典》。

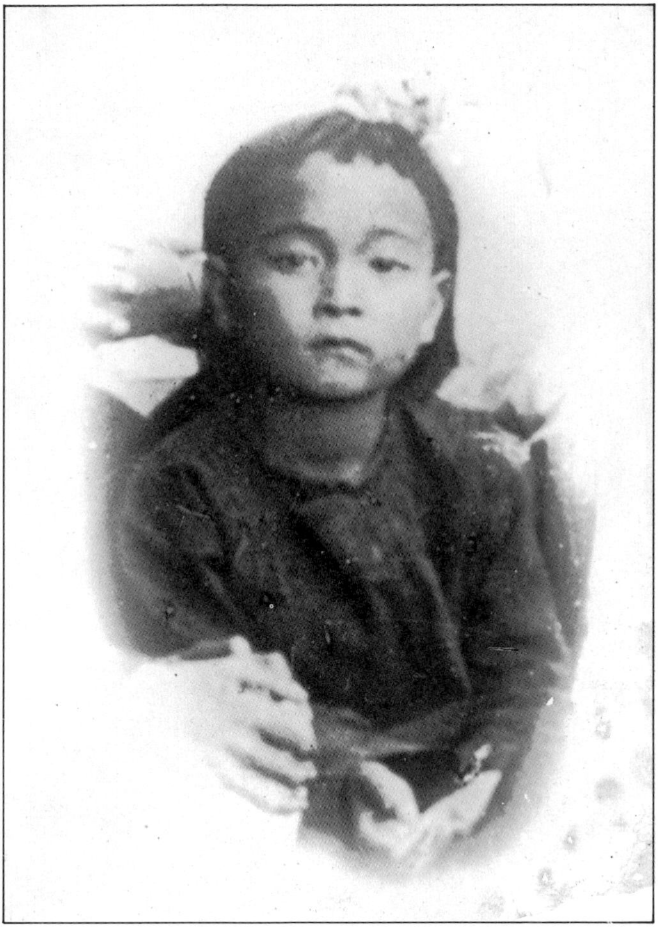
童年時的林語堂。

林語堂博士誕生的小屋。

1903年攝於坂仔，八歲的林語堂(左三)與父母、兄弟及二姐(右二)。

林語堂與夫人翠鳳在波士頓，1919年。

林語堂（後排右二）、夫人翠鳳（前排右一），與德國萊比錫大學同學合影，1923年。

1927年10月，魯迅與許廣平（前排右一、右二）在婚後與林語堂、孫伏園（後排左一、左二）於上海合影。

1930年代林語堂在上海。

1931年攝於上海。前排左起：相如、太乙、如斯。

1933年(右起)魯迅、林語堂、蔡元培(前立者)、宋慶齡、蕭伯納等閒談時合影。

林語堂主編的三本刊物：《論語》、《宇宙風》、《人間世》。

1940年代在紐約。

1950年在法國坎城「養心閣」。

翠鳳與盧芹齋夫婦。盧先生借林語堂巨款，使他能夠完成「明快打字機」的模型。

林語堂看太乙打「明快打字機」。

1968年在台灣定居之後，林語堂在陽明山家中彈琴。

林語堂心契張大千，曾以「頂天立地，獨來獨往」贈言示虔忱。

林語堂和翠鳳共同生活了半個世紀，備嘗甘苦患難，保有自我的容忍與相互的愛心。

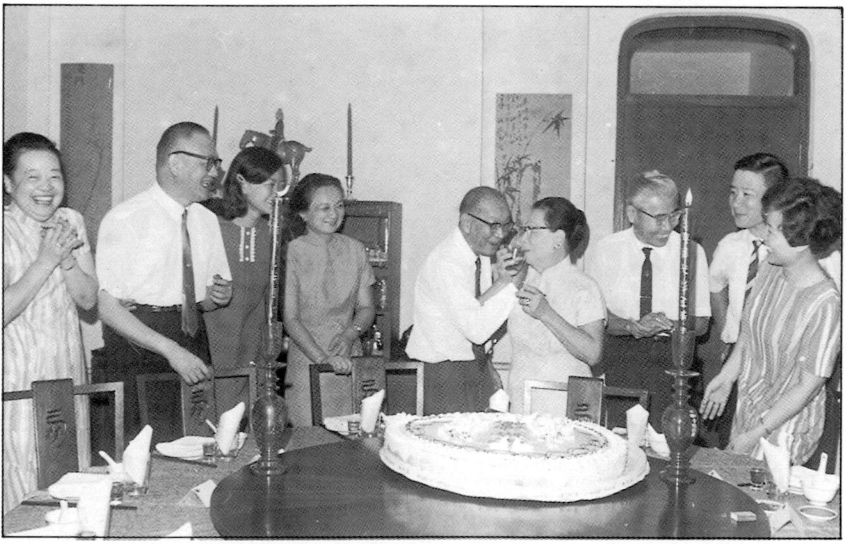

1969年，林語堂、翠鳳結婚五十年慶祝會。(左起)馬星野夫人、馬星野、馬大安、如斯、林語堂、翠鳳、陳裕清、馬驥伸、黃肇珩。

1971年完成《林語堂當代漢英詞典》，陽明山書齋中書架上堆滿詞典文稿。

序

胡適先生說過，他到處勸他的朋友寫自傳，因為他深感中國最缺乏傳記文學。他是否勸過我父親，我不知道。父親只寫過短短一篇長約一萬八千字的《自傳》，那是在一九四〇年代應美國一家書局之邀用英文寫的，另外就只有寥寥六千字的《八十自述》。他寫過約六十本書，上千篇文章，但除了常提到他快樂的童年之外，很少寫到他的私人生活。

父親於一八九五年出生，一九七六年去世。在漫長的八十年中，中國從清廷統治變成民國，經過內亂，二次大戰，大陸政權改變，國民政府遷往台灣等變化。父親說過，「要做作家，必須能夠整個人對時代起反應。」他創辦的雜誌《論語》、《人間世》、《宇宙風》以及他的多種作品都反映，推動所處的時代，使他在中外成名。

我是父親的次女。小時人家看見我就指著我說，「她是林語堂的女兒。」長大之後，別人介紹我，也總說，「她是林語堂的女兒。」後來，有時不說了，但那多半是因為人家已經知道我是誰的女兒。

但是別人可不知道身為林語堂的女兒的意味。我生長在一個很特別的家庭，父母親是個性完全相反的人，一個是出身閩南山鄉中樂觀成性的窮牧師的兒子，一個是廈門鼓浪嶼嚴肅的錢莊老闆的女兒。我一直想把他們那不尋常的婚姻故事寫出來。我也想給父親的讀者知道，他身心所受的磨練，鑽研學問的努力，以及他寫作的門徑。

我在這部傳記中描寫父親的思想時，常借用他自已的文字來表達。除此之外，我參考許多資料，在美國國會圖書館裡找書評及其他剪報，查家庭賬簿，看母親的日記，四面八方打電話寫信給親戚朋友問，「你可記得，你可知道，當時在那裡是什麼情形？」但大部分是靠我的記憶力，往年所見到聽到感受到的，都在我的血脈中循環。

我寫這部傳記，得許多人的幫忙。痖弦兄給我鼓勵，蘇偉貞女士、姚朋、林載爵、劉紹唐諸兄，為我提供很多寶貴的資料。我尤其要謝謝秦賢次兄。他所編的「林語堂卷」（在《文訊》刊出）給我很大的幫助，他還不斷應我的請求，寄來父親早年的作品以及有關他的文章。沒有這些朋友的贊助，這部傳記就不能寫得完備。

林太乙

一九八九年春　於美國華府

目次

序……（一）

第一部　山鄉孩子　一八九五年—一九三六年

第一章　快樂的童年……三
第二章　上海聖約翰大學……一七
第三章　北京清華大學……三一
第四章　結婚、出國留學……四三
第五章　在北洋政府下的作家……五五
第六章　寫作、研究、發明……六九

第七章　提倡幽默、創辦《論語》、《人間世》……八三
第八章　幽默大師……九五
第九章　魯迅、蕭伯納、賽珍珠……一一五
第十章　翠鳳拉住的輕氣球……一三三
第十一章　既中又西的生活……一四五
第十二章　《吾國與吾民》……一五五

第二部　無窮的追求　一九三六年——一九五四年

第十三章　《生活的藝術》……一六七
第十四章　紅透半邊天……一七九
第十五章　爲國家宣傳……一九七
第十六章　「兩脚踏東西文化、一心評宇宙文章」……二〇九
第十七章　發明中文打字機……二二七
第十八章　在聯合國教科文組織……二四一
第十九章　書生本色……二五一

第三部　一位最有教養的人　一九五四年——一九七六年

第二十章　南洋大學校長……二六五
第二十一章　簡樸的生活……二七九
第二十二章　鄉愁……二九一
第二十三章　回台定居……三〇七
第二十四章　《當代漢英詞典》……三二三
第二十五章　念如斯……三三五
第二十六章　自然的韻律……三五三
林語堂中英文著作及翻譯作品總目……三六五—三七四

第一部 山鄉孩子

第一章　快樂的童年

一九〇五年，即光緒三十一年，有兩個小兄弟從福建省龍溪縣所屬的小鄉村坂仔，乘小舟到小溪去。那是五六哩的行程，溪水很淺，只有小舟可行。有時船夫船女只好跳入水裡，將小舟扛在肩上走。那兩個孩子興奮至極，有說有笑，尤其是那個小的。他十歲，今天離別那四面重重疊疊皆是山陵的坂仔，隨著三哥到廈門鼓浪嶼去唸書。三哥到尋源書院讀中學，他則去唸小學。這兩兄弟是坂仔林至誠牧師的兒子。林至誠老家是龍溪縣北郊貧瘠的鄉村五里沙。他農家出身，而今能送兒子去廈門讀書，是因為他們上的是基督教辦的免費學校。

兩兄弟名和清、和樂。林至誠不從習俗，所以他們不梳辮子。和樂是個小個子，皮膚晒得黑黑的，寬大飽滿的額堂，一對爍亮的眼睛，下巴比較尖小。小舟到了小溪，他們便改乘五篷船，沿著西溪前往漳州。河水寬展，兩岸有看不盡的山景，禾田和農家村落。船家勞碌了一天，到晚上便把船泊在岸邊竹林下。十四歲的和清叫弟弟躺下來，蓋起氈子睡覺。和樂哪裡睡得著？那船家坐在船尾，點起煙管，呷著苦茶，在講慈禧太后幼年的故事，傳說老佛爺幼年曾在漳州住過。對岸的船上高懸紙燈，水上傳來喧鬧人聲，偶爾有笛聲隨著微風送來。和樂聽了，感到神寧意恬。呀，這幅景致多美！他對自己說，要永遠記住這個美景，將來長大之後回憶，豈不趣味無窮？

想到去廈門讀書，他又興奮不已。在坂仔，他常跑到禾田或溪岸邊，去觀賞日落奇景，環顧高山峻嶺，無論晴雨，都掩映在雲霧之間。這幅山景的壯觀，令他敬畏，使他覺得很渺小。他常常想，一個人怎樣才能夠走出這個深谷？北邊的山巔中間有個縫，傳說是個仙人踏過時大腳趾戳在石上留下的裂痕。越過山峰那邊是什麼呢？世界是那麼大，他簡直不能想像。兩年前，他聽父親說，第一架飛機試飛成功。「我讀了所有關於飛機的文章，」他父親說，「但是我沒有見過飛機，我不知道敢不敢相信。」父親又說，世界最好的學校是德國柏林大學和英國牛津大學。他要兒子用功讀書，將來能上那種學校。夜裡父親挑床頭的油燈，口吸旱煙，常這樣講個不停：和樂，你要讀書成名。

林至誠自己連學校都沒有上過。和樂的祖父在咸豐十年太平天國之亂，漳州大屠殺中，被太平天國的軍隊「長毛」拉去當腳夫。至誠當時是躲在床下，才沒有也被拉走。他隨著母親和一兩歲大的弟弟逃到鼓浪嶼。母親把小兒子送給一位有錢的呂醫生，那孩子後來中了舉人。母親再嫁，丈夫姓盧，但是至誠沒有改姓。母親是個臂力極強的農婦。回到五里沙，有一次她用一枝扁擔把十幾個土匪趕出鄉外。

至誠小時曾做小販，肩挑糖果，四處叫賣，下雨天他母親趕緊炒豆，讓他賣豆仔酥。他有時也挑米去監獄賣，因為可得較高利潤。他也挑竹筍到漳州去賣，兩地距離約十五哩。後來他把自己肩上的疤痕指給孩子們看，說是挑重擔磨出來的，要小孩們知道必須刻苦耐勞，才能站起來做人。

林至誠是第二代基督教徒。由於最初來華的天主教士有一部分橫行霸道，頻遭攻詆，在十七世紀，政府禁止天主教傳教。在道光二十九年（一八四九年），中國五口通商後，開放西洋傳教，是出於無奈。以後來華的基督教士，與天主教士不同，他們重文字宣傳，因而在廈門、漳州，基督教徒沒有被社會排斥。至誠會認字讀書，完全是自修的結果。他二十四歲時入教會神學院，後來成為牧師。他精神充沛，活潑樂觀，對貧窮、不識字的鄉民他就像群羊的牧人，他不僅傳教，還為鄉民解決爭端，鄉民家庭大小事，他都要過問。他喜歡為人做媒，尤其喜歡撮合鰥夫寡婦。

至誠娶楊順命為妻，她也出身寒微之家。她是個老實忠厚的女人，長得並不好看，身為八個孩子之母，從早操勞到晚。長子名景良（和安），二子玉霖（和風），三子憾廬（和清），四子和平，早歿，五子語堂（和樂、玉堂）、么子玉苑（幽），長女瑞珠，次女美宮。至誠教子女對每個人都要友好和善，弟兄們不許吵架。「我們兄弟臉上常掛笑容，」和樂後來回憶道。「長大之後，我得儘量擺脫這個習慣，以免顯得傻氣。」在上海聖約翰大學讀書時，他也「不得不勸我弟弟不要見人就笑以示友好。」

林至誠一心贊成光緒皇帝的新政，光緒二十四年（一八九八年）發動「百日維新」運動，對教育學術、經濟建設、軍事、政治提出改革方案。林至誠興奮極了，一直把一張光緒的畫像掛在客廳牆上。他又受西溪的范禮文牧師（**Reverend W. L. Warnshius**）的影響，對西方的一切非常熱心。范禮文牧師向林至誠介紹「新學」的書籍，及一份對林家大小有極大影響的刊物，那便是上海基督教學會林樂和牧師（**Young J. Allen**）主編的「《教會消息》」（*Christian Intelligence*），那是一份篇幅只有一張的油墨印周報，一年報費一元，林至誠訂得起。從這些讀物，林至誠對西方知道了許多，而決心要他的兒子讀英文，接受西洋教育。

和樂出世在一八九五年（光緒二十一年乙未）十月十日（陰曆八月二十二日早上五點卯時）。早一年，中日戰爭，中國戰敗，被迫簽訂馬關條約，割讓台灣，且承認朝鮮獨立。中國在日本手上受到壓倒性的失敗，是因為慈禧太后將預備建立海軍的款項挪用修建頤和園——舊頤和園在一八六〇年為英法聯軍劫掠焚燬。數年後，拳匪之亂突發，和樂聽他父親說，慈禧和光緒倉皇狼狽地逃到西安去了。

和樂六歲時入坂仔的銘新小學，是教會辦的，但他所知道的許多事情，卻是父親講給他聽的。

由於跋涉困難，從坂仔到廈門五十英里的行程，需約三天，這兩兄弟一去往往就要一年才回家。五篷船駛到漳州，視野突然開闊，兩岸樹木葱蘢青翠，田園間有農人牛畜在耕作，荔枝、龍眼，朱欒等果樹處處可見，巨榕枝柯伸展，濃蔭如蓋。和樂喜愛得不得了。到了學校，和樂覺得上課太容易了。他不必用功讀書，有空就踢毽子，又砍下啞鈴兩端的木球用來踢球，時常踢傷腳踝。

每次放暑假回坂仔，在快要到家時，和樂便和哥哥商量，是要在一看見家屋便大聲喊叫「阿奶，我們回來了！」抑或偷偷地溜到門口，假裝乞丐的聲音，向牧師娘要口水喝，或是躲進房裡，在看見母親時，突然撲到她身上，使阿奶又驚又喜！和樂從廈門回來，總帶一條在商務印書館買的肥皂送給阿奶，是一根長方型的黃色肥皂，阿奶要用時就切一段，放在太陽下曬乾，使它結實一點，不會用得太快。平常，她用的是豆渣做的豆餅，沒有什麼泡沫。

林家住的老屋，後面有個菜園，有一口井。鄉下人起得早，起床後男孩負責洗掃，從井裡汲水倒入水缸，灌菜園。女孩負責洗衣服和廚房的事。早餐後，父親就搖鈴上課，除了自己的子女之外，林至誠還收幾位教會裡的青年為學生，大家圍在飯桌上課。林牧師教的是四書、詩經、《聲律啟蒙》、《幼學瓊林》等等。他還鼓勵學生看林琴南譯的西洋書，如《福爾摩斯》、《天方夜譚》、《茶花女》，以及史各德、狄更斯、莫泊桑等的作品。

林至誠幽默成性，在講台說笑話，在飯桌也和孩子談笑。他的孩子個個聰明，和樂尤其聰明。這小鬼八歲時在小學作文，老師批他的文章云：「大蛇過田陌」，意思說辭不達意。和樂即對云：「小蚓度沙漠」—他就是小蚓，蠕蠕在沙漠上爬動不已，追求學問。和樂八歲時就說，長大之後要當作家，他偷偷地寫了一本教科書，一頁是課文，一頁是插圖，後來被大姊瑞珠發現了，不久所有兄弟姐妹都能背其中一首詩歌：

人自高　終必敗　持戰甲　靠弓矢　而不知　他人強　他人力　千百倍

和樂寫這首詩，是與建築新教堂有關係的，這新教堂是用泥磚砌牆，外塗石灰，屋頂是瓦片。但是由於屋頂太重，漸漸使四牆分裂。范牧師知道之後，便從美國訂購一些鋼條，把屋頂撐住。在坂仔，這是一件大事。范牧師夫婦在這段時間就住在林家樓上，他們走了之後，孩子們在樓上發現了一個光亮的領扣，讓他們猜測了好久，不知道是什麼東西。他們還發現一罐沙丁魚和一些牛油。初次聞到牛油，兄弟們覺得很臭，只好把窗子打開，以便通通空氣。

和樂生性頑皮，有一次被大人關在屋外，不許他進去，他便從窗子扔石頭進去，一面叫道：「你們不讓和樂進來，石頭替和樂進來！」他最喜歡大他五歲的二姐美宮，但兩人有時也吵架。有一次，和樂大發脾氣，便躺在泥窪，像豬一樣打滾，然後爬起來對二姐說，「好啦，現在你有髒衣服洗啦！」有時他太頑皮了，林至誠找棍子要打他。和樂一聽說要打，就嚇得面無人色，林至誠看了捨不得，只好把棍子放下來。他實在偏愛和樂。他自己每天早上在十點左右習慣吃一碗豬肝麵線，常留下半碗，叫和樂進去房裡吃。

和樂對二姐，比對父母更親切。她教導他，鼓勵他，他做錯了事時，她輕輕的說他不是，然後饒他。美宮長得美麗活潑，愛讀書，和樂進尋源學院時，她也在鼓浪嶼就讀毓德女中。和樂注意到，在暑假每天上課未完時，她就皺著眉頭說，她必得去燒飯了。下午溫課，日影上牆時，她又皺眉頭說，須去把晒乾的衣服收進來。有個暑假，他們兩人一起看《撒克遜劫後英雄傳》，艾文荷為箭所傷，外面敵兵包圍，兩人都為他急得要命。兩人還口編一個法國偵探故事，隨想隨編，一天天講給阿奶聽。老實的阿奶聽了好些時候，有一天如夢初醒，哈哈大笑說：「原來你們在騙我！沒有這種事！」她的牙齒不好看，笑的時候總是用手捂著嘴。

在晚上，一家人輪流讀耶經。阿奶會用一種閩南語的羅馬拼音系統讀耶經。林至誠極為好動，月亮皎潔的夏天晚上，他會一時心血來潮，走到河岸近橋頭的地方，對著聚在那裡賞月的農人傳道。在禮拜堂的教友中心，他的作用，和樂後來說，「與佛教僧人無異。」據村民陋習，凡有人失足掉下茅廁，必須請一位僧人為他換套新衣服，用一條新的紅繩為他結辮子，再給他一碗麵吃，才可以逢凶化吉。有一次，教會裡有個小童掉在茅廁裡，林牧師取代僧人的地位，替他以紅繩結辮子，牧師娘又給那小童一碗麵吃。「父親所傳給那些農民的基督教和他們男男女女一向信奉的佛教沒有什麼分別，」和樂後來說。「我不知道他神學的功夫是怎樣的，但他的一片誠心，是無可懷疑的。也許他是為了要爭取他們的信奉，要農民明白他所宣傳的是基督教，不得不把基督教的上帝說得猶如寺廟中的佛爺，是可以治病、賜福，尤為重要的是可以賜給人家許多男孩子的。以村民之信教者來說，如果基督教沒有這些效力，就沒有意思了。」

那時候，也有不少人是為求治外法權的保護而變成信徒的。來中國傳教的教士，享有治外法權，具有特殊身分，不受中國管理，並且常庇徇中國教徒。基督教徒的子女求學都有較大便利。

和樂在上小學的時候，已經為上帝和永生的問題深感好奇。他自問，為什麼要在吃飯之前禱告上帝？他明明知道，他面前的一碗飯不是天賜的，而是農人辛苦的收穫。後來，他想出了結論，那就是，雖然我們吃的米，不見得是上帝賜與的，但是我們總要謝謝那位原始的賜與者，猶如在歷史上有一段太平的歲月，老百姓要感謝皇帝一樣。他祈禱時常想像上帝必在他頭上逼近頭髮之處，因為人說上帝無所不在。這給他一種奇怪的感覺，他要試試上帝。他在上學時，每星期得銅板一枚，買一個芝麻餅之後還剩下銅錢四文，可以買四件糖果。但是他想在店子裡買一碗麵吃，那要一個銅板。他緊閉雙眼默禱上帝，求祂讓他在路上拾到一個銅板，但試了再試，都沒有拾到。

和樂十三歲時，入尋源中學。「我的中學教育是完全浪費時間，」和樂回憶道。他讀的有地理、算術、地質學、英文、中文幾科。像在小學一樣，他都覺得太容易、太簡單了。但是在字典裡查生字，卻使他感到很不耐煩。有一次，查「川」字，他怎麼查都查不到，後來發現，在「巛」部首，「巛」就是古「川」字。他怎麼會曉得？屬於「巛」部首的只有八個字。「巡」字何以不屬「辶（辵）」部，要屬「巛」部？基本上，為什麼要「巛」部？「巢」字可以屬「果」部。不，「果」不是個部首。是屬「田」部嗎？不是，是屬「木」部。這樣浪費了他半個小時。查「西」字，也花了他許多時間，才在它自己的部首找到，而屬於「西」部的只有九個字。「要」字上面的「襾」根本不是「西」，何不屬於「女」部？何必要這麼多部首？為什麼沒有個更簡單方便的檢字法？「肅」字在哪裡呢？他在難檢字表裡找，這個字有幾個筆畫他都沒有把握。好了，十四畫。「肅」字在「聿」部！豈有此理！誰想得到？這個部首，又只有九個字，何不把這些少字的部首取消，把那些字歸到別的部首去？康熙字典部首檢字法真是沒有道理！一定可以研究出一個比較好的檢字法！

不在讀書的時候，和樂常到碼頭上去看來往石尾鼓浪嶼的小輪船。船上的蒸汽引擎使他大惑不解，後來在學校看到一張活塞引擎的圖，他才明白其中道理。他一看見機器便非常喜歡，想過發明一部機器能從井裡吸水，使水自動流到菜園。他覺得凡事都應該有邏輯。他遇到問題常與哥哥們辯論，哥哥們稱他為辯論大王。

和樂十七歲時，以第二名畢業尋源書院，「因為有個傻瓜比我用功，他考第一名」。最後一夕，他坐在臥室窗口，望著下面的運動場，靜心冥想了許久，想把這一夜永遠記在心裡。這是他中學四年最後一天。他學到了什麼呢？在基督教辦的學校，他領受的好處當然很多。但他領悟到，在這治外法權的鼓浪嶼，基督教的社會不過是個小圈子，而周圍是中國文化，中國傳統，中國歷史。這些，學校沒有教他。他自己看司馬遷的《史記》，已看了一半，對蘇東坡的作品，也感到興趣。世界是這麼大，歷史是這麼長，他求知之欲是這麼強，他感到與別人不同，他們好像對生活的要求並不多，找一分事做，娶妻生子，隨隨便便混過一生。他的要求卻很多，他要嘗到世界的一切，他要明白所有的道理，什麼是生，什麼是死，什麼是美？他有時因為看到一幅美景，會感動得掉眼淚。他想有機會，要遊歷世界，到世界最偏僻的地方去觀察人生，再到最繁榮的都城去拜見騷人墨客，向他們提出問題，請教意見。他對於知識，真如飢者求食。他見到書店裡琳琅滿目的書籍，便想一一翻看。他感到自己的貪婪，凡是眼睛看得見的，耳朵聽得到的，鼻子聞得到的，舌頭可嘗的，他都要試試。

那是一九一一年，革命軍舉事於廣州。他們是否能推翻滿清朝廷，是人人在議論的問題。

他自己的前途怎麼樣呢？有辦法的同學，許多要到上海聖約翰大學深造。數年前，他父親是變賣祖母傳下的一幢小房屋，才能夠送二哥玉霖到聖約翰去讀書的。他記得，在簽約的時候，父親的眼淚滴在契紙上。大哥三哥就讀鼓浪嶼救世醫院醫科—那時的醫學校並沒有嚴格的標準，許多西醫院為了培育人才，往往附設醫科學校，招收學生，施予醫院專科教育。現在二哥畢業聖大了，留聖大任教，願意津貼五弟在上海讀書的費用。但是，要到上海去讀書，起碼要籌備一百銀元。父親月薪二十銀元，他有沒有辦法拿出一百銀元呢？

回到坂仔，那美麗的山谷突然變得很小。想到父親時常滔滔不絕地說，兒子要到外國去留學，和樂不覺感到父親是在做狂夢。但父親永遠樂觀，整個夏天為籌款東奔西跑。這次回家與往年不同，也是因為二姐就要出嫁。美宮畢業毓德女校之後，就吵著要到福州唸大學。但是去福州讀書，川資雜費每年也要六七十元。父親有兒子要照顧，就顧不到女兒了。何況，女大當嫁，還有什麼好說的？瑞珠已經出閣，美宮聰明美麗，有不少人提親，但是在夜靜更深時，阿奶找機會和她談親事，美宮就把油燈吹滅不肯談論。最後她知道沒有辦法去福州深造了，才答應一位追求她多年的青年，今秋就要出嫁。

林至誠為兒子東奔西跑都沒有結果。到最後，他突然想到漳州有一位舊學生陳子達，他現在發財了。子達小時很窮，卻很聰明。有一年冬天，林至誠送了他一頂瓜皮小帽，這孩子感激得發誓，即使這頂帽子變得破爛到不能再戴，他也永遠不再買第二頂。趕快到漳州去，向他借一百銀元，應該沒有問題吧？林至誠匆匆搭船到漳州。不久，陳子達到坂仔來，遞給他一個藍布包。打開一看，裡面赫然是一百個亮晶晶的大頭，和樂的眼睛也亮起來了。

在一個晴朗的秋天早上，林家舉家出動，做父母的要送美宮去山城成婚，還要送和樂遠去上海唸書，小船沿西溪到山城停下來。新郎家有點地產，美宮將來可衣食無憂。

在未結褵之前，美宮從新娘子襖裡掏出四角銀錢，含淚勉強微笑對和樂說：「我們是窮人家，二姐只有這四角錢給你。你不要糟蹋上大學的機會。我因為是女的，所以沒有這種福氣。你要立定決心，做個好人，做個有用的人，好好的用功讀書，因為你必得成名。你從上海回家時，再來看我。」

美宮的話，包含了林家的全部理想。「讀書成名」，是他們的家常話，以前若真若假，彷彿是空談。現在，和樂真的要到上海著名的聖約翰大學就讀了。眼看雙眼含淚的二姐，她這幾句話，好像有千鈞之重。他感到非常難過、內疚，好像自己是要替二姐上大學似的。

第二年夏天，和樂回家時，順路去看美宮。她對他在上海的生活以及在大學讀些什麼書，問個不停。姐弟倆匆匆話別，誰知那年秋天，美宮患鼠疫去世，腹中有孕七月。她葬在坂仔西山墓地。和樂收到這恍如晴天霹靂的消息，悲痛不已。回想二姐結婚時對他說的幾句簡單的話，他覺得自己非實現二姐對他的期望不可。他說，「我青年時所流的眼淚，是為她流的。」以後，無論在什麼時候，無論他是什麼年齡，一提到二姐給他的四角錢，他都不免掉眼淚。

第二章　上海聖約翰大學

和樂到上海讀書那年，中國革命成功，推翻清廷。

當時，聖約翰大學在國際上已經有相當的聲譽，因為有三位中國駐美駐英大使—顏惠慶、施肇基、顧維鈞，都是該校的畢業生。這所聖公會辦的大學，以教英文著名。和樂到上海之後，改名玉堂。他在聖大預備學校讀了一年半，下了工夫，「把英文差不多學通了」。他學英文的辦法，是鑽研一本袖珍牛津英文字典。這本字典不僅將英文字的定義列出來，也將一個字在句子裡的用法舉例。無論是一個字，或是一個片語，玉堂一定要弄清楚才肯放過。至於英語發音，他認為只要弄清楚一個字的重音在哪個音節，說起英語來便不成問題了。

在聖約翰，玉堂接觸了世故的富家子弟，那種穿著筆挺的西裝，見人能嘻嘻哈哈說笑的海派青年。很多學生來讀大學，是為了結交有錢有勢的朋友，絕大多數，要學英文是希望將來替上海的洋行做買辦。玉堂的同學，有宋家少爺，長得矮矮胖胖的子良，也有孟憲承、潘公展。自己是山地孩子，一輩子是山地孩子。上海那些花花公子紙醉金迷的生活與玉堂無關。他來上海，是為了求學的。有個同鄉同學有一次看見他閒來無事，倚靠在欄杆凝神沉思，以為他害了懷鄉病，很想安慰他一番，豈料玉堂說：「我在想，梁啟超為什麼成為今天的梁啟超？」原來他在揣摩飲冰室主人鼓吹政體改革，思想解放的文章。

在大學和中學一樣，玉堂覺得課程太容易，上課是浪費時間。「我不需要教員指導，對我細談一本十萬字的地理書，我自己會看。但在課堂裡，這麼一本薄薄的書可以上一個學期的課才讀完。在課堂裡，學生只許靜坐聽講，或聽別的學生答錯問題。教員講演，一個小時裡如果有一句值得記得的話，便算好了。」於是他只好在課堂裡偷看別的書，「偶爾花十分或二十分鐘預備功課，並不干擾我。上課和不上課的分別是，在假期，我可以公然看書，而在上課的時候我只好偷偷的看書。」

聖約翰的圖書館擁有五千多本書，其中三分之一是神學書籍，玉堂把五千本書都看了，還嫌圖書館太小，「不過癮」。他看書是為了求知。他心目中的問題，如果在一本書裡找不到答案，他便在另外一本書裡找。有的書精讀，有的翻閱，他精讀達爾文的《進化論》，德國生物學家哈克爾（**Ernest Heinrich Haeckel**）的《宇宙之謎》、《生物創造史》和《人類的進化》，法國自然科學家拉瑪克（**Jean Baptiste Lamarck**）的《進化論》，張伯林

（Houston Stewart Chamberlain）的《十九世紀的基礎》等書，對基督教教條開始有疑問。身為神學學生，他認真推敲，耶穌是童女所生，耶穌肉體復活這些教條，是不是可能的。他發現，連那些傳教士都不大相信，然而，要入教，就要相信。聖大校長卜舫濟博士（Dr. F. L. Hawks Pott）親自告訴他，肉體復活是不可能的，要緊是靈體復活。那麼，為什麼教士要中國教徒堅信那些教條才能領受洗禮呢？

還有，基督教說，人生來就是罪惡的，耶穌替我們贖罪，我們才可以進天堂，不信教，便要入地獄。地獄、罪惡、罪源、贖罪這些理論很難使他接受。上帝因為人有性的本能而責備他，似乎不近人情。玉堂覺得，一切神學的「欺騙」，對他的智力是「一種侮辱」，他本來希望當牧師，現在，他對神學失去興趣，得到的分數很低，這對他來說是罕有的事。教神學的葛雷夫斯主教對他說：「你還是不要唸神學吧。」但這麼一來，他卻感到困惑，他不能設想一個無神的世界，他覺得如果上帝不存在，整個人類，整個宇宙將會崩潰。

他回家過暑假時，父親要他講道—他十幾歲時已經講道多次，因為林至誠對這個伶牙俐齒的兒子很得意，喜歡他出出風頭。玉堂講的題目是「把聖經像文學來讀」。他說，《舊約》應當作各體的文學讀，如〈約伯記〉是猶太戲劇，〈列王記〉是猶太歷史，〈雅歌〉是情歌，而〈創世記〉和〈出埃及記〉是很好的猶太神話和傳說。他又說，耶和華無非是一個部落之神，他幫助約書亞滅盡亞瑪力人（Amalekites）和基遍人（Gideonites）。

但是人們對上帝的想法演變了，從為部落崇拜的偶像演變成一神教的上帝。那些農人聽得莫名其妙，而林至誠聽了則嚇得驚惶無措。那天晚上吃飯時，他的臉色很難看。他在廈門認得一個會講英語的人，是個無神論者。莫非和樂也要變成個無神論者了！

玉堂所見所聞，所讀過的書，已經比這位農村牧師多得多。在這深谷之外，天地有多大，他父親只知道一斑。回到上海，玉堂改入文科。「我酷好數學和幾何，喜歡科學的分析，所以我選語言學為專科，因為語言學最需要科學頭腦去做分析工作。」這一年，他曾以英文寫作短篇小說，獲得學校金牌獎。

在不讀書的時候，玉堂打網球，踢足球，划船、賽跑，以五分鐘跑一英里創下大學紀錄。在大家拚命預備考試時，他去蘇州河釣魚。結果，像在中學一樣，他總是考第二名，「因為同班總有一個笨蛋，非常用功，對分數非常重視，他考第一名。」

他唸完二年級，在結業典禮上，接連四次走到台上去領三種獎章，以及以講演隊隊長身份接受比賽獲勝的銀盃。

這件事，轟動了全校，以及隔鄰的聖瑪麗女校。

在聖大讀書的廈門人，經常在一起玩。玉堂時常和陳天恩醫師的次子希佐、三子希慶在一起，到了週末，他們會到附近的傑克餐廳吃牛排，或看無聲電影、或在聖大美麗的校園走走。那校園很寬大，修得像英國公園一樣整齊，樹木高聳，草地一片翠綠。

有一天，希佐希慶帶著一位少女向玉堂走來，玉堂驚奇之餘，仔細一看，那簡直是個美人。秀長的頭髮在微風中吹著，一對活潑的眼睛對他笑時，好像陽光的焦點集中在她一人身上，使她似乎發出一種光芒。玉堂頓時心身都化了。

希佐說，這是他妹妹，名叫錦端，在聖瑪麗女校讀書。錦端淘氣地點點頭，一點也沒有少女在陌生男子面前忸怩的樣子。那時未婚男女在一起的機會很少。禮拜天，聖大的男生和聖瑪麗的女生分別去教堂做禮拜時，男生隔著牆，可以遙遠的向女生張望，玉堂沒有更加接近她們的經驗，但是希佐他們和玉堂都是廈門人，好像在一起玩，是很自然的。

玉堂愛上了錦端。她是個天真爛漫的女孩，由於家裡有錢，所以無憂無慮，來上海讀書是為了學美術，她畫一手好畫。玉堂覺得他有生以來一直在追求着什麼，原來是追求美，在他心目中，她就是美的化身。他愛她的美和她愛美的天性，愛她那自由自在，笑嘻嘻，孩子氣的性格。

世界是屬於藝術家的，他對她說，藝術家包括畫家、詩人、作家、音樂家等等。這個世界是透過藝術家的想像力，才有光有色有聲有美，否則只不過是個平凡為求生存的塵世。玉堂心花怒放，在錦端面前大賣弄口才。

「什麼是藝術？」錦端問。

「藝術是一種創造力，藝術家的眼睛像小孩子的眼睛一樣，看什麼都是新鮮的。將看到的以文字以畫表現出來，那便是藝術，」他說，「我要寫作。」

「我要作畫，」她說。

他們兩人雖然沒有機會單獨在一起，但是由希佐希慶同情地陪同，一起遊公園時，好像只有他們兩人。在黑漆漆的電影院看戲，好像只有他們兩人。玉堂感到他們心心相印，好像自己生來只是半個人，現在找到了自己的另一半。錦端使他感到柔和如水色，柔軟如輕紗的愛。他向她傾瀉心底的話：「人是肉和靈互相混合而成的，人活在世界上，要睜開眼睛看天體地球之奇妙、宇宙之美。」他說，無論是晴天雨天，他都感到美，看見雨珠沿著窗子的玻璃墜落，看見葉子從樹上飄落，一隻麻雀在簷下避風雨，這些景象都給他美感。他在認識錦端之後，彷彿飽吸生命的活力，感到如醉如癡般。他比手畫足，說得天花亂墜。

錦端對這位熱情英俊的青年所獻的慇懃，無法抗拒。他們好像一對無邪的孩子在樂園裡玩耍。常常和玉堂在一起，若是在廈門，父母親一定不許，但是他們在上海，她的哥哥又不反對，有什麼關係？這位十七八歲的少女也為他傾倒。

暑假回廈門，玉堂常到陳家做客，表面上是去找希佐，其實當然是找錦端。但是錦端一回家，就躲了起來。陳天恩醫師知道玉堂在追求他的長女之後，大不以為然。玉堂不篤信基督教的消息，早已傳到他的耳朵。這小子固然聰明，但是靠不住，配不上他的掌上明珠。陳醫師正在為錦端找門當戶對的金龜婿，而且這份親事幾乎要說成了。他想，不如由他來替玉堂做媒人吧。他的鄰居廖悅發是他的朋友，他有個女兒，名叫翠鳳，還沒有許人。由他來替他們撮合吧。

玉堂聽到這話，好像從天上掉了下來。陳天恩自己要替他做媒人，找住在他隔壁的朋友的女兒配給他！這令他感到羞辱得無地自容。他垂頭喪氣地回坂仔，心如刀割。家裡人看見他的愁眉苦臉，不知道是什麼緣故。在夜靜更深裡，阿奶拿著一盞油燈到他房裡，問他有什麼心事使他這麼難過。

給阿奶這麼一問，玉堂的眼淚像水壩崩裂，湧了出來，他只有在二姐死的時候哭得這麼厲害，他哭個不停，哭得全身癱軟。

第二天這件事說出來，恰好回娘家的大姐瑞珠罵道：「你怎麼這麼笨，偏偏愛上陳天恩的女兒？你打算怎麼養她？陳天恩是廈門的鉅富，你難道想吃天鵝肉？」瑞珠滔滔不絕地講下去，聽得阿奶搖頭咋舌，連平常愛說話的林至誠也一句話都沒有，不知道如何安慰這個二十歲的兒子。

瑞珠這些難聽的話，刺破了玉堂的心靈，傷害了他的自尊，把他帶回到嚴酷的塵世。但沒有人能奪去他對錦端的愛。他的腦中無時不環繞著她的倩影，聽見她那略微沙啞的笑聲。她留著的長髮，用一個寬長的夾子夾在頸子後面，額前的劉海在微風中吹動，她發亮的眼睛在對他會心的微笑。他願意掏出自己的心來給她，但是沒有辦法了。他愛她，將永遠愛她，即使不能娶她也會一輩子愛她。錦端奪去了一部分他的自己。

至於陳天恩所提的親事，玉堂一點興趣都沒有。他再回上海時，好像變了個人。他聽說，陳天恩要替錦端找金龜婿，沒有成功。後來又聽說，錦端到美國留學去了，在米希根州的霍柏大學攻讀美術。

陳天恩早年追隨孫中山先生，服膺三民主義，在討袁之役，逃亡菲律賓。袁卒之後，他回國，創辦榕城福建造紙廠，廈門電力廠、淘化大同公司，福泉廈汽車公司。他熱心教育，辦學校，是熱心的基督徒，是竹樹堂會長老。他和德配高氏恩愛殊篤，有九子八女。

廖悅發是富商，但當然不能與陳天恩同日而語。豫豐錢莊是廖悅發創辦的，除此之外，他還有房產，在廈門有自己的碼頭和倉庫。他和妻子林氏有三男三女。他們雖然也信奉基督教，卻沒有因此改變重男輕女的生活習慣。

廖悅發縱容兒子，讓他們過嬌生慣養的日子。除了老二超照去上海聖約翰上大學就讀，後來又到美國學醫之外，老大、老三都沒有好好的讀書，也不幫父親照顧生意，只會花父親的錢，吸煙喝酒找女人玩。廖家對女兒的管教卻非常之嚴，女兒要會燒飯，洗衣服，縫紉，將來才嫁得好人家。長女翠嵐早就出閣，翠鳳，翠嬌兩姊妹在成長中，最難捱的就是被家中男人欺侮。廖悅發外貌威嚴，脾氣暴躁，是家中暴君，動不動就罵人，尤其是罵他老婆和女兒。他的三個兒子，多多少少也學父親的樣子，有什麼不愉快的事就拿妹妹出氣。翠鳳個性也很強，意志堅決，有時會頂嘴，但是哥哥只要吆喝一聲「查某囡仔講什麼話！」就把她整得一聲也不敢響。

除了發脾氣之外，廖悅發在家裡沈默寡言。吃飯時男女分桌，在他面前，誰都不敢多說話。錢莊與海外和內地的生意來往甚繁，廖悅發整天為生意煩惱，也即是為錢煩惱。大女兒早年守寡，有四個女兒，生活費要靠他津貼，廖悅發也為這事發牢騷，嫁出去的女兒是潑出去的水，怎麼還要他養？悅發的父親廖宗文年輕時在廈門開小店子，賣餐具廚房用品。悅發有一個哥哥兩個弟弟，大哥年輕時就到南洋做生意，二弟去了之後討了個馬來女人回來住在廖家大洋房後面的一幢小房子，弄得裡面又髒又臭，也是悅發發脾氣的一個原因。洋房後面有一棵橘子樹是那馬來婆種的，她因為怕小孩子偷她的橘子吃，居然在每個橘子上貼上號碼。橘子也是錢嘛！廖悅發嘆道。

人嘛，只有兩種，有錢的，和沒有錢的。這種人生觀既簡單，又明白。天下什麼複雜問題，最後還不是有錢沒有錢的問題。有錢的人有勢力，有吃、有穿、有得玩；沒有那種「圓圓的」東西的人，有誰看得起？其他的事都不要緊。當時如果有人進行民意調查，就「廢除不平等條約」、「廢除治外法權」、「實行三民主義」等問題問廖氏家族的人，他們的答案必定是「不知道」。在每種民意調查中，必定有百分之八、九的人的答案是「不知道」，或是「沒有意見」。這些人卻是社會最穩定的份子。有意見的人的意見或對或錯，他們的禍福可能隨著時運翻轉。沒有意見的人最安全。

翠鳳在這個穩定的家庭長大，就讀毓德女校之後，也像鼓浪嶼其他有錢的基督教家庭的女兒一樣，到上海就讀聖瑪麗女中。玉堂再回廈門過暑假時，超照便約他在廖家吃飯。玉堂總感覺到有一對眼睛在窺望他。後來翠鳳告訴他，她是在數他吃幾碗飯。有時他在旅途中的髒衣服留在廖家洗，翠鳳便悄悄拿去親手洗，但沒有人為他們兩人介紹。

翠鳳躲在屏風後看見的是個無拘無束的青年，一表人才，談笑風生，衣著隨便，而胃口極好。翠鳳不覺心動。她知道陳天恩醫師在為他們做媒，她二哥說，玉堂人品很好，又聰明，將來會大有作為。她母親問她：「你覺得怎樣？林牧師家是沒有錢的。」這時翠鳳說了一句連她自己都吃驚的、歷史性的話：「沒有錢不要緊。」

在林家，瑞珠熱心推薦翠鳳，她在毓德女中時認得她，說翠鳳是個端端正正的姑娘，落落大方，一副大家閨秀的風範，人也長得好看，皮膚晳白，一對明亮的大眼睛，高高的鼻樑，人中很長，一對大耳朵，薄薄的嘴唇，非常福相。翠鳳將來一定是個賢妻良母。兩家安排玉堂翠鳳見面。

玉堂在失戀之餘，同意了這門親事，但是他忘不了錦端。民國五年，他以第二名畢業聖大文科，卻不肯結婚。他聽說由於美國退還庚子賠款並指定半數撥於教育用途，從而獲得經費而創辦的清華學校，學生固然在畢業後可以直接升入美國大學三或四年級就讀，到該校任教的人，也可以在三年之後申請官費到美國留學。於是他便接受該校校長周詒春之聘，北上到清華任教。

錦端從美國留學回來之後，在上海中西女塾教美術。她三十二歲時才結婚，夫婿是廈門大學教授方錫疇，也是留美生。錦端不育，他們抱了一子一女，一直住在廈門。錦端活到八十多歲才去世。

父親對陳錦端的愛情始終沒有熄滅。我們在上海住的時候，有時錦端姨來我們家裡玩。她要來，好像是一件大事。我雖然只有四五歲，也有這個印象。父母親因為感情很好，而母親充滿自信，所以會不厭其詳地，得意地告訴我們，父親是愛過錦端姨的，但是嫁給他的，不是當時看不起他的陳天恩的女兒，而是說了那句歷史性的話：「沒有錢不要緊」的廖翠鳳。母親說著就哈哈大笑。父親則不自在地微笑，臉色有點漲紅。我在上海長大時，這一幕演過許多次。我不免想到，在父親心靈最深之處，沒有人能碰到的地方，錦端永遠佔一個地位。

父親在幾種作品中，提過他年輕時愛上在坂仔和他一起長大的一個姑娘。在《賴伯英》這部小說中，作者以第一人稱述寫他愛賴伯英的故事。這部小說全屬虛構，但賴伯英倒真像他小時喜歡過的一個名叫橄欖的女孩。鄉下人為女兒取名，往往是取農作物的名稱，如韭菜、紅柑、甘蔗、橄欖等。橄欖和和樂非常要好，一起在小溪中捉魚捕蝦。他記得有幾次，她蹲在溪子裡，等一隻蝴蝶落在她的頭髮上，然後輕輕的站起來，不把蝴蝶驚走。橄欖伺候雙眼失明的祖父，後來嫁給坂仔一個商人。

至於陳錦端，他隻字未寫，也許是因為感觸太深吧。但是等到他八十歲時，在《八十自述》中，這位老人情不自禁，畢竟草草地寫了幾句，沒有提到陳錦端的名字，只說：「我從聖約翰回廈門時，總在我好友的家逗留，因為我熱愛我好友的妹妹。」

那時他住在香港干德道我妹妹家裡，身體衰弱，行走不便。有一次，錦端的嫂子，陳希慶太太來訪，父親問起錦端，聽說她還住在廈門，高興得對希慶太太說，「你告訴她，我要去看她！」

六十年前的熱情，猶如昨天的事。這位飽經滄桑，名滿全球的老人，仍舊是個二十歲在初戀的青年。

母親說：「語堂，你不要發瘋，你不會走路，怎麼還想去廈門？」

數月之後，父親撒手人間。

我不覺想到白居易的〈長恨歌〉：

天長地久有時盡，此恨緜緜無絕期。

第三章　北京清華大學

清華學校分中等科四年、高等科四年，八班共約五百人。玉堂擔任中等科英文教員，同事中甚多是聖約翰大學出身的，如：梅貽琦、王文顯、巢坤霖、周辨明、孟憲承。

清華園在北京西郊海甸的西北。出西直門走上一條馬路，路的兩旁是鋪石的，專給套馬的大敞車走。路邊有垂柳，也有好幾丈高的杈枒古木。在秋天，柳絲飄拂，一陣陣的蟬噪，夕陽古道，風景幽絕。清華園原是清室某親貴的花園，大門上「清華園」三字是大學士那桐題的，門內左邊有一棵老松。園裡綠草如茵。西園則一片蘆蒿，登土山西望，可以看見圓明園的斷垣殘石。

玉堂帶著寂寞的心情，腦裡仍然繞著錦端的倩影，來到北京這個珠玉之城，大開眼界。以前屬於宮廷的花園、湖泊、廟宇，在民國時代已開放供老百姓遊覽。他遊北海、中南海，其中包括光緒皇帝被囚禁的「瀛臺」。他到紫禁城觀望，到中央公園，其中蒼松翠柏，都是百年老樹。臥佛睡在西山，玉泉噴出晶瑩的泉水。還有長城、明塚，這一切都是他嚮往已久的古蹟，住在北京，就等於和中國歷史溶為一片。他深感，自己在基督教保護殼中長大，猶如與外面隔絕。他不僅對中國哲學一竅不通，連民間傳說也一無所知。他在聖大時放棄毛筆以自來水筆替代，與英文結不解之緣，但因此舊學荒廢。他感到羞恥，雙頰一陣陣地發熱。耶教聖經中約書亞的喇叭吹倒耶利哥城牆他是知道的，但孟姜女的眼淚哭倒長城他反而不大清楚。好在小時承父親的庭訓，對儒家經典還有點底子，但是他的書法很差，對於中國歷史、文學的知識，充滿漏洞。他只好拚命看書，但是既沒有老師，又不好意思到處問人，只在琉璃廠書肆中亂鑽，那一類書有什麼名著，杜詩誰家註最好，常由舊書鋪夥計口中聽來。

這時，新文化運動在萌芽。《新青年》雜誌是新文化運動的主流。陳獨秀所撰的〈敬告青年〉謂「青年之於社會，猶新鮮細胞之於人身，須遵新陳代謝之道，否則社會必亡。中國青年必須自覺奮鬥，視腐朽者若仇敵，排而去之，發揮固有的智能，抉擇種種的思想，方可適於競爭生存」。陳獨秀歌頌西方文化，抨擊中國文化，目的在提倡民主政治與科學精神，勗勉青年為此兩大目標奮鬥，趕上世界潮流。他反對孔子學說特別激烈，他說，中華民族之任人魚肉，是由於喪失了強梁取進的精神與抵抗力，而這要歸咎於專制君主之流毒和孔子學說之為害。

一九一七年蔡元培任北京大學校長，認為大學乃研究高深學問的機關，不但要輸入歐洲文化，且必須於歐洲文化中有更進步的發明，不但要保存國粹，且必須以科學方法，揭示國粹的真相。蔡先生是紹興人，約二十歲時中了舉人，接連成了進士、翰林院編修。後來留德留法，是位才氣磅礡、儒雅風流的學者。他性情溫和，待人接物恬澹從容，但一遇大事，則露出剛強的決心。有一次，北大的學生因為不肯交講義費，幾百人聚集要求免費。蔡先生堅持校紀，不肯通融，以致秩序大亂。於是這位身材短小、瘦巴巴的文人，站在紅樓門口，揮拳作勢，怒目大聲喊道：「我跟你們決鬥！」包圍他的學生只好紛紛後退。

蔡先生對陳獨秀早已欽佩，讀過一年來的《新青年》，益覺陳的見解多和他相合，遂聘其為文科學長。北大乃逐漸成為新文化運動的大本營。

玉堂在清華繼續埋頭研究語言學，大為漢字之多，字體的繁感到煩惱，更對康熙字典部首檢字法不滿。

知字矢部　而和字口部

蜜字蟲部　而密字宀部

粵字米部　而奧字大部

鳳字鳥部　而凰字几部
潁字水部　而穎字禾部
卒字十部　而率字玄部

他想，這種現象，好像有意和小學生為難，或是近於捉迷藏的玩意兒，若是一捉便著，毫無意思；在下課時候當做一個遊戲比賽，看看誰能把「之、乎、也、者」或「來、坐、尹、年」等字，在五分鐘撿到，也有相當趣味。但是作正經翻檢字書用，與現代人的需要相去太遠了。

於是他研究改革字典索引的方法。中文字典以字源為索引但字源不可靠。康熙字典把《說文》的五百四十部首合併為二百十四部，但今日的部首有多數已失去字源之形象。

例如「月」部和「肉」部之「月」部印刷上已失去分別，學者雖知道「肯」字屬「肉」部，「有」字屬「月」部，小學生即無法知道。學者若覺得在「工」部找「臣」字得有文藝上之快愉，欲速發電報者，在「匚」部尋不著「臣」字之煩惱卻更可觀。「者」字不屬「土」部，不屬「日」部，不屬「丿」部亦不屬「、」，而屬「老」部，對學者也是太過分之難為了。「老」字之「匕」，今已變成「、」。小學生查字典時，不能而且不應該知道字源，與別說字源，《康熙》部首根本不通，不講理。倘然字是字源和語音併成的，知道哪一旁是字源哪一旁是語音，查字就比較簡單了。但是「秋」字，原表示秋時之火燒，是屬「禾」部或「火」部?同樣的「焚」字，意思燒。究竟是「火」要緊還是「木」要緊?如今「秋」字歸「禾」部，「焚」字歸「木」部。

「宀」部容易認，凡「宀」的字當都歸這部，但「家」歸「宀」，「牢」歸「牛」。雖然「寶」是「貝」而「賓」該在「宀」下，不然也，「賓」字入「貝」部，「寶」字入「宀」部!

他因此想到漢字該以筆畫次序分類。一九一七年，他二十三歲時，作〈漢字索引制說明〉，在《新青年》雜誌發表。這是他用中文發表的第一篇文章。〈漢字索引制〉以首筆點畫種類定部，即指定某些筆畫為母筆，等於英文字母。他對這辦法，頗有信心，請北大校長蔡元培及錢玄同兩位先生作序。玉堂在此文略微譴責康熙部法，錢玄同卻以為不夠痛快。蔡先生以序說，康熙部首「有未易猝定者，甚矣檢字之難也」。錢玄同的跋斥之為「其分部之法，毫無價值。貌似同於《說文解字》實則揆之造字之義，觸處皆是紕謬」。

得蔡錢的擁護之後，〈漢字索引制〉引起全國的注意，發起部首改變運動，皆以筆畫引序為根柢。但玉堂已對筆畫檢字法不滿意，筆畫次序相同，而實體不同的字太多，筆畫的先後也難於判定，也不一貫，他只好繼續努力。

民國七年，玉堂的論文〈分類成語辭書編纂法〉載《清華學報》。翌年，教育部「國語統一籌備會」在北京正式成立，會長張一麐，不久，籌備會陸續延聘趙元任、汪怡、蔡元培、沈兼士、許地山以及林玉堂等三十八人為會員。

玉堂在清華時，認識了胡適，兩人很快成為好友。胡適是安徽徽州人，一八九一年生，比玉堂大四歲。他早年就讀於上海新式學堂，十七歲時獲美國庚子賠款資助，步入康乃爾大學攻農學，後入哥倫比亞大學研究哲學、文學。一九一五年，他已有改良中國文學之意。陳獨秀說：「今後中國文學應趨向寫實主義」，胡適加以發揮，撰成「文學改良芻議」，提出八項主張，以言之有物，不摹倣古人，不避俗字、俗語為主，一九一七年一月由《新青年》刊出。所謂不避俗字俗語，就是用白話，用現代人的話寫作，使語言文字一致。

一九一八年，二十七歲的胡適到北大任教時，已成了全國知名的文學革命提倡者。玉堂以清華教員身分迎接他。兩人見面時，「猶如觸電」。玉堂聽這位面色清癯，態度和藹而嚴肅的博士，引用十五世紀偉大人文主義者伊拉斯摩斯（Erasmus）從義大利返回自己的國土荷蘭時的豪語道：「我們回來了。一切都會不同了。」玉堂覺得國家突然進入了洶湧的文學革命波濤中。文言在中國是具有神聖而不可侵犯的地位，而胡適居然主張，以現代白話代替文言，來作為文學的語言。他指出，文言已成為老八股，用典深奧，詞藻陳腐。讀書人十年寒窗，所寫的只是些八股和僻典，沒有創造新穎詞句的自由。反之，白話是一種活的語言，辭句是多采多姿的。數百年來，中國小說是以白話寫的，不但表達較自在，文筆也富於變化。有些十六，七世紀的文人，如李卓吾、袁中郎，金聖嘆等，都早已承認這些小說的文學價值。

和胡適同時在美國主張新觀點，竭力提倡白話，廢棄文言者，有任鴻雋、楊杏佛、唐擘黃、梅光迪等人。蔡元培、梁啟超、林長良等大學者，都參加新文學運動，但是在北大，反對者有林琴南—那位玉堂和二姐美宮欣賞的翻譯家。這位廈門人是舊派的領袖。老哲學家辜鴻銘，也是舊派中的健將。林琴南罵白話文為「引車賣漿者之言」，把文學革命比做洪水猛獸，為害社會，流毒士林。那時的北大，真是生氣勃勃，因為有真正的自由。有一位有責任感的熱血學生，在《新青年》發表文章說，「我們大家都要背起所有中國女人的小腳在我們的肩頭！」

玉堂在一份英文報上發表了幾篇關於通俗英文和義大利文演進的經過，引起胡適的注意。玉堂後來說：「這時距孫中山先生推翻滿清僅僅短短八年，正是西方文化東漸，『中學為體，西學為用』觀念甚熾的時候。只有像胡適那樣信念堅定的人，才敢公開指出中國不僅在槍砲和機器方面遠遠趕不上西方，就是在現代民主政治方面，在學術研究方面，也遠遠落後。換句話說，他主張『充分世界化』，或全盤西化。他相信除此之外，別無他法能使中國追上時代。」

對於中國的青年，白話運動意味著經書的神聖偶像已被打破，他們可以擺脫那些為之畢生苦讀勞而無功的經書，並向之豎起反叛的旗幟。白話運動因之風靡全國，就連胡適之自己，也在試寫白話文、白話詩。未來白話運動會有怎樣的發展，還要等著瞧。玉堂自己，也還有許多問題有待解決。

他在清華自願擔任主日班教員，但內心卻十分痛苦，因為他覺得他在將自己不相信的教條傳給無知的青年。但他不能設想一個無神的世界，他覺得如果沒有上帝，人類宇宙都會崩潰。有一天，他與同事劉大鈞談話，無奈地問他，「如果我們不信上帝是天父，便不能普愛世人，行見世界大亂了，是不是？」

「為什麼呢？」劉問。「我們還是可以做好人，人性本來是善良的。我們既然是人，就應該做好人。」

這個答覆，驟然把玉堂和基督教的最後一線關係切斷了。劉大鈞根據儒家對人類尊嚴的理想向他說一番話。儒家重禮、忠、敬，從而對人生持有虔敬的態度。儒家相信智力，相信一個人可以靠教育而趨於完善。

玉堂接受了這些很類似歐洲的人文主義的信念。

他後來說，我從前對於基督教依依不捨，是因為懷著一種無形的恐懼。人性本來是良善的，我一直沒有想到這一點，真是愚不可及。一聽到這話，猶如異軍突起，我沒有準備，遂被克服。由是，他覺得，如果人類的愛，要依賴在天的第三者，那麼那種愛不是真愛。

胡適有時友善地笑玉堂是清教徒，因為他不飲酒，也不近女色。每當星期天有些同事去嫖妓，玉堂卻在主持一班主日學。有的同事笑他是處男，他自己承認，直到他結婚時，他的確是的。

胡適回國之後，與江冬秀結婚，胡適的父親是清朝的貢生，後來任台東直隸州知州，兼統鎮海後軍各營。胡適的母親比父親小三十歲，結婚後四年便守寡。胡適十三歲時已訂婚，江冬秀是個纏足的鄉下姑娘，沒有讀過什麼書，長得也不怎麼秀麗。胡適回國之後，由於他很孝順母親，而冬秀長年伺候胡老太太，所以和冬秀結婚。

在短短幾年，國事劇變。一九一七年五月督軍團叛變，七月辮子將軍張勳擁清廢帝宣統復辟，八月馮國璋代理總統對德宣戰，九月西南各省護法，廣州軍政府成立，孫中山先生任大元帥，翌年五月，國父離粵，十月徐世昌任北京總統，世界大戰結束。

世界大戰告終，列名戰勝國的中國，舉國歡騰，知識分子尤其高興，北大校長蔡元培及教授舉行演說會，舉出慶祝的四大意義：一為黑暗的強權消滅，光明的互助論發展；二為陰謀派消滅，正義派發展；三為武斷主義消滅，平民主義發展；四為種族的偏見消滅，大同主義發展。誰知未及三月，巴黎和會出賣中國的消息隨後傳來，有如當頭一棒，天旋地轉。

原來對德國宣戰之後，任內閣總理的段祺瑞專心內戰，未派遣一兵一卒前去歐洲。大戰告終之後，協約國忽責中國參戰不力，支付的庚子賠款與關稅餘款不用以生產協約國所需的物資等等。翌年正月，和會在巴黎開幕，中國代表為外交總長陸徵祥、駐美公使顧維鈞、駐英公使施肇基、駐比公使魏宸組及廣州軍政府所派的王正廷。由於美國總統威爾遜對未來和會宣布過十四項原則，主張外交公開，殖民地的處置須尊重居民公意，中國仍存一線希望，收回德國在華所有權利，取消中日新約（二十一條），廢止外國在華特殊權利，即取消不平等條約。討論到有關中國問題時，三十歲的顧維鈞駁斥日本代表提出的謬論，謂膠州灣、膠州鐵路及德國前在山東的全部權利，皆應由日本繼承。中國代表在種種不利的情況下，允將德在山東權利，暫由英、美、法、義、日接收，以備歸還中國。中國願償付日本用於青島的戰費，開闢膠州灣為商埠，劃定外人居留地，日本仍然拒絕，而以退出和會相要挾。四月三十日，英、美、法為其所屈，竟然答應在對德和約內訂明德國前在山東租借地、鐵路、礦產等、悉讓予日本。

五月四日，三千學生齊集天安門，人手一旗，上寫「保我主權」、「還我青島」、「取消二十一條」等字樣，更高呼「收回山東權利」、「中國是中國人的中國」等口號。群情憤怒，打毀器物，放火燒屋，學生三十二名被捕。第二天，各校罷課。是後三十多天，由於北京當局採取高壓手段，風潮擴大，商民工人也罷市罷工。六月三日四日，北京學生千餘人在天安門被捕，清華學生所佔人數很多。

學生因為繼續參加運動，引起清華學校當局不滿，校長張煜全竟乘學生晚間開會的時候切斷了電線，以為這樣可以迫使學生散去，但卻激怒了學生。他們點起蠟燭繼續開會，而會場外忽然發現了三五個打著紙燈籠的鄉巴佬，原來他們是學校請來的鄉間「小鑼會」，要來壓制學生的。驅逐校長的風潮由此爆發了。

北京諸大學教職員在清華開會，有不少激昂演說，但是演說完畢，不外是發個通電罷了。那時，蔡元培先生雍容靜穆地站起，以低微的聲音說，「我們這樣抗議有什麼用處？應該全體總辭職。」那天晚上，蔡先生一個人靜悄悄地南下。玉堂對他佩服不已。玉堂覺得自己的學問不夠，還不能對國家做出任何貢獻。他一定要紮實自己的學識基礎。這使他迫不及待的要去西方求學，同時也要多讀中國經典之作。一天只有二十四小時，他要做得事太多了。

他在清華服務已滿三年，本以為有資格領得官費獎學金到美國深造，但是清華當局只給他每月四十大洋的半官費獎學金，使他大失所望。但是他不顧一切，向全美數一數二的哈佛大學申請入比較文學研究所。哈佛接受了。

三年來，每次回廈門，廖家總催他和翠鳳結婚。廖家允許他們在敞開大門的大廳對坐，但總有人陪着。他和她偶爾也悄悄通信。他對翠鳳倒沒有什麼，只怨她不是錦端。他對廖家總是說，他要在清華服務三年之後出洋留學。

現在，廖家堅持要他結婚兩人一起去。「玉堂和翠鳳訂婚已經四年還不娶她，」廖悅發說，「這一出洋如果不是兩人同去，誰知道他什麼時候才回來？」這話由超照以比較婉轉的辭令傳達給玉堂。玉堂知道不能再拖了，同意在夏天結婚，和翠鳳一起出洋。

第四章　結婚、出國留學

要去美國大學讀什麼？比較文學？那是什麼碗糕？文學有什麼好比較的？講番仔話！廖悅發看看這個窮牧師的兒子，心裡這樣想。要不是我給翠鳳一千大洋的嫁妝，看他出什麼洋！他們只有單程船票，日後要回來恐怕還要伸手向我要錢。回來還不是當個教書先生。但是翠鳳既然願意嫁給他，那也不要緊，嫁出去的女兒是潑出去的水，以後只要不伸手向我討錢就好了。

翠鳳苦等玉堂四年了。她比玉堂小一歲，一八九六年生，已經二十四歲了。和她相同年齡的姑娘，早已結婚養孩子。她這幾年來在家裡實在難熬，心裡天天在問，「玉堂，你怎麼不回來娶我？」二十四歲了還沒有出嫁，大家都在笑她。還有人譏笑說，出自吃飯的人家的女兒，何必嫁給吃粥的人家？但翠鳳不管玉堂窮不窮，她迫不及待地想出嫁，想離開這個整天有人在發脾氣的家庭，唯有捨不得她母親和妹妹。

林至誠這時已遷居漳州，在東門接管廳禮拜堂證道。他高興極了。和樂要結婚，出洋到赫赫有名的哈佛大學讀書！他的夢想實現了。「新娘的花轎要大頂的，新娘子是胖胖的唷！」林至誠開心地吩咐，使翠鳳氣得立刻吃瀉藥減肥。

婚禮是在一所英國聖公會的教堂舉行。玉堂到廖家去迎親，依照風俗，女家端上一碗龍眼茶，是象徵性的敬禮。玉堂不但把茶吃下去，連龍眼也嚼得津津有味，廖家的女人看了不禁吃吃的笑。

林至誠送兒子媳婦上船的時候，心裡非常捨不得。他望望和樂，心裡好像在說，「你要到老遠的美國去，此生也許難以再見。和樂，我把你交給翠鳳，她會細心照顧你的。」玉堂看著父親的神情，深為感動。沒有想到這是他看見父親的最後一次。後來他在德國讀書時，得到父親去世的消息。

翠鳳從來不知道，男人可以這麼體貼，這麼溫柔地對待女人。她心裡的顧慮很快就消除了。從今以後，她是玉堂的人。她將照顧他，終身跟他。她像個海葵，牢牢地吸在一塊石頭上，吸住不放。這石頭就是她的生命。石頭如果遷移到哪裡，海葵也跟到哪裡。海葵圓筒狀身體的前端有彩色的觸手，伸張時其形宛如菊花，能伸縮自如。觸手上有刺胞，可自衛，可攫取食物。她將為玉堂建立一個家。

在橫渡太平洋的「哥倫比亞」號輪船上，她所見所聞都是新鮮的。她要快點學會洋人的規矩，吃西餐時，要用哪副刀叉切魚切肉？擦黃油的小刀是不可以放在桌布上的，要放在擱麵包的小碟上。她把眼睛睜得很大，向四周圍看。她這丈夫像個大孩子，她要時時指點他。他的頭髮蓬鬆，應該用些髮油。他的皮鞋看來沒有擦過，她要想辦法。同船有六十二位清華畢業生，包括桂中樞、錢端升、錢昌祚，還有像玉堂一樣拿半公費的郝更生、吳南軒、樊逵羽。只有她一個女人。清華畢業生的留美公費真充足，有治裝費二百六十圓，出國川資無定限，每月用費八十美元，學費無定限，畢業及學位文憑費約二十五美元，學位論文印費約二百五十美元，轉學旅費（由西部轉學東部）約一百二十美元，醫藥費無限制，回國川資五百二十圓。玉堂只得一半。她不知道這一千大洋的嫁妝要津貼多少？可以維持多久？

在海上過不了幾天，翠鳳患了盲腸炎。船上的中國學生知道他們在蜜月中，發現他們老是在船艙裡不出來，就拿他們開玩笑，殊不知他們的痛苦。他們要做決定，是不是應該在夏威夷上岸切除盲腸？這麼一來，那一千大洋就要用掉大部份！幸而，翠鳳的腹痛漸漸減輕，於是他們決定繼續前進。

他們在波斯頓赭山街（Mt. Auburn Street）五十一號租了兩間房，和房東太太共用廚房。同一公寓還有個拳師和一位小姐，兩人都在大學的餐廳工作。翠鳳買菜、燒飯、洗衣服，把每個銅板都抓得緊緊的。然而人算不如天算，她的盲腸炎又發作了，這次是急性的，只好入醫院動手術。

語堂安慰她說，割盲腸算不了什麼大事。所以在動手術時，他在溫習安格盧撒克遜文字的文法。後來發覺，三個小時過去了，怎麼手術還沒有結束？原來那位醫生，大概是沒有醫療過中國女人，把翠鳳的內臟仔細搜索了一番才把盲腸割除。出院之後不久，她因為受了感染，必須動第二次手術，並且要在醫院住一段日子。

他們的錢花完了。萬不得已，玉堂只好打電報給翠鳳的二哥，向廖家要一千美元。在錢匯到之前，有一個星期玉堂只有錢買一罐老人牌的麥片吃，翠鳳深為感動。她出院那天，是二月，滿地是雪。玉堂弄了一架雪橇拉她回家。從此兩人更加親密，玉堂可以安心讀書了。

對他來說，哈佛大學就是擁有幾百萬本書的衛德諾圖書館（Widener Library）。他比喻他在圖書館求知的經過，像是一個猴子在森林裡尋找堅果。像他一貫作風，如果在一本書裡找不到他要的知識，他就在另外一本書裡找。他在圖書館裡跑來跑去，一天可以跑幾哩路，樂得像孫悟空在花果山飲澗水，採山花，覓樹果。

他在比較文學研究所就讀，教授有伯利（Bliss Perry），白璧德（Irving Babbitt）、汎雅葛門（Von Jagerman）等人。其中伯利教授最受學生歡迎。玉堂曾寫過一篇文章，題目是"The Change in Vocabulary in the Critical Essay"(〈批評論文中語彙的改變〉),得到這位教授的好評,他說此篇可寫成碩士論文。

他每天一吃過早點便去學校,不上課時就在圖書館裡鑽研、做筆記,有時繞到舊書店裡去翻書,把書抱回家去看,吃過飯又再看書。家裡到處都是書。他把《牛津袖珍字典》念了再念,有時翠鳳跟他講話他都沒聽見。他一開口講話,就是講書裡的內容和他的思想、理論,她也聽不懂。有時他在書裡看到什麼,會感動得流下眼淚。有時看到什麼有趣的,會哈哈大笑。講給她聽,她用心聽,卻聽不出有什麼好笑,但也陪著笑。更使她驚異的是,他居然敢懷疑聖經,對上帝提出問題!他對她說,他不相信耶穌是童女生的,又說耶穌出世時,天上那顆大星怎麼會準確地把三位東方博士領到那個馬槽?那是不可能的!他又說,基督教使他最不滿的一端,是它著重罪惡,要耶穌替人贖罪,才可以入天堂。他認為他並沒有做過什麼對良心過不去的事,如果在道德上有缺點,如偶爾說說謊,做事馬虎等,給他算個總賬,叫他母親去審判,充其量,也只能定他三年有期徒刑,決不會判他投入閻王那裡的油鍋。如果他能見阿奶而無愧,那在上帝面前他還怕什麼?他相信上帝必和阿奶一樣近情和明理。

他又說,人為什麼要活來等死,以便上天國與上帝為伴?人活在世界上,只要心能見美而喜,能為公道正義慈愛所感,這樣就夠了,做個規規矩矩的人,做事以最高貴最純潔的本性為準繩，這就夠了。孟子說得好：「惻隱之心，人皆有之；羞惡之心，人皆有之；敬畏之心，人皆有之；是非之心，人皆有之。」何必要天天禱告，有什麼事都去麻煩上帝，一天叫祂多少遍，像個三歲的孩子叫媽媽一樣，上帝聽了會不會厭煩？

翠鳳聽了這些話不敢出聲。她辯論不過他，她心想，他在胡說八道，她希望他這些話只對她一人講，千萬不可給別人聽見！

他們兩人無論在哪方面都完全相反。他愛走動，她愛靜坐。他愛吃肉，她愛吃魚。他伶牙俐齒，她不會講話。他天性樂觀，她多愁多慮，個性嚴肅。他們等於兩個陌生人，在開始彼此認識。她感到最安全的，是兩人在床上的時候。那時她知道玉堂要她。在冰天雪地的波斯頓那寒冷的房間裡，他們蒙著被窩躺在床上，有一種磁力把他們吸引在一起。這時她如果想到在廈門未出嫁的日子，就好像是好遠好遠以前的日子，好像是前生的事。

但是他有時晚上獨自坐在窗口，一面抽煙，一面在想什麼，她也不知道。她十點鐘上床，有時候，他要到一、兩點才睡覺，她開始覺得她嫁了個不平常的人。他身體非常的好，顯然不必睡幾個鐘頭覺，第二天便很早起床，精神奕奕。他的胃口好，脾氣也好，只要她不干擾他看書。有時他發脾氣，都是因為他不同意什麼人的思想。他對人不發脾氣。她會照顧他肉體上的一切需要，但是管不了他的思想。有時候她催他去理髮，叫他換手絹，他不耐煩，但是也只笑道：「我以為我早已經小學畢業了。」

他們在波斯頓沒有什麼朋友，除了這兩間房間，外面一切對她是陌生的。在她出院的時候，負責照顧外國學生的教授夫人來訪，玉堂聽見按鈴趕快打掃，但還來不及把廚房一隻死老鼠倒到垃圾桶，她已經上樓了，真難為情。還有一次，教授夫婦請他們到家裡吃晚飯。他們記錯日子，早去了一個禮拜。進去教授家裡之後，知道弄錯了日子，當時便應該退出來。但兩人卻不夠聰明，一直在人家客廳坐下去，後來教授夫人只好隨便弄點什麼給他們吃。事後想想，她感到窘得雙頰發燙。

她想念鼓浪嶼。她父親雖然很嚴肅，但是堂姊妹很多，過年過節，總是很熱鬧，所有的女人在廚房一起工作，切肉絲的切肉絲，剝蝦仁的剝蝦仁，一面談天一面工作。誰的肉絲切得頂細，大家都看在眼裡。切得太粗的，大家會笑她。想到這些事，有時候她感到寂寞。但是她決心要爭一口氣給廖家看，等玉堂拿到博士學位回去他們對他的看法就該不同了。。窮，她不怕。但是她擔心他亂講話，出亂子。

他說，白壁德教授在文學批評方面引起軒然大波。他主張保持的文學批評的水準，和施伯因幹（**J. E. Springarn**）派的主張正好相反。有一次，玉堂毅然決定為施伯因幹辯護，不同意白壁德教授的說法。她聽說他和白教授爭論，非常擔心，皺起眉頭對他說，「啊唷！小心點唷！」

不久，玉堂的半公費津貼突然被取消了！清華大學沒有提出理由。後來，他們知道，清華留美學生監督施秉元自殺了，大概是因為他做股票投機生意失敗的緣故。這和玉堂的津貼停止有無關係，他們一直沒有弄清楚。翠鳳怎麼也不肯再向廖家要錢，無論生活多苦，她也不肯向她父親要一個銅板。回國嗎？兩人都不願意。他一定要讀完書才回去。

玉堂出國之前，已與北京大學約定，回國之後任北大教員。現在，他走投無路，只好打電報給胡適，向他求助，請他為自己向北大申請，預支一千美元以接濟生活。他們毫無把握這請求能不能奏效，但是這筆款子，由胡適擔保，居然匯來了！在這段期間，玉堂投稿《中國學生月刊》舉辦的徵文比賽，連續三次獲第一獎，每次得二十五元獎金，後來自己覺得不好意思，只好停止投稿。

玉堂在哈佛讀完一年，各科成績甲等，但是他沒有經濟能力再讀下去了。他向基督教青年會申請前往法國為華工服務，教他們讀書識字。原來在第一次大戰進入後期時，北洋政府宣布加入協約國，對德奧宣戰，中國旋即招募十五萬名勞工前往法國戰場服務，以協助美、英、法三國對德作戰。工作是搬運及埋葬屍體。（晏陽初、蔣廷黻曾分別由美赴法，教授華工讀書識字。此為中國平民教育運動之起源。）青年會接受玉堂的申請，並且付兩人的旅費。玉堂將這打算告訴哈佛教務主任，問他可不可以在法國修課彌補他在哈佛所缺的學分，而領得哈佛碩士學位。那教務主任看玉堂各科成績都是甲等，說他可以在夏天在巴黎大學修一門莎士比亞戲劇課目。於是玉堂翠鳳搭輪船前往法國，在法德交界附近的樂魁索（Le Creusot）小鎮住下。但一開始工作，玉堂便沒有辦法去巴黎修課。

他為勞工編了一本千字課，同時自修法文德文。凡爾登，那個法德打壕溝戰三、四年成為僵局的戰場，就在附近，一片土地打得不剩一棵樹木，隨地都是軍人陣亡時丟下的刺刀，任人拾取。後來法國認為是不能攻破的馬奇諾防線就放棄了。玉堂很希望在勞工中能找到他那被太平軍拉去當腳伕的祖父，仔細查過勞工名單，卻沒有找到。

翠鳳真是能克苦耐勞，她說「沒有錢不要緊」倒是真的。她穿著一件在波斯頓買的暗色大衣，在戰場走來走去，撿舊靴要他穿，給他很深的印象。她有一股衝動，和他一樣強。

他們在樂魁索儲蓄了一點錢，由於德國馬克不值錢，在德國生活比較便宜，玉堂申請入耶那大學（Jena University），被接受了。耶那位在德國中部，是個美麗的小鎮。他們租的公寓有磚爐子沿牆，房東太太教他們怎樣生火，以保暖房屋。公寓裡卻沒有水管，用水要到外面去取。玉堂翠鳳手拉手一起去聽課，然後在街上散步。玉堂愛上了舊大陸的風光。耶那沒有教莎士比亞的課程，玉堂選了三種另外的課目，詢問哈佛教務主任，可否以這三課目代替莎士比亞，得到答覆說可以。「我並不是很重視碩士學位，也不會在得到學位之後就停止求學，」他在信上說，「但是有個哈佛碩士學位，是很有用的。」

他們結婚已經一年多，她卻還沒有身孕，她為這個焦慮不已，去看醫生，醫生說她不能生育。聽了這消息，她哭得死去活來。玉堂看她這般傷心，對她起了無限憐憫之感。婚姻生活，如渡大海，而他們倆都不曾有半點航海的經驗。這一片汪洋，頗似宦海慾海，有苦也有樂。

一九二三年二月，玉堂得到哈佛大學碩士學位之後，便到萊比錫大學（Leipzig University）攻讀博士學位。他又向北大借款一千美元。他選萊比錫，是因為這所大學以語言學馳名，又以印歐文法之比較哲學著名。玉堂寫信告訴他父親，他真的在德國一家最高學府讀書了，知道他父親會非常高興。在大學圖書館中國研究室裡，中國書籍汗牛充棟，他還可以從柏林大學借來中國書。玉堂這時才認真研究中國音韻學，不久，深入研究《漢學師承記》、《皇清經解》、《皇清經解續編》，這都是滿清末葉體仁閣大學士阮元刻的。他並且研究高郵王氏父子、段玉裁、顧炎武等名家考證的註釋。

為了維持生活，翠鳳不得不變賣首飾。廖悅發是錢莊老闆，廖家的女人都有些黃金首飾，翠鳳的母親長得嬌小玲瓏，皮膚細膩皙白，愛戴珠寶，蒐集了不少珍珠、翡翠之類的耳環、指環、胸針等。翠鳳出嫁時，她母親給了她不少件。變賣她的首飾，她很心疼，尤其是洋人不懂玉器的價值，出價不高。

「鳳，等我賺了錢，買還給你。」玉堂說。她只好苦笑。每星期一次，他們到火車站去洗澡和吃一頓飯。

結婚三年多，翠鳳終於有了身孕。這喜出望外的消息，使她好像變了個人。他們不夠錢用，決定回國分娩。這就逼得玉堂為博士論文口試趕工。他的論文題目是〈古代中國語音學〉（"Altchinesiche Lautlehre"）。考試，對玉堂來說是易如反掌的玩意兒。他充滿信心，預備在口試後當晚離開萊比錫。翠鳳不免提心吊膽。口試那天，玉堂從一個教授室跑到另一個教授室，十一點鐘口試完畢，他跑回家時，翠鳳已在門口張望，一見他就問，

「怎麼樣？」

「好了！」他答。她就在大街上給他一吻，雙雙並肩往餐室吃午飯。

第五章　在北洋政府下的作家

玉堂和翠鳳回國之後，翠鳳在廈門生了個女兒，名鳳如。她是在娘家生產的，非常難產，母女倆險些送命。秋天，他們上北京，住在東城船板胡同。玉堂擔任北京大學英文教授兼北京師範大學英文系講師。當時，北大校長蔡元培在歐，由教務長蔣夢麟代理。玉堂一到學校便向蔣先生道謝北大預支二千美元救濟他在國外留學。蔣先生說，「什麼兩千塊錢？」

原來解救了他在外國困苦的是胡適。那筆近乎天文數字的款子，是胡適從他自己的腰包裡掏出來的。胡適卻隻字不提。張潮在《幽夢影》一書說：

一介之士。必有密友。密友不必定是刎頸之交。大率雖千百里之遙。皆可相信。而不為浮言所動。聞有謗之者。即多方為之辯析而後已。事之宜行宜止者。代為籌畫

決斷。或事當利害關頭。有所需而後濟者。即不必與聞。亦不慮其負我與否。竟為力承其事。此皆所謂密友也。

胡適的確是玉堂的真正密友。玉堂欠他的錢，後來還清了。玉堂出國四年回來，發覺國內變化太多了。胡適的實驗主義，《嘗試集》、《短篇小說集》、《中國哲學史》；周作人的《歐洲文學史》、《域外小說集》；王星拱的《科學方法論》、及《少年中國》的叢書、共學社的叢書、晨報叢書等等，都是探求新知的年輕人的讀物。《新潮》、《新青年》更是他們每期必談的刊物，而進化論與互助論、資本論與安那其主義，以及托爾斯泰、易卜生、契訶夫、屠格涅夫、羅素、柏格森、蕭伯納、泰戈爾、王爾德、女詩人愛媚・羅薇的作品，都已譯成中文，極受歡迎。新文化運動分子還介紹山額夫人的節育理論，並且介紹民主和和平的文學。

胡適推動的白話運動，已經有成就。一九二〇年，教育部命令所有公立小學的一年級和二年級，必須用白話教學，同時規定白話為國語。胡適說，廢止文言，不是革命，而是文學自然演化的結果。他的成功，使他成為古文派攻擊的目標。

批評他最厲害的是林琴南，他一氣之下，寫了兩部小說諷刺胡適和白話運動的其他領袖。胡適並未理會這些冷嘲熱諷，他對青年說：「如果你們在研究中國語言的實況之後還不同意我的看法，那時再來反對好了。」在胡適的家裡，每星期六高朋滿座，除了教員學生之外，還有商人、小販，他誰都歡迎。對窮人，他接濟金錢，對狂熱分子，他曉以大義。跟他相熟的人，都稱他「大哥」。

每兩星期的星期六，在中央公園「來今雨軒」，另有一批人聚會。這些人有的來一杯清茶，一碟白瓜子，有的叫一碗麵。他們意在聊天不在食，坐在茂密的松蔭下的矮籐椅上，清風徐來，爽快極了。這些語絲社的同人，是周氏兄弟魯迅和作人、孫伏園、錢玄同、劉半農和林語堂—玉堂回北京之後，發表文章署名語堂，後來便不用玉堂這個名字。

魯迅身材矮小，穿白短衫黑褲、布鞋，衣冠不整。他顴高臉瘦，尖尖的鬍子，兩腮乾癟，看來像個癮君子。他所著的《狂人日記》、《藥》、《吶喊》及《阿Q正傳》等，已使他成為名聞全國的作家。他有紹興師爺的刀筆工夫，巧妙的運用一字之微，可以陷人於絕境，致人於死地。他的談話也一樣，他嘲笑戲謔的時候，詼諧百出，張起一口黃牙呵呵大笑。但是他的紹興官話，旁人聽了有點費力。這位文人的生活毫無秩序。他和他的太太不睦，和許廣平女士同居。「許女士倒是個老老實實規規矩矩的女人，」語堂這麼想，「她和魯迅同居，自然是崇拜魯迅的才名，絕不會愛他那副骨相。」

周作人不大說話，泰然自若，說話聲調低微，和他的文章一樣，從不高喊。這兩位紹興弟兄出生在一個破落的舊家，受了私塾教育。後來兩人同到南京進水師學堂學習海軍，再到日本留學。魯迅學醫，作人由海軍改習外國語。他們篤信科學，贊成進化論，有志改革社會。這兩位弟兄彼此不大說話，是因為作人討的日本太太跟魯迅格格不入，兄弟之間誤會很深，但兩人都很通達人情世故。

錢玄同是《新青年》雜誌的一位編輯，也是力主改革的思想家。他專攻語言學，提倡漢字拼音和漢字簡化。他反對儒家一切的思想，對一切採取極端的立場。他同意吳稚暉的主張，「把線裝書都扔到茅廁坑裡去」，把一群舊派文人稱為「孽種」和「文妓」。語堂不接受玄同對中國舊文學的詆毀，但卻滿喜歡玄同這個人，因為玄同天真自然，像孩子一樣害羞，樂觀，有個回國的留學生告訴他，說俄國作家杜思退益夫斯基比曹雪芹更偉大，玄同就信而不疑。語堂覺得，玄同有點精神病，他怕女人，怕狗，與太太分居，獨住在大學宿舍。雙眼近視，說話時常常臉紅，老是笑嘻嘻，是個可愛的人物。

劉半農則是另外一型，他在法國巴黎圖書館和英國大英博物館對敦煌古物做過深入研究，成績斐然。他是個矯健的文人，與大家頗談得來。

這些人都屬於《語絲》雜誌。《語絲》這個名稱，據說是有一日作人和玄同約定，隨便翻一書頁，看到哪一個字可取，便做社名。語絲這個名稱就是這樣決定的。他們話語如散絲，絕無倫次，大家想說什麼就說什麼，寫出胸中磊落之氣，倒也很確當。《語絲》始終沒有什麼使命，如作人所說，「我們這班不倫不類的人藉此發表不倫不類的文章與思想的東西。」這刊物有時忽而談生活藝術、有時忽而談女子心理，又談孫中山主義，也談到鬍鬚和牙齒。「辦一個小小的週刊，不用別人的錢，不說別人的話……唯一的條件是大膽和誠意，或如洋紳士高唱所謂的『費厄潑賴』（fair play）。」

郁達夫來了。他是魯迅的至交。他一來，便增加輕鬆的氣氛。他馬上叫紹興酒，點幾樣送酒的小菜，滷胗肝，醬鴨，或是「來今雨軒」的名菜，軟炸雞腿和火腿什錦酥盒。魯迅最喜歡吃咖哩餃，每次都要包一些回去。論酒量，魯迅與達夫最好。語堂滴酒不沾，因為一喝就想睡覺，卻很欣賞別人飲酒的風采。達夫得意揚揚地邊喝酒邊摩挲他那剪平頭的腦門子，談笑風生。

他是浙江富陽人，民國前十五年生，五歲時父親去世，一家六口全靠母親在街口擺設炒貨攤，以及幾畝祖傳薄田收入來維持。後來他隨兄嫂到日本留學，回國之後，在母親一再要求之下，和孫荃女士結婚。他曾向長兄表白說：「弟之未婚妻，本非弟擇定者，離婚又不能，又不得不被人家來催，是以弟不得已允於今年暑假歸國，簡略完婚。」又說：「結婚後，因孫氏能作書，弟欲置之家中，為母親作一書記。」他在上海大世界追野雞，在堂子裡打茶圍，逛北京的四等窰子，什麼都來。他在民國十年發表第一篇小說《沈淪》，描寫青年的苦悶心理，一時蜚聲文壇，後來他在上海認識了王映霞，（「啊，映霞，你真是我的Beatrice（註），我的醜惡耽溺的心思，完全被你淨化了。」）將他和映霞戀愛的日記編成《日記九種》出版，開創了新文學作家出版日記的先例，轟動一時。

當時北大的教授分為兩派，一是《語絲》派。語堂在《語絲》第三期發表〈論土氣與思想界之關係〉一文之後，陸續撰文在這份週刊發表，其中多數是雜文、散文，也有翻譯作品與語言學論文，成為《語絲》經常撰稿人之一。另一派是《現代評論》所代表的，以胡適為中心，有徐志摩、陳源、蔣廷黻、周甦生、陶孟和等。《語絲》的人認《「現代評論》的人是士大夫派，能寫政論文章，並且適於做官。兩派人物雖然經常為文彼此諷刺，但是「大家都是適之的好朋友，並且都是自由主義者。」語堂後來在《八十自述》說：「在外看來，這兩個雜誌是對立的，其實那是誇大了。」

北大那時真是人才薈萃的地方。在英文系，除了語堂之外，有張歆海、陳源、溫源寧、徐志摩、葉公超等，語堂對志摩尤為欽佩。「徐志摩這個人，可謂絕無僅有，文如其人，而人亦如其文。才華英發，天真爛漫。」這位英俊的白面書生，在一八九六年生於杭州，家庭富裕，有醬園、銀號，及幾種別的商行。他是詩人、小說家，寫散文，也寫劇本。他和元配張幼儀離異，與有夫之婦陸小曼戀愛，和郁達夫一樣，鬧得滿城風雨。「摩摩」給「眉眉乖乖」的情書《愛眉小札》（「眉眉，這怎好？我有你什麼都不要了。文章、事業、

註：十三世紀義大利詩人旦丁（Dante）的愛人。

榮耀，我都不要了。詩、美術、哲學，我都想丟了。有你我什麼都有了。抱住你，就比抱住整個的宇宙，還有什麼缺陷，還有什麼想望的餘地？」）出版之後，風靡一代青年，對談自由戀愛的男男女女來說，那是一部經典之作。老一輩的人看了，則搖頭咋舌。

那幾年，中國政治變化多端。一九二〇年，直皖戰爭，廣州軍政府瓦解。翌年五月，國父就任非常總統，七月中國共產黨成立。一九二二年四月，直奉戰爭，六月徐世昌去職，黎元洪復任北京總統，廣東陳烱明叛變。一九二三年，國父設大元帥於廣州，六月直系逐黎元洪，十月曹錕賄選。一九二四年九月直奉二次戰爭，十月直系失敗，十一月，在五四運動時已聲名狼藉的安福系軍閥段祺瑞東山再起，竊取臨時總執政大權，變本加厲地進行禍國殃民的勾當。在大城市裡反對封建，反對帝國主義的群眾運動不斷興起。南方的革命勢力在中國國民黨領導之下，在國父「聯俄、容共、農工」三大政策的推動和感召之下，正在重新集結。軍閥統治者則迎合帝國主義的需要，加緊對愛國運動和革命運動的鎮壓。

語堂為《語絲》撰稿，對於政治經常批評，被視為有「異端之家」之稱的北大的一位激烈的教授。胡適對錢玄同說（玄同後來告訴何容），如果某人的意見語堂看不起，即使那人是他的朋友，語堂都不願意和他打招呼。語堂撰寫的〈祝土匪〉、〈讀書謬論一束〉、〈文妓說〉、〈詠名流〉等雜文，對北方軍閥治下的腐敗社會加以無情的攻擊。

有空的時候，語堂喜歡逛北京的街道。他說：「北京像是一個國王的夢境」，有宮殿御園、百尺寬的大道、藝術博物館、舊書攤林立的街道。有蒙漢駝商、詩人畫家，乞丐、回教徒、和尚、妓女、俄國舞女、年老息影的縣官、充任女傭的前清官吏的太太。

在北洋軍閥之下，雞犬登仙，五花八門，無奇不有。語堂以尖銳的注意力，吸收一切。後來成為他寫小說《京華煙雲》的材料。山東的愛吃狗肉的張宗昌將軍嘴裡叼著雪茄煙，懷裡抱著白俄情婦，這樣接待外國駐華領事。據說有一次，他委派兩個人同為一縣的縣長。這兩人去找張宗昌時，張正在狂飲作樂，躺在床上。他說：「你們這些混蛋，連這樣的小事也不能解決，要來麻煩我嗎？」

還有一個姓楊的將軍，夜裡進省城，在城門口不向士兵說口令，卻罵一聲「他媽的！」軍官模倣遵循，於是在那個城裡，這句罵人的話，成了口令。還有一位將軍，他坐的汽車衝過紅色交通燈，警察攔住汽車時，將軍即開槍把警察的手指打掉。

還有穿梭平津途中，鑽門路求差事而自命為中國統治階級的官僚，語堂認為他們是「新舊文化中所產生的最醜最怪的人物。看他們腳穿太窄的西洋皮鞋，跛足而行，不知道怎麼拿手杖，小心翼翼地捏在手裡，好像在拎一串魚回家，莫讓那串魚弄髒絲綢長袍！」語堂引用尼采的〈薩拉脫斯如是說〉（**"Thus Spake Zarathustra"**），在《語絲》發表〈薩天師語錄〉，前後八篇，諷刺當時的東方病夫、東方文明、新時代女性、丘八等，成為名文。

北京也是個清靜的、住家的城市，每家都有一個院落，每院都有一個金魚缸和一株石榴樹。語堂在翠鳳收拾得整整齊齊的家，看到她對鳳如的細心照顧，使他神往。他看這小小的生命，玲瓏活潑，也喜歡得不得了，他逗著女兒玩，兩人一起替她洗澡，這時，他可以忘記外面囂雜的社會。

民國十四年三月，孫中山先生在北京協和醫院病逝。語堂在數萬人中瞻望國父的靈柩從醫院移往中央公園之情形。他聽到沉雄的軍樂，看見孫夫人穿著孝服，隨在靈後。在白幡下，千千萬萬男女，臂上繫著黑紗，胸前戴著白花，跟在後面行走。街上左右兩邊塞滿了人，看見靈柩過時，無不下淚。語堂非常激動。後來他在「無所不談」專欄〈一點浩然氣〉一文，這麼寫：

> 我最喜歡東坡詠黃州快哉亭「一點浩然氣，快哉千里風」之句。不知何故。我想這兩句話，很能曲盡中山先生的氣魄，及其一生之所為。我們論人不能以成敗為斷。七擒孟獲，是諸葛孔明的成功；六出祁山，是他的失敗，雖然失敗其氣魄仍然照耀千古，流傳人間，為後人所瞻仰。若說政治上的生活，孔子是失敗者，做大司寇，就因為齊侯饋女樂，魯君三日不朝，知道事不足為，一氣離開魯國十四年。這與孔子之偉大無關，在陳絕糧，絃歌不衰，這才見出孔子的氣魄。顏習齋說「溫溫無所試」，是孔子最可愛的時期。
>
> 孫中山是成功者。在立德、立功、立言三方面，都可以傳不朽。我們這一代人及後代人，

無一人不身受其賜。辛亥革命，我只十六歲，夠不上與先賢追隨先生左右，但是老袁稱帝，張勳復辟，段氏執政，軍閥復起，陳烱明叛變……等等混亂局面，都是年輕的我所親歷的事。北伐之願未成，而中山先生棄我長逝。在表面上，似乎與諸葛亮略同。但是他的學問思想，規模仍在，足為後人楷式。在這一點上，中山先生可以稱為中國一百年來第一人。一點浩然氣，快哉千里風，吹到我們的面前。所謂去其世，若此其未遠也，近其居，若此之甚也。「然而無有乎爾，則亦無有乎爾。」這是不可能的事。有的是為身在廬山中，才不見廬山的真面目。

我認為中山先生的氣魄，就在這一點浩然之氣。他是善養其浩然之氣，所以百折不撓，鞠躬盡瘁，死而後已；卻又能在局面周章之時，發出一種靈氣，好像一陣天風，千里吹來，至大至剛，直養而無害，塞於天地之間。中山先生一生，就好像利用這一點氣，所以有這樣的建樹。孟子言志壹則動氣，氣壹則動志，「志、氣之帥也，氣、體之充也。」由這志與氣之交相作用，所以能有那大無畏的精神。富貴不能淫，貧賤不能移，威武不能屈，都是因為中山先生有這養氣功夫。就這一點，已足稱為一百年來中國第一人了。

孫先生去世後兩個月，上海英租界幾個國民黨黨務運動員被英國警察槍殺，釀成「五卅」慘案。國民黨的政治組織，學生、工人都活動起來，全國學生罷課，在大城市的街道講演，喚醒民眾起來抗議。七月，國民政府成立。

翌年三月十八日，在天安門前有個規模龐大的集會，有中學生、大學生代表及工人商人組織代表，揮著大白旗幟，要求關稅自主，對外國通牒採強硬的立場。語堂這時兼任女子師範大學英文系教授兼教務主任。早上八時許，他接到學生劉和珍的電話，以學生自治會的名義請准停課一天。語堂知道，這次示威純是對外，應該沒有危險，所以允許了，還告訴她，以後請求停課要提早接洽，以便通知別的教員。

下午二時，語堂到校開會，聽說劉和珍死了，未免嚇了一跳。原來臨時執政政府，事先得知愛國青年有外交請願行動，要給他們一點教訓，乃密令埋伏隊伍，荷槍實彈，並派人在府院合署的國務院門前指揮，吹號施令，槍斃、刀鞭青年，殺死了二百多人。語堂趕到國務院，一進門便看到劉和珍的屍體躺在一口棺材裡。當局居然想得那麼周到，事先預備好了棺材！

另外一位學生，楊德群女士，也死了。語堂受到很大刺激。他在〈悼劉和珍楊德群女士〉一文中說：「這是我有生以來最哀慟的一種經驗，或者一部分是因為我覺得劉楊二女士之死，是在我們最痛恨之敵人手下，是代表我們的死，一部分是我暗中感覺亡國之隱痛。女士為亡國遭難，自秋瑾以來，這回算是第一次。而一部分是因為自我到女師大教書及辦事以來，劉女士是我最熟識而最佩服的學生之一（楊女士雖然比較不認識，也記得見過幾次面。）……我們於傷心下淚之餘……應繼續她們的工作，總不應在這亡國時期過一種胡塗生活。」

本來，語堂是贊同周作人鼓吹的「費厄潑賴」精神，認為「且對於失敗者不應再施攻擊，因為我們所攻擊的在於思想非在人」，但在「三・一八」之後，語堂改變了態度，同意魯迅所說「打落水狗」的道理—「凡是狗必先打落水裡又從而打之」的話。語堂連續寫了〈閑話與謠言〉、〈討狗檄文〉、〈泛論赤化與喪家之狗〉等文，支持「打狗運動」，主張「應自今日起，使北京的叭兒狗、老黃狗、螺螄狗、策狗及一切的狗，及一切大人物所養的家禽家畜都能全數殲滅」。

他撰文批評《現代評論》派「正人君子」對學生運動的攻擊和汙蔑，他在文章中稱「中華民國」為「中華官國」，認為「中華無論什麼國體，至少總不是民國」。他主張取消不平等條約，「在於喚醒民眾作獨立的有團結的戰爭，不是靠外交官的交換公文」。他讚揚「揭竿而起」、「少作揖讓」的「土匪精神」，反對「倚門賣笑，雙方討好」的「學者」風度。他與《現代評論》的人在《京報副刊》和《晨報副刊》上大打筆戰。

「三・一八」之後，北方政局一片混亂。四月二十日段祺瑞下台，安福系政客紛紛躲進天津的日本租界。政局落入另一個軍閥頭子，狗肉將軍張宗昌之手。白色恐怖籠罩北京，林語堂、魯迅等批評政府的教授五十四人被列入通緝名單。當時語堂除了擔任北大英文系教授，女師大教務長之外，還是國民新報英文部編輯。軍方抓去了兩個報館的編輯，當夜就槍斃了。

「這下子好了！」翠鳳叫道。

自從回國之後，翠鳳似乎時時刻刻都在為丈夫擔心。比較起來，他們在外國辛苦的四年，好像日子好過得多。北京政治如此混亂，而他偏偏要寫批評政府的文章。她怎麼勸他，他都不肯聽，一定要寫。

「你為什麼不能好好的教書？不要管閒事了！」她厲聲說。

「罵人是保持學者自身尊嚴，不罵人時才是真正丟盡了學者的人格，」他答道。「凡是有獨立思想，有誠意私見的人，都免不了要涉及罵人。」

「你在『邋遢講』！」她罵道。這句廈門話，意思是胡言亂語。

不但寫文章，他有幾次還用竹竿、磚石和警察打架，有一次被擊中眉頭，流血不停，後來留下很深的疤。他還得意洋洋地說，他扔磚石的手法不錯，是因為他小時候喜歡把石子撇到水中，能使石子在水面滑一個距離才沉下去。她氣得大發雷霆，問他是不是不要命了。

翠鳳大腹便便，即將生產了，她焦慮萬分。幸虧在協和醫院順利的又生了一個女兒，名玉如，就是我。產前產後，她這像匹野馬似的丈夫天天還在寫文章。他不是不關心家庭，而是非常固執，不能忍受約束。回家之後，她發現他做了一個繩梯，收在閣樓裡，必要時可以跳牆逃走。

「要走大家走！」她大叫。「我一手抱一個，一手拖一個女兒，怎麼跳牆？」

後來他們先在東交民巷一所法國醫院躲避，再舉家藏在好友林可勝醫師家裡。在那裡躲了三個星期之後，由於廈門大學聘語堂為教授，他們便回廈門了。廈門大學校長林文慶即林可勝的父親。

第六章　寫作、研究、發明

廈門大學位在廈門南普陀，後面是青燈古佛的南普陀寺，前面是一片白沙碧海的廈門港，輕帆片片，暮鼓晨鐘，是讀書的好環境。

在林文慶的擘劃下，廈門大學設備力求充實，教授薪俸力求提高，與北洋政府的拖欠教育經費，恰成對照。九月，語堂任廈大文科主任，他還請來魯迅、《北京晨報》副刊主編孫伏園、研究中國古史權威學者顧頡剛、中西交通史權威學者張星烺、國學大師沈兼士及羅常培等，使小小的廈門大學一時朝氣蓬勃。語堂的二哥玉霖前任外語系教授，現在改任學生指導長。

十月十日，廈大「國學研究院」成立，由校長林文慶兼任院長，語堂兼任總秘書，他的大哥景良（孟溫）和弟弟林幽任編輯部編輯。語堂忙得不可開交，發表〈閩粵方言之來源〉等文。他可能是因為曾在歐洲做教育勞工的工作，為北平「中華平民教育促進會總會」所聘，與熊希齡、胡適之、錢玄同、趙元任、莊澤宣等組織「平民文學委員會」，來協助推動剛在起步中的中國平民教育運動，是時平教總會由總幹事晏陽初主持。

這時在廈大的學生中，有後來任中央社社長、董事長的傑出報人馬星野。他這樣回憶：「當時林先生只有三十上下。經常穿長袍黑馬褂，梳得亮亮的頭髮，俊秀英慧之態，不但光彩照人，而且慧氣逼人。我當時是十八歲的一年級學生，看見院長，頭都不敢抬，心中暗暗讚美與羨慕……我當時還不夠資格選修林先生的課，只是在週會中遇到。」語堂之所以穿長袍黑馬褂，梳得亮亮的頭髮，要歸功於翠鳳，因為「自從我到北大教書之後，我穿什麼一切由她包辦。」

現在，語堂不再被廖家看不起了。她盡量幫忙照顧語堂請來的教授。相形之下，魯迅穿一件灰色的愛國布長衫，橡膠底黑布鞋。入冬，則穿暗藍色的布夾袍。

這麼許多名教授來到廈大，一時頗有北大南遷的景象。魯迅記述：「《現代評論》派的勢力，在這裡我看要膨脹起來，當局者的性質，也與此輩相合。理科也很忌文科，正如北大一樣。」理科主任劉樹杞掌握財權，仗勢催肥理科，擠壓文科，對魯迅更多方刁難，三次要他移住所，最後一次派他住在理學院大廈的地窖，使魯迅氣得「目瞪口呆，鬍鬚盡翹起來」。這時許女士已先往廣州，他一人獨宿，居住既不便，吃飯更叫苦。那時他在寫

《小說舊聞鈔》，只有紹興同鄉孫伏園有時陪他吸煙喝紹興酒。語堂感到失了地主之誼，多次請魯迅吃飯，陪他乘汽船到集美學校演講。但是「廈大人事糾紛複雜，你槍我劍，相互擠軋，不是學者能久留之地。」孫伏園、沈兼士先後離校。魯迅記載說：「我比兼士隨便一些，又因為見玉堂的兄弟及太太，都很為我們的生活操心，學生對我尤好……」所以在廈大多留了些日子。他終於在除夕之日辭去一切職務，打算去廣州大學任教。

學生聽見魯迅要走，起而驅劉樹杞，激起大風潮，提前放假。一九二七年正月十六，魯迅登機赴廣州，語堂特地寫〈譯尼采「走過去」送魯迅離廈門大學〉一文，頗有為魯迅憤憤不平之意。

魯迅曾多次勸語堂「將此處放棄」同往廣州，語堂遲疑不決，但後來他為爭文學院的預算，與是時又兼校長辦公室主任的劉樹杞鬧得很不愉快，終於離開廈門大學。

民國十六年春，語堂離開廈門大學之後要去漢口革命政府的外交部任英文秘書。原因是當時的外交部長是陳友仁，語堂任北京《國民新報》英文部編輯時，陳友仁是該報記者，兩人是同事。語堂路過上海時去拜望蔡元培先生，蔡先生鑑於寧漢臻於破裂，勸他不要去，但語堂由於佩服陳友仁的英文和他的革命外交手法，所以還是去了。語堂對國民革命抱有熱烈期望，以為中國的前途已現曙光。陳友仁出生在西印度的特立尼達（Trinidad），具有直率進取勇於決斷的精神。他和英國交涉，對收回漢口租界大有功勞。

在武漢的國民政府中服務，語堂得機會認識宋慶齡女士，對她非常佩服。七月中，武漢政府開始分裂。語堂當時也任英文報 ***People's Tribune*** 主編，嗣因武漢空氣惡劣，他「對那些革命家也感到膩煩」，就離開政府，前往上海。

民國十七年，政府根據語堂提議的方案，加以修改，正式頒行「國語羅馬字拼音法」。這時，由蔡元培先生擔任院長的國立中央研究院正式成立，蔡先生拉語堂任英文總編輯。那時中央研究院設在法租界亞爾培路，語堂的辦公室安頓在二樓一間極小的房間，專放元明善版書，倒也清閒自在。蔡先生家和語堂家都在愚園路，每天上班，兩人坐同車，使語堂更親切認識蔡先生。「果然是一位溫文爾雅的長輩，說話總是低微的聲音，待人總是謙和溫恭，但是同時使你覺得他有臨大節凜然不可犯之處。他的是非心極明。」

語堂任英文總編輯，「其實沒有什麼事做。」楊杏佛實際負責辦理院務。楊有一目十行的本事，也能一面跟人談話，一面揮毫不停地寫信。

上海文壇非常熱鬧，魯迅和許廣平、郁達夫和王映霞都在上海，他們和語堂夫婦交往密切，北新書店負責人，前「語絲社」社員李小峰，也和他們常來往，沈尹默、劉半農、徐志摩以及剛成名的女作家蘇雪林、也常在上海。

一九二八年六月，魯迅、郁達夫合編的《奔流》月刊創刊，由北新書局出版。語堂生平唯一的一部獨幕悲喜劇《子見南子》發表於該刊十一月卅日一卷六期上，引起軒然大波。

他寫的這部劇，是表現他所發現的南子的禮，與孔子的禮不同，及周公主義與南子主義衝突。他並不認為反對舊禮教是侮辱孔子。由於山東省立第二師範學校在孔子老家曲阜排演這部劇，觸怒了孔子六十戶族人。他們認為《子見南子》是侮辱祖宗，因而控告該校校長宋還吾，呈請教育部查辦。該公文由孔氏六十戶族人署名：

孔傳堉　孔繼選　孔廣璃
孔憲桐　孔繼倫　孔繼珍
孔傳均　孔廣珣　孔昭蓉
孔傳詩　孔昭清　孔昭坤
孔慶霖　孔繁蓉　孔廣梅
孔昭袒　孔憲劍　孔廣成
孔昭棟　孔昭鍠　孔憲蘭

宋還吾校長答辯書稱「《子見南子》」一劇，事誠有之。查子見南子，見於論語……總觀原呈：滿紙謊言，毫無實據。謂『侮辱孔子』，欲加之以罪，何患無辭，縱使所控屬實，亦不出言論思想之範圍。盡可公開討論，無須小題大做……」

這件事越鬧越大，八月十六日《新聞報》濟南通信載：

曲阜第二師範，前因演《子見南子》新劇，惹起曲阜孔氏族人反對，向教育部呈控該校校長宋還吾。工商部孔祥熙亦主嚴辦，教育部當派參事朱葆勤來濟，會同教育廳所派督學張郁光，赴曲阜調查結果，毫無實據，教廳已會同朱葆勤會呈教部核辦。十一日孔祥熙隨蔣主席過濟時，對此事仍主嚴究。教長蔣夢麟，監察院長蔡元培日前過濟赴青島時，曾有非正式表示，排演新劇，並無侮辱孔子情事，孔氏族人，不應小題大做。究竟結果如何，須待教部處理。

結果，宋校長落得調任，「強宗大姓」勝利。語堂對這件事說：

《子見南子》一劇，因有「孔衍聖公陪要人大嚼，青皮光棍為祖上爭光，」引起一重公案，累得教部特派專員，會同魯教育廳，調查勘辦，同時又累得宋還吾先生送掉曲阜二師校長一席，未免使作者十分抱歉。但是衛道先生偏偏那麼多，衛道之心又那麼切，叫我們怎麼辦呢？想來如此做法，聖道必日益昌明，貪官汙吏，亦將絕跡人世，但是事實卻不如此簡單。這齣戲劇，居然曲阜扮演，扮演孔二者又是他老先生的聖裔。這種時勢，似乎可給二年前對洋大人聲明，孔教不合於今日，惟有耶教最「亨」，而今年卻在大聲疾呼提倡禮教的人，及一班扶翼聖教之徒，一個深思猛省的機會！

這一不大不小的風波，使漸漸為人所聞的林語堂，聲望更大。這時，他在英文《中國評論週報》（*The China Critic Weekly*）寫一專欄名稱 "The Little Critic"（小評論家）。他寫的是富有風趣的小品文，題材包羅萬象。他的文章極受歡迎，人人都以先睹為快。一年半後，他成為該報（由桂中樞主編，陳石孚編輯）最重要的撰述人兼專欄作家，也使他建立起傑出英文作家的名望。從民國十九年起到二十四年，他寫了幾百篇「小評論」，後來由商務印書館出版，分為上下兩冊。

民國十七年，他所編的開明英文讀本三冊，由上海開明書店出版，供初中學生使用。出版不久，即風行全國，並且取代周越然編輯，商務出版的《英語模範讀本》，成為全國最暢銷的中學英文教科書。九月，他應上海東吳大學法律學院院長吳經熊之邀請，擔任英文教授一學年。薛光前當時在東吳讀書。他在〈我的英文老師〉一文中回憶道：

語堂先生教英文，有他一套特別的教授法，與眾不同。但功效之宏，難以設想。

第一、他上課從不點名，悉聽學生自由。但很奇怪的，老師雖不點名，但同學缺課的，絕無僅有。非但如此，在別班上課的同學，也往往會來參加旁聽，把一個教室擠得滿滿，座無虛席。可見當時先生教學的高明，自然吸引了同學的熱情愛戴。

第二、他的英文課，不舉行任何具有形式的考試（包括學期內或學期終的考試）。可是他一樣計分，結果比正式考試更覺公平允當，同學心中，無不個個服貼。原因是：他雖不舉行機械式命題的筆試，事實上每次上課，舉行一次非正式的考試。我們同班的同學，共約一百二十餘人。語堂先生上了三五堂課以後，幾乎能認識一半的同學，見面時能直呼其名。他的所以能認識這許多同學，有一個祕訣，就是在課堂上，隨時指名起立回答問題或互相對話，這是他對同學的測驗、訓練，也是考試。他更鼓勵同學自由發問。每當學期結束以前，要評定成績分數時，在他腦筋中，對每位同學的程度和學力，都有一個相當正確的輪廓。所以他祇要唱名，請同學輪流的站起，他像相面先生一樣，略為一相，就定下分數。難得有幾位，他覺得沒有十分把握，發生疑慮時，就請他們到講臺前，略為談上幾句，測知端詳，然後定分。這種定分方法，可謂奇特，但依我們同學自己的經驗，其公正的程度，還超過在一般用筆試命題來計分的方法之上。

第三、語堂先生的教英文，從不用呆板或填鴨式的方式，叫學生死讀死背。上課時，終是笑顏常開，笑話連篇。從不正襟危坐，有時坐在講桌上，有時坐在椅子上，雙腳放在桌上，邊講邊談，幽默百出。使同學情緒輕鬆，大家樂之不倦。因為是英文課，為增進同學的理解和會話能力，他總以英文講解。採用的教本是「新聞文選」，就是報章雜誌上刊登過出名的評論或記載，既生動，又有趣，更可實用。講解時，從不一句或一段的注射式灌輸。往往選擇幾個意義似同而實不相同的英文字彙，來詳細比較演釋。譬如：中文的「笑」字，在英文中有許多字彙。例如大笑、微笑、假笑、癡笑、苦笑等等。「哭」字也有種種不同的字彙，有大哭、假哭、飲泣、哀泣等等。諸如此類，他會一一指出異同，並由同學當場造句，或課外作習題。像這樣活潑生動的教法，能使同學充分自由思索，舉一反三。觸類旁通，受益無窮。

語堂在東吳大學教書時，與徐志摩同事。語堂對志摩的文筆非常佩服。一九六一年，他以〈五四以來的中國文學〉為題，在美國國會圖書館演講，他提到志摩，說：

最好的詩人還是徐志摩。他不但是詩人，也是個多采的人物，連死都是以飛機失事，死於泰山之巔。他在美國克拉克大學和英國劍橋大學讀過書。我有一次問他，在克拉克大學做些什麼，他很輕鬆的說，「我上了一些課。」他是個天分極高的人。在我的朋友中祇有他能把白話寫成美麗的語言，他證明了這一點，就是作者若能吸收過去的精華，現代口語還是可以寫成美麗的。我記得很清楚，我自德國回國時，從未聽到過徐志摩的名。一天，在北平一家旅館裡，我在《晨報副刊》上，讀到一篇散文，講的是在雨中散步，作者的署名是陌生的，叫做徐志摩。我大出意外。我還沒有見到過白話能寫得如此秀麗而有力。志摩的文筆，得力於宋詞和元曲。元曲有很多方言的成分。我最看不慣的，就是貧血而又歐化的白話文。

由於《開明英文讀本》的成功，語堂有「版稅大王」之稱。能靠寫作收入，舒舒服服生活的文人，實在沒有幾個。他的成功，未免一些文人眼紅。有一回，他和魯迅幾乎鬧翻了。「事情是小之又小，是魯迅神經過敏所致。」語堂回憶道。那時有一位青年作家張友松要出來自己辦書店或雜誌，所以拉了魯迅、郁達夫等人在北四川路吃小館子。在座也有許廣平、王映霞和翠鳳。張友松說，他對北新書店老闆李小峰欠作者的帳不還大不以為然，說他自己辦書店就要好好的辦。語堂也說了兩句附和的話。不想魯迅疑心語堂在說他，使語堂莫名其妙。大概魯迅多喝了一杯酒，忽然咆哮起來，原來李小峰也欠了魯迅不少帳，魯迅與他辦過什麼交涉，語堂實不知情。語堂後來說：「兩人像一對雄雞一樣對視，對了足足一兩分鐘，多虧郁達夫作和事佬，這場小風波也就安然度過了。」

語堂在上海這段比較安靜的時期，可真讀了不少書。他想把當時坊間競銷的翻印古籍成套成堆的選購回來。凡叢刊、雜鈔、筆記、說庫、小說、傳奇、名人尺牘日記，他都讀。他也不斷研究漢字分類法。這時，已經有商務印書館推出的中文打字機，根據康熙首部將字粒分類排行。機下裝滿有二千五百印刷鉛字的字盤，打字時即須在盤中找所要的字。此外，在另一盤上，有三千零三十四個鉛字。若要用這盤上的字，即須用手拿起一個鉛字，放在第一盤上的空位然後打。這樣的打字機太笨拙了。語堂認為，一部機器應該服從人，而不該人服從機器。他夢想發明一架像英文打字機一樣，不必受訓練便可以打的中文打字機。他不是不知道漢字繁多，而英文僅有二十六個字母，但是這個夢想一直繞在他的心頭。一定有辦法！他非研究個辦法出來不可！他將漢字分類又分類，積稿盈筐，又畫藍圖，嘗試發明一部簡明易用的中文打字機。

民國以來，學術界對以康熙字典部首為檢字法不滿的人很多。民國二十四年，教育部國語統一令對康熙部首有這麼一句批評：「徘徊古今，迷亂本末，檢字不便，控制無方。」

研究改良檢字法的人，有商務印書館的張元濟、高夢旦、王雲五，中華書局的梁任公（啟超）、陸費逵、舒新城等，到了民國二十二年，已有七、八十種新檢字法出現。

語堂所發明的「漢字索引制」，是以漢字母筆用來等於英文字母的寫法，後來他認為此路不通，不夠簡單明瞭。民國十三年，他發明「漢字號碼索引法」，主張首末筆，留在字之外圍，不可跟母筆順序入於中部，並說，「凡一字必有四個號碼以定其字典上之位置」。又說「分漢字筆畫為十類，而以自一至十之號碼名之，則凡一切之字無不有一定之數目」，又謂「所謂首筆末筆，非依筆順，只按高低而定」。當年，他又發明「國音新韻檢字」，刊登圖書館協會專刊，並任該會索引委員會會長。繼於民國十四年作「末筆檢字法」由商務印書館刊印發行。到了民國二十年，語堂對於漢字的首筆、末筆、新韻、號碼四法皆已作詳盡透徹的研究，並實行將漢字重新排列，至是認為中文打字機的複雜問題已循序解決。同年，他代表中央研究院到瑞士出席國際聯盟文化合作委員會年會時，順便到英國與工程師研究製造打字機的模型，在那裡住了幾個月。

翠鳳早一年再生下第三個女兒，名相如。一九三一年「九一八」事變，日軍侵入東北，第二年「一二八」，日軍轟炸上海。我記得母親叫我們不要換睡衣，和服睡在樓下，以便隨時逃走。我只有五歲，覺得睡在地上很好玩。母親焦慮萬分，後來幸有位親戚為我們買了船票，母親就帶我們去廈門。

在廈門，我初次嘗到生命的悲傷和不公平。那天，我醒得很早，一個人起床，站在二樓臥房外的走廊，從欄干間看下面的花園。不久，在曙光下，看見大妗和她的孩子走到花園大門口，向小販買甜豆花。我嘴巴渴，也想吃一碗，忍不住向大妗叫道，「我也要吃。」她替我買了一碗，我跑下去拿，不久便沾沾自喜地站在走廊上吃。那時母親醒了，從蚊帳裡鑽出來，問道：「你在吃什麼？」

「豆花。」

「哪裡來的？」

「大妗替我買的。」

「是你向她討的？」

「她在門口替她的孩子買，我說我也要吃一碗。」

誰知她大發脾氣。「你怎麼可以向大妗討東西吃？你要吃豆花你向我要錢買好了，怎麼可以叫大妗替你買？貪呷鬼！」諸如此類的話罵了好久，我不明白媽為什麼會罵我罵得那麼兇，一碗豆花又不要多少錢。我當然不知道，在大家庭生活的規矩，每房的媳婦照顧自己的孩子，母親回娘家做客，人家不請我吃，我絕對不能向人家要東西吃。我哭得好傷心。可是事情還沒有完，我開始瀉肚子，連瀉幾天，「都是因為貪吃，向人家討了一碗不乾淨的豆花吃。你以後還敢不敢向人家要東西吃？」

人生第一次嘗到悲傷、羞恥、失敗的經驗，我一直沒有忘記。母親痛罵我，我要到長大之後，明白大家庭生活的複雜，而且她那時候心情不好才慢慢不再傷心。而今我偏愛吃豆花，每次吃豆花，都好像在偷吃，在犯罪。

在廈門，另外一件令我吃驚的事，是一歲的妹妹在地上拉屎，媽媽叫家犬來吃，而那條狗竟然吃得津津有味。在我成長之中，對媽媽是敬畏的。她像個不可理解的總司令，叫我做什麼我就做什麼。

後來爸爸從英國回來了。我們要坐小船搖到海面的輪船邊去接他。表姊們說，姊姊和我一定要打扮起來，在我們臉上擦粉擦胭脂，我覺得很不好意思。大約一年沒有看見爸爸，我很害羞，一直對他笑，卻不願意和他講話。他在外國買了手錶，送姊姊和我每人一隻。我們一家人不久便回到上海去了。

父親回廈門的時候，口袋裡只有三毛錢。他把他的錢都花在英國試造中文打字機，但是錢不夠，只好帶了一架不完整的模型回來了。

他在一九三一年寫的備忘錄說：

這部打字機與前各家試驗者所發明者截然不同。其第一步發明為縮小問題之範圍至十分之一。法以凡漢字由左右旁拼或者概以左旁右旁湊合者合計得左旁氵、扌、言、衤等八十餘，右旁一千三百，如此則萬餘字問題變為千餘字問題，於索引上始有用三十二鍵鈕解決之可能。例如泡、炮、袍、飽、抱、跑、砲、匏、咆、胞、鮑、牠等十餘字以一「包」右旁及諸左旁拚成已足。

第二步發明即規定左旁為五分之二，右旁為五分之三，使任何左旁與任何右旁併合皆能方整成體。第三步發明即漢字十九皆諧聲字即由左右旁併合而成，其十分之一非由左右旁併合者又十九皆自身即係他字右旁。如古、今、中、西、有、無、爾、我，即姑、妗、仲、栖、洧、嫵、彌、俄等字之右旁，故其索引問題同時與右旁解決。此種非由左右旁併合之字，皆由整個鉛字打成，不用併合方法。即為寒、摹、驀等字皆整個鉛字。

第四步發明，凡右旁及整字皆以首筆三十及末筆三十二歸類，以首筆形體為經，末筆形體為緯。同首筆者歸同一弧形鉛字版，同首筆又同末筆者列入同行。如此則千餘字皆可以三十餘鍵鈕調動之，按某鍵鈕首筆則某弧形板出，按某末筆鍵鈕則板轉至某行。運用輕便與英文打字機等，而學習三十二鍵鈕亦快便無比。此機以千餘字分為三十二弧形板，各長六寸高八分，鱗次櫛比，如書頁間列，不鋪成平面，故佔面積極小，約比英文打字機略大四分之一而已。

父親畢生追求理想，自謂是「現實主義的理想家」。他後來再修改他發明的首筆末筆檢字法，於十四年後在美國第二次製造中文打字機。一九六六年，在他七十一歲時遷居台灣，再加以修改檢字法，稱之為「上下形檢字法」。他所編《當代林語堂漢英詞典》就用這個，台灣神通電腦公司也用之為所製中文電腦的輸入法。詳情請參閱第十七章。

第七章　提倡幽默、創辦《論語》、《人間世》

在上海，語堂繼續寫文章，研究學問。他醉心於晚明獨抒性靈，不拘格套的散文，企慕公安的清新輕俊和竟陵的幽深孤峭，因而極力提倡袁宏道、中道兄弟、鍾惺、譚元春、王思任、陳繼儒、張岱、徐渭、劉侗以及清代的金聖嘆、鄭燮、李漁等人的文章，要從而開啟現代散文新的性靈文學的道路。

一九三二年（民國二十一年），語堂創辦《論語》半月刊，提倡幽默，另創《人間世》半月刊，與《論語》並轡齊進。《人間世》主張文章須發抒性靈。他說，「提倡幽默必先解放性靈；蓋欲由性靈之解放，漸再參透義理，而幽默自然孕毓也。」

什麼是幽默？這兩個字是humor的漢譯。語堂在〈論幽默的譯名〉中說：

Humor本不可譯，惟有譯音辦法。華語中言滑稽辭字曰滑稽突梯，曰詼諧，曰嘲，曰謔，曰謔浪，曰嘲弄，曰風，曰諷，曰誚，曰譏，曰奚落，曰調侃，曰取笑，曰開玩笑，曰戲言，曰孟浪，曰荒唐，曰挖苦，曰揶揄，曰俏皮，曰惡作謔，曰旁敲側擊等。然皆或指尖刻，或流於放誕，未能表現寬宏恬靜的「幽默」意義，猶如中文之「敷衍」，「熱鬧」等字亦不可得西文正當譯語。最近者為「謔而不虐」，蓋存忠厚之意。幽默之所以異於滑稽荒唐者：一、在於同情於所謔之對象。人有弱點，可以謔浪，己有弱點，亦應解嘲，斯得幽默之真義。若單尖酸刻薄，已非幽默，有何足取？張敞謂夫婦之間有甚於畫眉者，漢宣帝，不究其罪，此宣帝之幽默。鄭人謂孔子獨立郭門，「纍纍然若喪家之狗」，子貢以實告，孔子欣然笑曰「形狀未也，而似喪家之狗，然哉！然哉！」此孔子之幽默。二、幽默非滑稽放誕，故作奇語以炫人，乃在作者說者之觀點與人不同而已。幽默家視世察物，必先另具隻眼，不肯因循，落人窠臼，而後發言立論，自然新穎。以其新穎，人遂覺其滑稽。若立論本無不同，故為荒唐放誕，在字句上推敲，不足以語幽默。滑稽之中有至理，此語得之。中國之言滑稽者，每先示人以荒唐，少能莊諧並出者，在藝術上，殊為幼稚。中國人最富幽默，雖勇於私鬥，睚眦必報，極欠幽默之態度，而怯於公憤，凡對於國家大事，紙上空文，官樣文章，社章公法，莫不一笑置之，此乃中國特別之幽默性，中國之永遠潦倒，即坐此幽默之虧。中國文人之具有幽默者，如蘇東坡，如袁子才，如鄭板橋，如吳稚暉，有獨特見解，既洞察人間宇宙人情學理，又能從容不迫出以詼諧，是雖無幽默之名，已有幽默之實。論語發刊以提倡幽默為目標，而雜以諧謔，但吾輩非長此道，資格相差尚遠。除介紹中外幽默文字以外，只求能以「謔而不虐」四字自相規勸罷了。

在〈論幽默〉一文，他說：

幽默是人生之一部分，所以，一國的文化到了相當的程度，必有幽默文學出現，人之智慧已啟，對付多種問題之外，尚有餘力從容出之，遂有幽默—或者一旦聰明起來，對人之智慧本身發生疑惑，處處發現人類的愚笨、矛盾、偏執、自大，幽默也就跟著出現。因為幽默只是一種從容不迫的態度。

什麼是性靈文學？他在〈性靈文學〉中說：

最重要的就是培養你個人的性靈，有了性靈，你的文章就有生命力、就有清新的，有活力的文學。性靈文學也可以說就是個人的筆調：寫散文的朋友，有幾件是應該避免的：要戒腐、戒浮、戒滑、戒板、戒華。「文貴自然」，文字老到，便不需要花招粉飾，比方說你是個名廚，但是如果一條魚臭了，即使你加葱蒜加胡椒加辣椒也沒有用，作不出什麼味道的，因為魚本身沒有味了。寫文章也是一樣實在不容易，你必須有自己的見解，不怕前無古人後無來者，古人沒有這樣說過沒有關係，我看這樣就這樣說，如此也能培養性靈。

《論語》每期封面內頁，登「論語社」同仁戒條：

一、不反革命。

二、不評論我們看不起的人，但我們所愛護的人要儘量批評（如我們的祖國、現代武人、有希望的作家，及非絕對無望的革命家）。

三、不破口罵人（要謔而不虐，尊國賊為父固不可？名之忘八蛋也不必）。

四、不拿別人的錢，不說他人的話（不為任何一方作有津貼的宣傳，但可做義務的宣傳，甚至反宣傳）。

五、不附庸風雅，更不附庸權貴（決不捧舊劇明星，電影明星、交際明星、文藝明星、政治明星，及其他任何明星）。

六、不互相標榜，反對肉麻主義（避免一切如「學者」「詩人」「我的朋友胡適之」等口調）。

七、不做痰迷詩，不登香豔詞。

八、不主張公道，只談老實的私見。

九、不戒癖好（如吸烟，啜茗，看梅、讀書等）。並不勸人戒煙。

十、不說自己的文章不好。

這本雜誌一發行，立刻暢銷，後來銷路達三、四萬份，在當時是史無前例的。中央大學校長羅家倫對語堂說，「我若有事要在公告欄內公告，只需要登在你的《論語》就可以了。」

語堂在《論語》每期寫時事短評，精練警策，且竭盡戲謔嘲訕之能事。他話裡帶刺而不尖酸刻薄，能使讀者會意而啼笑皆非，或有妙悟而破涕為笑。語堂一下子成為當時文壇的 **enfant terrible**（好在人前說毫無顧忌的老實話的小孩），不久，有「幽默大師」之稱號。

這裡選錄幾篇他的時事短評，今天讀來仍覺新鮮。

有驢無人騎

行政院一席甚難坐穩，如一匹笨驢，在驢背上的人凶多吉少，一不慎，堪虞隕越。孫哲生騎了幾天如坐針氈，趕緊下驢背。汪先生為時局所迫，迫上驢背，初以為有何樂趣，後來鞭策不動，覺得騎驢之樂，也不過爾爾，便也下來，請他人坐。於是由南京跑到上海，由上海跑到廬山，四處揖讓，請人上驢座。可是在旁的人，都互相謙讓。于、戴、二位都表示無騎驢雅興，于說：「監已監不了，行豈行得來？」蔡先生被擾不堪，索性跑到鄉下去看月。由是驢座空懸旬餘，不得已，宋子文出任艱鉅，這驢才算有人騎，還說是暫代汪先生騎驢而已。有人問蔣先生何以不來代勞？但蔣先生現騎的是一匹白馬，他又是精於騎術，駕馭自如，以驢易馬，為計尚在以羊易牛之下。蔣先生智在梁惠王之上，自然不肯以馬易之。上徐文長之當。所以我們還是引王梵志的詩勸汪先生多吃點苦，不必灰心，不必掃興。詩曰：

「他人騎大馬，我獨騎驢子
回顧擔柴漢，心下較些子」

世上比騎驢更苦的差事還多着呢，還是請汪先生勉為其難。

你不好打倒你的下文

馮玉祥登泰山，得一新見，可於其最近發表的明志述懷文見出。這點新見識，就是說：馮先生從前以為打倒壞政府，好政府便會出現。現在馮先生覺悟打倒一個壞政府，結果又來一個壞政府。在馮先生口中說來，宛如一樣奇聞。不知是馮先生隱諱，還是果真到今日才有這種覺悟。馮先生以前的革命方式，衡之以吳稚暉先生的革命定義，只算知其一不知其二，因「你不好，打倒你」尚有下文，「我來幹」是也。不應打倒你，便完事。現在馮先生並下面一句，似亦懷疑起來，如曰：「你來幹，便如何？」其實吳先生之定義，雖然淺顯，可以語三尺童子，然其毛病在於「我來幹」三字置於句後，聲音嫌太響一點。況且因果不甚明：自然，因為你不好，所以打倒你，因為打倒你，所以我來幹，這樣讀法最妥當。但是革命家要曲解為我來幹，所以要打倒你，因為要打倒你，所以你不好，也未嘗不可。為避免這種誤解革命心理，我想還應該改為「我不好，打倒我，我混蛋。」能遵守這樣方式的革命家才值錢，雖然革命事業從此要不甚起勁了。

得體文章

本日閱報，看見三中大會閉會宣言，文章做得太好，也就是太不好。宣言曰「中華民國二十一年十二月十五日，本黨舉行第四屆中央執行委員會第三次全體會議於首都，開會以來，咸以和衷共濟之精神，共赴艱危，凡全國國民所蘄求於本黨與本黨所應自效於國家者，無不精誠規畫，力求實踐，茲綜舉決議要點，鄭重宣言，本黨負建國之責，繫安危之重，總理遺教，寤寐未忘，全民呼號，相需益亟，大會於此，敬先以共具之決心，昭告國人，（一）本黨之責任，為求中國之自由平等，以鞏固國家領土主權行政之完整，苟有侵犯及於此者，誓與國人以全力抵禦而恢復之，（二）本黨之責任，為集中國族之全力，以保障世界之和平，其有危害世界之和平者，誓領導全國國民，與世界尊崇信義之民族，共同努力以弭輯之，（三）本黨之責任，為訓政完成以後實現憲政，以歸政權於全民，凡一切有效而又正確之途徑，誓秉總理遺訓，與約法成規，以全力赴之，大會既具此決心，並深信必全國一心一德，乃克有成，故首先遵循總理遺訓……」

我們純粹站在文學上的立場，批評此篇宣言的文章。說他好，是說他擬得很得體，面面週到，應該說的都說了。然而不好，就在此地，因為應該說的都說了，所以讀者讀了猶如未讀，未讀時是此等人，讀了後又是此等人，毫無所獲。此篇所引幾行，用之於三中全會固可，用之於四中，五中全會亦無不可。這是中國小學作文教學失策所致，還是一篇今夫天下救國策之變相；口頭語多，實指事少；抽象名詞多，精細確切語少，所以不好。我們有時感覺，西人演說宣言，雖然不甚典雅，文句冗長，讀來反覺言之有物。我們必須推翻此種文學傳統，建造說老實話的文體。其實在寫信上，談話上，中西習慣，也有這樣的不同。中文函札，開頭必是「握別數載，懸念殊殷」，西文信就不能這樣寫法。其實此信若為借錢，懸念殊殷，也不定借得到，辭別而念不殊殷，也不定借不到。其在談話見客，西人開口，就是「此來為某某事」，十五分鐘談完便去。中國人之談話，必分個起承轉伏。第一段，敘闊別，談寒暄。第二段，敘舊誼，追往事。第三段，談時事，發感慨。第四段，拿起帽子要走時，才轉入正題「有一小事奉託」。於是五分鐘可說完的話，因為起承轉伏，費了一小時才入題。辦公的人，天天犧牲此種時間，也不知多少。故在談話上做八股，在宣言上敘寒暄，實是中國人之特長。大會宣言開頭文章，寒暄語太多，所以個人認為不好。

那時社會的動盪，對知識分子是一種考驗。語堂認為，動盪本身並不壞，動盪是一種活力。問題是，如何在這種社會生存？

一九三二年「一二八」事變之後，上海各界救國聯合會成立。六月十七日，第三國際遠東局局長兼太平洋產業同盟秘書牛蘭夫婦在上海英租界被捕，牛蘭夫婦絕食，宋慶齡、蔡元培為他們緩頰，往訪司法行政部長羅文榦，請他釋放牛蘭夫婦。稍後，他們被判無期徒刑，囚於南京第一模範監獄。語堂在《論語》寫道：

牛蘭案，轟動全球。當其絕食時，世界知識階級十分注意，蔡楊二先生為表示我國人道主義起見，為之保釋，待療養後再來受審，本為合法手續，外人不察，反誚損失我國司法尊嚴，真是笑話。但是老實說，牛蘭夫婦，牛性實在太強，虧得司法部長羅氏，比牛更頑，自稱將以九牛之力，碰他二牛，索性辭職，堅持到底，兜一大圈子，牛才就範。有人問牛蘭夫婦，你們是否馬克斯信徒？牛蘭對曰：我姓牛，不姓馬。現在牛已穿上鼻子，未知是上訴好，還是請特赦好，人人在問：牛何之？

一九三二年，十月十五日，極端激進派又是馬克思主義者陳獨秀等在上海被捕，翌年正月，中華民權保障同盟上海分會假中央研究院開成立會，到會有蔡元培、楊杏佛、林語堂、魯迅、周作人、伊羅生（英文《中國論壇》雜誌記者）、史沫特萊（**Agnes Smedley**，第三國際聯絡員，德國《佛蘭克福報》駐華記者兼宋慶齡英文秘書）等十六人。宋慶齡、蔡元培、楊杏佛、林語堂、魯迅等當選執行委員會委員。同盟的主要任務是營救被關押的人、爭取言論、出版、結社、集會等自由。在北平的分會，由胡適任主席。二、三月間，同盟組織內部起了分化。在北平的胡適，認為史沫特萊女士交給《大陸報》發表的報導北平陸軍反省院情況的報導與事實有出入，公開發表談話，反對同盟提出釋放一切政治犯的要求，以致背離同盟章程。宋慶齡、蔡元培，電令胡適更正，胡適不肯，被同盟開除。

翌年，語堂的侄兒，大哥孟溫之子惠元，在福建龍溪擔任抗日會常委，民眾教育館長，在家鄉積極開展抗日宣傳活動。林惠元於五月五日嚴辦採購仇貨之台籍商人簡孟嘗醫師，遊街示眾，並沒收其公濟醫院財產，不料調閩剿匪的十九路軍特務團長李金波以「通匪嫌疑」逮捕林惠元，不加審訊，以「木板箱口」立即槍決。此事大大損害了十九路軍抗日榮名。宋慶齡、蔡元培，代表中國民權保障同盟於五月卅一日電陳銘樞、蔣光鼐、蔡廷鍇要求徹底昭雪。蔡元培、柳亞子、楊杏佛、魯迅、郁達夫等上海文化界知名人士聯名發表宣言，闡明事件真相，六月二日，林惠元親屬在上海舉行招待會，招待記者及同盟人士，語堂以盟員及親屬雙重身份在會上說明林惠元被槍殺經過。

六月十八日，上午八時十五分，楊杏佛在上海法租界亞爾培路三三一號中央研院國際出版品交換處門口，遭兇徒槍擊，延至九時二十分傷重死亡。

楊杏佛被刺身死，據沈醉作〈楊杏佛史量才被暗殺的經過〉指稱，此事由「軍統」華東區行動組長趙理君負責執行。儘管宋慶齡對記者指出，楊杏佛被殺害是有計畫的政治性暗殺，他的死不會影響運動的進展，但事實上，同盟的活動就此停止。楊杏佛死後，宋慶齡去天津，蔡元培和語堂也脫離了民權保障同盟。

我記得楊杏佛被殺之後，父親有兩個星期沒有出門，而在我們的門口總有兩三個人站着，不知道他們是誰，我很害怕。後來他們不再站在門口了，父親才敢出去。我也記得，父親如果出門晚一點回家，母親就很憂慮，怕他出了什麼事。看見她的愁臉，我也會擔心起來，要等到爸回家了才鬆一口氣。

第八章　幽默大師

「我在文學上的成功和發展我自己的風格完全是國民黨之賜，」語堂後來說。「如果我們的民權不被取締和限制，恐怕我永不能成為一個文學家，那嚴格的取締逼令我另闢蹊徑以發表思想而不致真叫天牌是天牌，白板是白板。我勢不能不發展筆墨技巧和權輿事情輕重，此即讀者們所稱為『諷刺文學』者。我寫此項文章的藝術乃在發揮關於時局的理論，剛剛足夠暗示我的思想和別人的意見，使不致流為虛聲奪人，空洞無物，而只是禮教云云的謬論；但同時卻饒有含蓄使不致身受牢獄之災。這樣寫文章無異是馬戲場中所見的在繩子上跳舞，亟需眼明手快，身心平衡合度。在這個奇妙的空氣中，我成為所謂幽默或諷刺文學家。」

《論語》網羅當時名作家，有胡適、郁達夫、老舍、俞平伯、劉半農、廢名（馮文炳）、朱自清、豐子愷等。由《論語》發掘的作家有姚穎和蘇青（馮和儀）兩位女作家，及何容、大華烈士（簡又文）、徐訏、老向、沈有乾等。謝冰瑩的《從軍日記》為語堂重視，曾將之譯成英文。在《中央日報》副刊發表，使這位「從鄉下出來的十足土包子」又興奮，又恐懼，彷彿做一場夢。謝冰瑩成名之後，也在《論語》投稿。有人說，《論語》經常撰稿人有「三老」「三堂」。「三老」是老舍、老向和用「老談」為筆名的何容。「三堂」是語堂、知堂（周作人）、鼎堂（郭沫若）。

最引人注意的，還是幽默大師自己的文章。以下載的幾篇，有的是在《論語》發表，有的在《人間世》發表。今天讀來，仍然可以引起讀者會心的微笑。

論政治病

曲齋老人解「父母惟其疾之憂，」說要人常患政治病，病就是下臺，所以做父母的每引為憂。我想政治病，雖不可常有，但不可全無。姑把我的意見，寫下來如左。

我近來常常感覺，平均而論，在任何時代，中國的政府裡頭的血虧，胃滯，精神衰弱，骨節痠輭多愁善病者，總比任何其他人類團體多，病院，療養院除外。自袁世凱之腳氣，至孫中山之肝癌，以及較小的人物所有外內骨皮膚花柳等科的毛病合起來，幾乎可充塞任何新式醫院，科科住滿，門門齊備了。在要人下野電文中比較常見的，我們可以指出：腦部軟化、血管硬化，胃弱，脾虧，肝膽生石，尿道不通，牙蛀，口臭，眼紅，鼻流，耳鳴，心悸，脈跳，背癰，胸痛，盲腸炎，副睪丸炎，糖尿，便閉，痔漏，肺癆，腎虧，喇叭管炎，……還有更文雅的，如厭世，信佛，思反初服，增進學問，出洋念書，想媽媽等（毛病就在古文的不是，「養疴」二字，若不是那樣風雅，就很少人要生病了）……總之，人間世上可有之病，五官臟腑可反之常，應有盡有了。只有婦科不大有，其理由是中國女子上臺下臺者尚少，不然一定子宮下墜，卵巢左傾等等，也都不至無人過問了。同時一人可以兼有數病，而精神衰弱必與焉。

我已說過，政治病雖不可常有，亦不可全無。各人支配一二種，時到自有用處。凡上臺的人，都得先自打算一下：我是要選那一種呢？病有了，上臺後，就有恃無恐，說話聲音可以放響亮些，比方你是海軍總長，而想提出一擴充海軍增加預算的議案在閣議上通過，你若沒有膀胱發炎或是失眠症，那個預算便十九沒有通過的希望。假定你膀胱不能發炎，而財政部長卻能血管硬化（血壓太高），他便佔優勢，而你立下風了。財政部長要對你說：「在這國帑空虛民窮財盡之時，你若堅執增加預算。我只好血壓增高而辭職了。」那時你有什麼辦法？但假使你有膀胱發炎，你便有法寶在身了。你說：「你真不給我錢，我膀胱就得發炎了。」這樣旗鼓相當，財政部長，遂亦無話可說。此時行政院長，若有點機智，他必拉你在旁附耳說：「老兄，你也不必這樣堅持，財某的脾氣是你所曉得的。我上回風濕都壓不住他。他說要血壓高，就一定血壓高起來，在這外攻內患之時，大家應當精誠團結才好。所以兄弟說，你也不必堅執膀胱炎不炎了。改為失眠何如？你到湯山靜養幾天，而我也勸勸財某血壓不要一定高，改為感冒，和衷共濟，大事化為小事，小事化為無事，不就得了嗎？」不一會。你已經驅車直出和平門在湯山的路上了，而那海軍預算提案也正在作宰予的晝寢。

我並非說，我們的要人的病都是假的。患痔漏的要人，委實痔漏，怔忡症的政客也委實怔忡。我知道閻錫山真正患過長期痢疾，那是阿米巴作祟。社會已經默認痢疾是閻先生的專門了，而我並不反對。同樣的，馮玉祥上泰山時，他真正有咳嗽。我們所要指出的是，凡要人都應該有相當的病菌蘊伏著，可為不時之需，下野時才有貨真價實的病症及醫生的證書可以昭示記者。假定我做官，我不想發糖尿，尿而可糖，未免太笑話，西醫的話本來就靠不住。大概腸胃中任何症都使得。我打算要有一個完全暴棄的脾胃及頹唐委靡的神經。

我所以取消化病者，有以下的理由。做了官，這種病必定會發的，而且也合乎「吾從眾」的古訓。自然，我此刻有十分健全的脾胃，除了橡皮鞋以外，嚥得下去的保管消化得來。但是無論你先天賦與的脾胃怎樣好，也經不起官場酬應中的糟蹋。我知道，做了官就不吃早飯，卻有兩頓中飯，及三四頓夜飯的飯局。平均起來，大約每星期有十四頓中飯，及廿四頓夜飯的酒席。知道此，就明白官場中肝病胃病腎病何以會這樣風行一時。所以，政客食量減少消化欠佳絕不希奇。我相信凡官僚都貪食無厭；他們應該用來處理國事的精血，都挪去消化燕窩魚翅肥鴨焖雞了。據我看，除非有人肯步黃伯樵馮玉祥的後塵，減少碗菜，中國政客永不會有精神對付國事的。我總不相信，一位飲食積滯消化欠良的官僚會怎樣熱心辦公救國救民的。他們過那種生活，肝胃若不起變化，才是奇事。我意思不過勸勸他們懂一點衛生常識，並提醒他們，腎部操勞過甚，是不利於清爽的頭腦的。有人說譚延闓滿腹經綸，我卻說他滿腹燕窩魚翅。譚公為什麼死啊？

閒話不提，總而言之，我們政府中比世界任何政府中較多閉結，腳氣，肺癆，痔漏，神經衰弱，肚腸傳染，膀胱發炎，腎部過勞，脾胃虧損，肝部生癌，血管硬化，腦汁胡塗的人物，人人在鞠躬盡瘁為國捐軀帶病辦公，人人皮包裡公文夾雜一張醫生驗症書，等待相當時機，人人將此病症書昭示記者趕夜車來滬進滬西上海療養院「養疴」去。療養院的外國醫生那裡知道那早經傳染的臟腑及富於微菌的尿道，是他們政治上鬥爭的武器及失敗後撒嬌的仙方。

母豬渡河

相傳有母豬，帶九隻豬子外行。將渡河，點一遍，連自己共為十隻。及渡再點，只有九隻，環觀小豬，固未有失者，然再三點數，仍只得九隻，恚甚急甚。哭而死。蓋未將自己算進去也。是之謂母豬之智慧。

人類似比母豬聰明許多，然亦常有因恚甚急甚，而忘記將自己算進去者也。如穿西裝革履赴國貨大會演講反對洋貨者，坐汽車赴運動會作主席自許為鼓勵賽跑者，即屢見不鮮。是亦與母豬之智慧相去無幾。似乎是亞里斯多德說過，人類者能理論而行為未必合理之動物也（Man is a reasoning, but not a reasonable being），此語得之。

譬如有人於此：所編為小品副刊，所發表為隨感，遊記，讀書隨筆，而偏好攻擊他人所編登隨感，遊記，讀書隨筆之小品文刊物。甚至隨筆所談亦同為明人書。然攻擊之勢甚急。是亦忘記將自己算進去耳。「公無渡河，公既渡河，可將奈何。」

又有人焉：義形於色責人春遊，以為是「亡國」之兆。而在同期一刊物上登啟事曰：「前訂本期出版作家生活專號，因春假關係，執筆諸先生多乘時出遊，致承撰稿件未能如期完成……」其智慧亦與驅車赴運動會而自許為鼓勵賽跑者相等。

世上若無此等事，呵呵大笑機會，豈易得哉？

古則有法國文人著書立說，刺刺不休，闡發沉默之重要，卒成書三十卷，今則常見有破口大罵幽默之刊物，在投稿簡章中歡迎幽默小品；夜夜在迴力球場努力工作者，四處投稿罵人頹廢。信哉亞里斯多德之言，人類非合理動物也。

然則母豬之智慧，並不希奇，此孟子所以常有「相去幾希」之嘆。

母豬之智慧既極常見，如之何而後可？中國有名言曰：「眼不見為淨。」夫「眼不見為淨」者孟子齊人一妻一妾章之註腳也。夫良人者，所仰望於終身也，故宜「饜酒肉而後返，」「所與飲食者，盡富貴也，」亦理之宜。齊人之妻若肯不見，豈不淨乎？然彼婦偏欲「瞯良人之所之，」於是發見東郭瞯祭乞餘事實，卒至「相泣中庭，」家庭破裂，皆一「瞯」之罪也。吾人讀人文章，不應根問人之行徑。此為上策。其次，為齊人妻者，既發見東郭乞祭事實，當良人

「施施從外來」時，不必「訕，」，亦不必「泣」，只須迎笑上前摸其大腹曰：「今日又是那裡吃得貴人一腹酒肉？」良人必喜甚。如此家庭亦可不致破裂。

西人有言曰：**All fools are not dead yet**。吾欲胡胡塗塗以終身，不見不聞，則滿眼皆載道之漂亮文章也。

陳繼儒有言曰：名妓翻經，老僧釀酒，將軍翔文章之府，書生踐戎馬之場，雖乏本色，故自有致。然則在鴉片坑上大談嚴肅生活，亦有致之一。近水樓臺，何時不有妙致，要在慧心人隨處賞樂耳。

中國究有臭蟲否？

作為一個君子，對於這一類的題目我是不發表意見的。可是對於種種不同的——從辜鴻銘、胡適、張宗昌以至白蓮教徒、佛道教徒、死硬派和黨部，關於這問題所代表的意見態度，我卻是熟悉的。他們的不同意見是非常有趣而值得研究，培根有一次曾寫了關於「部落偶像」、「洞穴」、「市場」和「戲劇」等的文章，可是我們會發現這些人類心理的偶像在這惱人的題目上的不同意見，卻有着更新奇、更豐富的說明。

我們且把事情弄得簡單一些，試想如果在一個中國女主人家裡所舉行的著名中外人士之集會中，有一隻臭蟲在潔白的沙發套上緩慢而明顯地爬出來見客。這事情很可能在任何家庭中發生，不論是英、法、俄或者中國，這裡且假定是中國。如果有一個英語說得很好的愛國高等華人首先發現了這個，於是他的愛國心驅使他走過去，坐在那臭蟲上，不論以自己的體重壓死了牠也好，或者為了國家榮譽而讓牠祕密地咬幾口也好。然而另一個又出現了，接著又有第三、第四個出現了，這卻是使大家驚愕而主人窘極的，結果是大家承認在中國的某些城市的家庭中是有臭蟲的。於是我便會聽到關於中國臭蟲的討論，現在且摘錄如下：

第一種態度：「中國是有臭蟲的，不錯；而這便是我們的精神的最好證明。只有精神的人民才能忘卻他們的物質環境！」這位厚顏的吹牛者便是辜鴻銘。我們只能斥責他是在厚顏的吹牛皮（雖然是很體面的，）因為由於思想的牽涉，一個人也會跟辜鴻銘一樣，認為一個應用衛生設備的新時代的人，是不及一個用茅廁的人來得近於「精神」。

第二種態度：「中國是有臭蟲的，不錯；但這又有什麼呢！維也納、布拉格、紐約、倫敦，都有臭蟲。事實上，有些城市便因此而聞名了。這是一點也沒有什麼可恥的。」這是中國的「愛國者」、「東方人」、「汎亞洲主義者」和那些要替我們保存「國粹」的人們的態度。有一次張宗昌將軍在日本溫泉發現了一個臭蟲，快樂得連連向人稱道中國文化的優越。

第三種態度：「哥倫比亞大學裡也有臭蟲的。所以中國人的床上如果沒有臭蟲，那就太不文明了。而且美國臭蟲比中國臭蟲要好看得多。所以讓我們捉一隻，特別是加利福尼亞種的。把牠輸入中國放在中國人床上去。」這是不能說半句中國話的哥倫比亞大學的哲學博士的態度。

第四種態度：「什麼？中國有臭蟲嗎？可是英國是沒有臭蟲的。所以我要求治外法權。」

這代表死硬派。他的第一句話是對的，第二句卻是謊話，第三句卻是英國日報主筆的聰明評論，他總會獲得上海居民的喝采的。如果一個在中國牢獄中的西犯在收還治外法權以後詳述他在中國牢獄中的經歷和這裡面有臭蟲的驚人發現，英國日報會登載這樣的報導：「為臭蟲所苦，在華西犯生活困難」。是毫不足奇的。

第五種態度：「什麼？這簡直是無稽之談！中國是從沒有過臭蟲的。那只是你的幻想、錯覺，我告訴你，中國是沒有臭蟲的」。這是民族宣傳家和中國外交家的態度。有些中國偉人在國聯負責陳述在一九二〇年中國已停止種植鴉片。他只是為了執行他的職業，大家不能責他不是，那麼英法代表在國聯又做些什麼呢。

第六種態度：「我們不要談這問題吧。讓我們來把那些膽敢談論這問題的痛責一頓吧。他是不愛國的，」黨部這樣說。「給他一個警告，」另一個同僚這麼說。

第七種態度：「不要擾亂我的清思吧。只要我在被臭蟲咬時保持快樂就是了。這又有何傷害呢？」這是中國佛道教徒所說的話。這羅素也會首肯的。前清最偉大的文學家鄭板橋不就吟詠過蚊子和臭蟲嗎？

第八種態度：「讓我們來捉住牠們，捉得一個不剩時再說，」胡適博士說。對於這個，一切外國的自由的，無國家偏見的人都會同聲附和道：「是的，讓我們捉住牠們，不管牠們在什麼地方或是什麼國屬。」

最後，第九種態度，是本小評論家的態度。看到一個臭蟲在著名的集會裡走出來見客時，他的習性會叫他喊出：「看啊，這裡有一個大臭蟲！多大，多美又多肥，牠在這時機跑了出來，在我們乏味的談話中供給一些談論的題材，牠是多麼巧妙又多麼聰明啊！我親愛的美麗女主人啊！不就是牠昨晚吸去妳的血嗎？捉住牠吧。捉住了一隻大臭蟲把牠捏死該是多麼有趣的事啊！」

對於這話，我那美麗的女主人也定會回答說：「親愛的林博士，你對你自己應引以為恥？」

假定我是土匪

這個題目太好了，越想越有趣，假定教師肯出這種題目，必定觸起學生的靈機，不怕沒有清俊的文章可讀。也許很多人未曾想到這種題目，但於我，一想起，卻是愛不忍捨。若加以唯物史觀的辯證法而分析之，我想也可客觀的發現此文之「社會意識。」現代的社會，謀生是這樣的不易，失業是這樣的普遍，而做土匪的將來又是這樣偉大，怎禁得人不涉及這種遐想？假定一人生當今日，有過人的聰明機智，又能帶點屠狗戶骨氣，若劉邦、樊噲之流，而肯屈身去做土匪，我可擔保他飛黃騰達，榮宗顯祖，到了晚年，還可以維持風化，提倡文言，收藏善本，翻印佛經，介紹花柳醫生。時運不濟，尚可退居大連，享盡朱門華貴，嬪婢環列之豔福。命途亨通，還可以媲美曹錕、李彥青，身居宮殿，生時博得列名「中國名人傳」之榮耀，死後博得一張皇皇赫赫的訃聞。

自然，我有自知之明，自覺不配做土匪的。不但不曾殺過一條人命，而且根本就缺乏做匪首的資格。做個匪首，並不容易，第一便須輕財仗義，豪俠好交，能結納天下英雄，江湖豪傑，這是我斷斷做不來的。做土匪的領袖，與做公司或社會的領袖一樣，須有領袖之身分、手段、能幹、靈敏、陰險、潑辣、無賴、圓通、是非不要辨得太明、主義不要守得太板……這是據我的觀察，一切的領袖所共有而我所決無的美德。但是假定上天賦與我這樣一個性格，我可以指出一條成功的途徑，包管博得一個社會模範人物的美名，騙得那裡公園的一塊石像，將見時謠曰「生子當如╳╳╳（即匪首之爺，）」為眾人所羨慕不置。

第一件，便是習書法。我想要自一個土匪做到顯祖榮宗的模範人物，有兩個必要的條件：學得一手好書法，而又能擬得體動人的通電。後者總有辦法，可以六十元一月僱一位舉人代擬，題簽聯對則不好意思叫人代題。至少我個人是不好意思這樣的。書法是半世的事業，學習要早。所以在我做鄉村土匪時期，就得練習書法。到了我奪了幾個城，掠了一州府，自然有許多人來請我題匾額寫對聯了。這時就要見出你的高下，而見出你是一個暴虎憑河的莽漢，或是一個讀過聖賢書的雅人。你有一手好字，便可以結交當地士紳，而不愧為一位右文的山皇帝。

有了一手好書法及僱一位善擬通電的書記（最好是駢四儷六一派的，），我就要去攻一小商埠，如廈門、煙臺之類。這大概需五百名精兵。其實只消一百五十名精兵，餘三百五十名，什麼流氓丘八鴉片煙鬼都可以。我是有所據而云然，因為我曾親見╳╳與廈門海軍爭奪廈門的一幕喜劇。也許三十名敢死隊半夜發作就可以把廈門、煙臺據為己有。（滿兵三十萬取得大中華、日本二師兵取得瀋陽，依此比例，這個算法是不錯的。）「劇戰」大概二小時，傷了三條狗，兩隻雞，也就完了。所以一面開戰，一面通電、告示就得於前晚擬好，一拍即出。通電所以對外，告示所以安民。告示中的話，不外「我愛老百姓，我愛老百姓，我最愛老百姓。」但是對於廢除苛捐雜稅一層，卻可暫緩不提。同時可加一句：「我恨外國人，我恨帝國主義，我反對經濟侵略。」然後請一位大學二年級的學生，善操"Good morning, good afternoon, thank you, excuse me"一派的英語者，同他坐個汽車遍訪外國領事，表示對於保全外人生命財產絕對負責。在通電中，這一類「保護外僑生命財產」的話，又必重疊聲明。但是對於保護國人生命財產一層，可以暫緩不提。外國領事必定握手親自送至門口，回頭想著，我就是袁世凱第二。我已認清，我的政治前途，要建設在忍辱負重國際親善的基礎之上。

從鄉匪時期達到省匪時期，我估算大約須三年。這三年中是我養精蓄銳時期，書法愈雄健，外賓愈和洽，聲譽日隆，匪僚日畏，大家說我有「大志」。因為我既然是匪，不得不為物質環境及階級意識所決定，為自衛計，軍隊總嫌不足，器械總嫌不精，養兵無錢不行也。我必須以建設為名，改造全城、修橋、造路、築碼頭、換門牌，立了種種名目。這樣我三年內便可發三百萬的財，如果勵精圖治，再加喜轎捐，棺材捐，豬子捐，也許以二年為期便可達到目的。大約築一段路，每丈有六十元好處，所以路越長越好。如果小商埠沒有幾里路的公路好築，那麼築得壞一點，每年又有一筆重修公路費的收入。「重修」二字甚雅，古人稱來是一種功德，今人說來是一種建設。這樣無形中我已成了一模範土匪，有口皆碑，西洋記者參觀，莫不交口讚歎，稱我「開通」「進步」，兼且囊中已有三百萬家私，在公在私都說得過去對得住國民，對得住祖上，實為德便。

這三百萬元到手，天下事何不可為？只消代付了三個月欠餉，中國任何海軍，我收買得來，成本雖略大，利益亦不薄。這時人又更加精明，宦途更加練達，什麼東西可以騙過老爺眼裡（這時自然是老爺。）用明察秋毫的眼光，我可有一批開源節流的新發現。譬如豬槽、馬韁、尿壺、糞桶，不都可以捐起來嗎？這時總不免有一兩位極精宦途的幕僚來依附我，坐下開口便是感慨的說：「你看這╳╳一縣的豬槽，最少也有一萬五千個，十縣就是十五萬豬槽，……數目很可觀啊！數目很可觀啊！」這種感慨一多，不要二年飛機也到手了。這時我便是模範省區之模範軍人。這時料想書法更加到家，我就要提倡文言，維持聖教，禁止放胸，捉捕剪髮姑娘，……而關心風化。姨太太大約也有三四房，所以女子遊公園之事，非常礙目，而加以禁止。談吐中也自風雅一點，什為「勉為其難」、「鋒芒太露」、「寧缺毋濫」、「民膏民脂」、「治標治本」等成語，也已說得流利嫻熟。案上常置一部「辭源」。

大概此時，中國必有內戰。於是我交紅運了。一躍可由偏安的省匪而變為國人所常注意報章所常騰載的國匪了。大約三四次倒戈，還不太過，過多即為盛名之累。依現在行價，一次倒戈（現在倒戈叫做「輸誠」）總有一百至一百五十萬收入。只消三四次輸誠離叛，在經濟上，已是匯豐銀行存款五百萬之闊戶，在地位上，也是國中第三四流的名閥。鼻子一哼，就可以叫人三魂蕩蕩，七魄悠悠。這樣下去，到六七十歲，前途曷可限量。

那時我頗具愛國愛世之心，閱世既久，心氣自較和平。那裡演講，總是勸人種善根，勸人修福德。發見涵養、和平、退讓為東方精神之美德，而宣揚國光。閒時還可以來幾種雅好，在我必以收藏宋版書為第一快事。那時我可請一位書記（就是那位代擬通電的舉人，這時他也有子女盈門，並有三五萬家私了）替我作一部《中庸集註》，或一本《莊子正義》，用我的名出版。這樣下去，若不得法國政府，頒給勳章，或是莫棱里尼旌賞我宣揚東方文化之精神，老爺不姓林。

語堂譏諷之刺，的確得罪了不少官僚。有一次，他當面對某人說，「你雖是官，但還像個人。」

在那是非不明，公理不平的日子裡，他諷刺一般驕奢淫逸、貪汙殘暴、禍國殃民的官僚，能為人民一吐胸中鬱抑不平之氣，所以他的文章極受歡迎。他的文章「笑中有淚，淚中有笑」。他也寫許多其他幽默文章，反映當時人士的困惑。「一張字條的寫法」就是其中之一。

一張字條的寫法

早晨為了向木匠討一點油灰，費了半天工夫。原因是前日叫木匠做紗窗，現要寫張字條去討油灰來補窟窿。但一起稿，這「紗窗」二字，就含了不少問題，可見做現代人真不易也。北平的平屋，向用紗窗，今日在上海居家的人，已不復用矣。所謂「紗窗」，實只是鐵絲織成以防蒼蠅蚊子者，顧名思義，殊不合式。若用直譯方法，名之為「鐵絲障」，殊為不雅，將來不便入詩。因為字既生硬，又無從捲法，將來不但不能用「捲簾」字樣，且亦不好易「隔簾花影」為「隔障花影」也。況且更有嚴重問題，就是：名之為「紗窗」，頗有文言復古意味，是罪不容誅。名之為「鐵絲障」雖似介紹西洋文化，儼然有站在時代前鋒之概，而提倡復古者，又將斥為用夷變夏亡國滅種之兆。此中又更出嚴重問題，就是「大眾語」是近於復古呢？是近於新名詞呢？眾問題之上又有問題：是稱之為「紗窗」者愛國？還是稱之為「鐵絲障」者愛國？因為在嗡嗡嗡的現代中國，任何蚊子蒼蠅問題，亦有救國亡國之意義在焉。做人之苦，至此已極，真有「時日曷喪，予及汝偕亡」之感。「紗窗」二字已引起這樣嚴重問題，寫一張字條與木匠，當然要幾番易稿。初為天然寫法，即「白話的文言」，後來恐人見到反對，乃復改為「文言的白話」，而又恐木匠不懂，殊失「大眾語」意義。後來越改越昏，竟無意中作出一篇似通非通的四六，自覺不愜意，乃又學韓退之，起八代之衰，作三代古文，覺得「油灰」二字文不雅馴，乃復半途而廢。這樣四易稿，一個早晨就過去了。

原因是紗窗雖已做好，邊沿卻露了小縫（此話似是如此講法，然不敢自信，或應作「窟窿」，須請老舍何容輩為我改正，自知藍青官話極不像白話也，）──邊沿露了小縫，蒼蠅雖然進不來，蚊子卻仍然爬得進。簡單的辦法，是向木匠要油灰補上他（「他」字疑誤，中國文法，疑不如此講法，此或是受時行譯文影響，因國語凡指物，不言他，（？）「把他」只曰「給」──「給蓋上」，不曰「把他蓋上」──大約「給補上」便合文法）。要油灰給補上，惟因錢已付清，未知木匠肯不肯賠這點油灰，但從此亦可看出世情之敦厚與澆薄了。只因主意拿不定，所以拿起筆來，總想理由講得明白一點，庶可動其天良，而得油灰到手。

一向我開字條，都是用文言的。用文言寫字條，並不容易。我極希望中小學國文也該教人開字條。以前的秀才舉人，開一張字條，亦常開得不通。如曰「君驅車入城否？如其然，則請為我購一匹夏布（夏布一匹？）一斤黑棗（黑棗一斤？）半斤龍井（龍井半斤？）物價多寡，當即奉趙，決不食言。若不進城，則休矣。」這種字條，當然不通。惟若用白話，也確有許多麻煩。如「示悉」改為「你的信接到了」，「文言的白話」又當作「你的芳翰接到了」。「快甚」白話當作「我非常的快活啊」，「文言的白話」又當作「這是使我怎樣地愉快啊！」（鬼話！）開字條，一句話要說便說，那裡有這閒工夫嚕哩嚕囌。所以用文言開字條，只是無意中自然的趨勢。只因近日，文言白話大眾語鬧得兇，時時提心吊膽，以為人或疑我有意反對白話，現在開一收條也彷徨終日，不知是應寫「茲收到」而落伍呢，或是應寫「現在收到」以討好人家呢？因為據說「茲收到」頗近語錄，而語錄便是文言，代表有閒階級，該殺。雖然我認為語錄乃是白話，而時行白話乃是文言。

起初我開的語錄式（白話的文言）的字條是這樣的：

白話的文言

「××寶號。前日由汝裝置紗窗，只因邊沿有縫，蚊子仍得而入，來一隻，捉一隻，又來一隻，令人日間坐不得，夜間眠不得，苦甚。茲差人前來，請給予油灰少許，俾修補，為荷，幸毋以油灰為重，信用為輕。是禱。××啟」

這字條好雖不好，總算達意。後來一轉想，倘是有人見到此張字條，說我在反對白話，如何是好，乃復改作白話的文言，

文言的白話

「××寶號啊！你們豈不記得在不久的以前—似乎是十天以前吧—你們曾取得我的同意，把我們家裡的鐵絲障安裝起來？這是不容疑惑的事實。現在邊沿並不緊貼，發生空隙，竟然有半個生丁之距離，已比蚊子高度多二倍了。現在滿屋都是蚊子，嗡嗡嗡，其數量至不可思議之程度。在這懶洋洋的夏天，這是如何地壓迫人啊！這鐵絲障已然無疑的終於等於虛設了。倘若你們不相信，可以來參觀，事實終必勝於雄辯的啊！事實告訴我們，你們有修補這些空隙的義務，而鐵絲障又有被修補之必要。那末，我派人來給你們取點油灰補好牠，料想不至於被拒絕吧？××啟。」

這篇雖然時行，卻生怕「大眾」的木匠不懂，於是不用。這時已費半點多鐘工夫。大概早晨不用做別的事了。所以索性再起一稿，回到文言。一面也是避免人家稱我普羅，一面自作遐

想，倘是我要討好文選派與桐城派，不知又當如何寫法。乃先由文選派下手，只因未經訓練，又向來駢四儷六，皆看不入眼，修養工夫甚淺，乃愈寫愈不成話，而有以下的結果：

文選派

「××水木兩作寶號大鑒，別來數日，定卜起居兮而佳吉，履祇兮而迎祥。既札闥以鴻庥，又吃著而不盡。余路則憶定而盤，門則而立加五。前因蚊患，曾置金絲。方慶蠅蚋不入，將睹天下之昇平，豈料異孽復生，更變本而加厲？邊幅不修，逐臭之徒，豈有孔而不入？銀縷無綻，群嬴之輩，自縮地以有方。吾非吳猛，不敵於蚊蚋，誰效子平，當避於清涼。茲當大夏，益肆咆哮，驅之不去，捉之不得，欲為補苴之計，當借丸泥之助。請賜一封，交與奚奴，拜賜實多，銘心無既。」

這種字條，太不成話了，乃盡棄駢儷，力追昌黎，又寫一通。

桐城派

「××匠人斧右。余依依定盤以為居，其號則而立又五焉，以甲為別，曩者曾僱吾子安置銅扉，儼然一新，和風曉日得以入而無礙焉，快甚。嗣見蚊蚋麕集如故，倘非窗沿有隙，蚊蠅乘間而入，曷克臻此？茲遣書僮前來，請與以……（油灰，未得雅馴古語）少許，聊作補苴之用。吾知吾子必不以此見吝，而吾亦不負吾子矣。若賜寵話，請撥立志知命之號，而益以三焉。惟吾子其實圖之。」

稿已起了四次，仍不那個，而且翻盡「淵鑑類函」、藝文類聚，油灰二字仍舊無法使之「雅馴」。至是乃投筆而起，令阿經（即韓文中之「書僮」，年已三十三歲）口頭傳話取去。不半小時，阿經已經傳情達意，手拿一包油灰工冬而來。我既喜又嗔，擲筆於地曰：「管城子不中用！我輩書生何不早自殺！」

吾前發願曰：「散步時聞引車賣漿之流所說白話，正垂涎景仰不置。吾將從而學之，五年後或有短篇小說夾入真正白話以行世乎？引車賣漿之流豈但吾師，亦白話作家人人之師也。」實行此願，請自阿經始。

第九章　魯迅、蕭伯納、賽珍珠

《論語》的成功，使林語堂變成膾炙人口的名字。《論語》發行一年多後，由於語堂與發行人邵洵美意見不同，改請陶亢德任主編，語堂繼續撰稿。

《人間世》是中國第一本純粹是散文小品的刊物，在發刊詞上，語堂說，「宇宙之大，蒼蠅之微，皆可取材，故名為人間世」。它以「自我」為中心，以「閑適」為筆調，專刊一些平和沖淡，抒寫性靈的小品文。《人間世》一出版，就遭到左派作家的攻擊。

民國十九年（一九三〇年），「左翼作家聯盟」成立，魯迅任盟主。語堂在〈五四運動以來的中國文學〉中說：「文學革命的後果之一，是直接導向中國的左傾情勢。文學革命代表一種激進主義的情緒，對過去的反叛。一九二〇年代成長的一代，思想極不平衡，舊的根拔去了，歷史失去了連續性。年輕人不再讀古書，舊的東西被認為封建氣息太重。

這些青年對西方也沒有真的了解，沒有深深的紮根，因此陷入了共產主義宣傳的陷阱。在這些青年看來，共產主義是最激進的，因此也似乎最好。以《新青年》的編輯之中，胡適埋頭寫他的明淨理知的文章，錢玄同和劉半農是熱誠的激進分子。陳獨秀則是極端激進派，又是馬克思主義者。他認為進步將是直線的，每一代要革上一代的命。這話給他說中了。激進之風果然自二十年代的自由主義轉化到三十年代的左傾急進主義。」

魯迅雖然是「左翼作家聯盟」盟主，也在《論語》發表文章，有〈學生與玉佛〉（署名動軒）、〈誰的矛盾〉、〈由中國女人的腳，推定中國人之非中庸，又由此推定孔夫子有胃病〉（署名何干）等。在寫給陶亢德的一封信中，他說：「我並非全不贊成《論語》的態度，只是其中有一二位作者的作品，我看來有些無聊。」

魯迅寫了許多嘲諷林語堂的文章，使人以為兩人是冤家對頭。其實，兩人雖然思想不同，個人之間卻沒有什麼仇怨。語堂心目中無惡人，他認為魯迅易怒多疑，是因為他身體不好的緣故。

亢德回憶，在《人間世》創刊前，語堂在家裡請客，客人十九都到了，只有魯迅還沒有來。有人問，要不要設法催一催，語堂卻很有把握的說，不必，一定會來。結果魯迅是來了，還是那副老樣子，一件蹩腳的長袍、膠皮鞋、香煙一支一支的抽個不停，席間談東話西，談到《金瓶梅》作者的方言用語，談到德國文學。臨走時魯迅向語堂借了一本德國書，僱了一輛汽車由徐訏陪同返寓。

魯迅說，他「並非全不贊成《論語》」，或許是因為《論語》有不少文章暴露和諷刺政治社會的醜惡。對《人間世》，他是全不贊成。陶亢德說，魯林的不同之處，是魯迅對於現世界、現社會的醜惡處處抗戰到底，所以他視筆如刀，視小品文如匕首。語堂卻以為人生或世界不無靜觀自得之處。語堂不是沒有寫過戰鬥文章，但他也會認識《浮生六記》是不朽之作。

魯迅認為中國充滿仁義道德的文化只是「吃人」，而語堂嚮慕儒家之明性達理，他認為文學只是「性靈的表現」，不可以充作政治的武器。

左派文壇為了對抗林語堂及《人間世》，先後出版《新語林》、《太白》、《芒種》等半月刊來打對台。一九三五年（民國二十四年）胡風的〈林語堂論〉一文，在上海《文學》新年特大號發表，該文長一萬五千字，代表左翼文壇對林語堂的批評。他從語堂早期在北京寫的文章開始，一路講到他最近的作品，總之，說他提倡的資產階級文學，是沒有前途的文學道路。

語堂火了。他在「我的話」專欄中解釋他出版《人間世》的理由加以駁斥：

在我創辦《論語》之時，我就認定方巾氣道學氣是幽默之魔敵。倒不是因為道學文章能抵制幽默文學，乃因道學環境及對幽默之不了解，必影響於幽默家之寫作，使執筆時，似有人在背後怒目偷覷，這樣是不宜於幽默寫作的。惟有保持得住一點天真，有點傲慢，不顧此種陰森冷豬肉氣者，才寫得出一點幽默。這種方巾氣的影響，在《論語》之投稿及批評者，都看得出來。在批評方面，近來新舊衛道派頗一致，方巾氣越來越重。凡非哼哼唧唧文學，或杭喲杭喲文學，皆在鄙視之列。今天有人雖寫白話，實則在潛意識上中道學之毒甚深，動輒任何小事，必以「救國」「亡國」掛在頭上，於是用國貨牙刷也是救國，賣香水也是救國，弄得人家一舉一動打一個噎也不得安閒。有人留學，學習化學工程，明明是學製香水、煉牛皮，卻非說是實業救國不可。其實都是自幼作文說慣了「今夫天下」「世道人心」這些名詞還在潛意識中作祟吧。所以這班人，名詞雖新，態度卻舊，實非西方文化產兒，與政客官僚一樣。

《人間世》出版與《論語》出版一樣。因為沒人做，所以我來做。我不好落人窠臼，如已有人做了，我便萬不肯做。以前研究漢字索引，編英文教科書，近來研究打字機，也都是看別人不做，或做不好，故自出機杼興趣勃然去做而已。此外還有什麼理由？現在明明是提倡小品文，又無端被人加以奪取「文學正宗」罪名。夫文學之中，品類多矣。吾提倡小品，他人儘可提倡大品。

在反對方巾氣文中，我偏要說一句方巾氣的話。倘是我能減少一點國中的方巾氣，而叫國人取一種比較自然活潑的人生觀，也就在介紹西洋文化工作中，盡一點點國民義務。這句話也是我自幼唸慣「今夫天下」之遺跡。我生活之嚴肅人家才會詫異哩。

因為心靈根本不健全，生活上少了向上的勇氣，所以方巾氣的批評，也只善摧殘。對提倡西方自然活潑的人生觀，也只能詆毀，不能建樹。對《論語》批評曰「中國無幽默」。中國若早有幽默，何必辦《論語》來提倡？在旁邊喊「中國無幽默」並不會使幽默的根芽逐漸發揚光大。況且《論語》即使沒有幽默的成功作品，卻至少改過國人對於幽默的態度，除非初出茅廬小子，還在注意宇宙及救國「大道」，都對於幽默加一層的認識，只有一些一知半解似通非通的人，還未能接受西方文化對幽默的態度。這種消極摧殘的批評，名為提倡西方文化實是障礙西方文化，而且自身就不會有結實的成績。《人間世》出版，動起杭喲杭喲派的方巾氣，七手八腳，亂吹亂擂，卻絲毫沒有打動了《人間世》。連一篇像樣的對《人間世》的內容及編法的批評，足供我虛心採擇的也沒有。《人間世》之錯何在，吾知之矣。用做宋字太古雅。這在方巾氣的批評家，是一種不可原諒的罪案。

他又對青年說，「我看人行徑不看人文章。一個人若不在品格上、修養上下工夫，就會在文章上暴露其卑劣的品性。你們要明白，不做文人，還可以做人，一做文人，做人就不甚容易。孔子所謂，行有餘力，則以學文。可見行字在文字之上。文做不好，有什麼要緊？人卻不可不做好。

「我想行字是第一，文字在其次。行如吃飯，文如吃點心，不吃飯是不行的。現代人的毛病是把點心當飯吃，文章非莊重，而行為非常幽默。中國的幽默大家不是蘇東坡，不是袁中郎，不是東方朔，而是把一切國家事當兒戲，把官廳當家祠，依違兩可，昏昏冥冥，生子生孫，度此一生的人。我主張應當反過來，做人應該規矩一點，而行文不妨放逸些。因為文學像點心，不妨精雅一點，技巧一點，做人道理卻應該認清。」

五月，語堂作〈今文八弊〉開始在《人間世》發表，文未登完，已激起魯迅不悅。〈今文八弊〉是反對一、方巾作祟，豬肉薰人的文章，即虛偽的社會造出的虛偽的文章。二、隨得隨失，狗逐尾巴——勸文人勿專投機，凡事只論是非，勿論時宜，若是心頭不定，東張西望，今年雞年，明年狗年，嫁雞隨雞，嫁狗隨狗；忙夠了過後自思，當亦啞然失笑。三、賣洋鐵罐，西崽口吻——指當時一些文人既趕時髦，生怕落伍，於是標新立異，競角摩登。四、文化膏藥、袍笏文章——吾人製牙膏必曰「提倡國貨」，煉牛皮必曰「實業救國」，於是放風箏亦救國、揮老拳亦救國、穿草鞋亦救國、談經書亦救國，庸醫自薦，多藥亂投，如此救國，其國必已，不亡於病，而亡於藥。五、寬己責人，言過其行。六、爛調連篇、辭浮於理。七、桃李門牆，丫頭醋勁。八、破落富戶，數偽家珍，指戳對近代既無認識，對古代尤無真知，只要以復古尊孔博關心風化維持道德之美名，其實所關心的都是他人的風化，所維持的是他人的道德的人。

魯迅的〈題未定草〉發表於《文學》月刊，針對語堂〈今文八弊〉一文，加以反擊。

語堂認為，魯迅太可惜了。在一九三〇年代，共產黨在上海進行一項鬥爭，要把學生和作家拉過去。他們要爭取的是中國青年的心靈。「他們杜撰了『大眾文藝』的名詞，但還需要一個領袖人物，一個象徵，足以號召和影響青年的一代。胡適當然不會為左派所取，而魯迅正好樣樣合條件。共產黨把攻擊的砲火集中在他身上，譏笑他的自由主義。他的《阿Q正傳》被認為是對無產階級不合理的攻訐。我目睹那一戰役，投向共產黨的作家的作品，給他們無條件地捧上天，那些不肯隨從的作家，則被攻擊到體無完膚……我見到魯迅抵抗、爭辯、回擊了整整一年，但後來他轉過去了，接受了他們早已準備着的王冠。一夜之間，他所寫的《阿Q》便不再是對群眾形象的歪曲，而成了反抗資產階級壓迫的階級英雄。我們要是明白紹興師爺的世故，便可以明白魯迅何以會投過去。他很知道，共產黨早在他們的英雄堂裡為他安排了神位。大體上，我認為他要做偶像，平添了許多麻煩、刺激，也實在擺脫不開。」

魯迅、林語堂成為文壇對立的巨人。魯迅尖酸的脾氣，使他寫一封信給語堂，勸他不必為辦雜誌多費氣力，以他的英文造詣，翻譯翻譯西洋名著，不特有益於現在中國人，即是將來也是有用的。語堂回信，除表謝意之外，說翻譯事業要在老年再做。

時過一年多，魯迅在一篇文章裡提到這件事，說語堂的復信，意思有點譏笑魯迅的老大，他很生氣。

陶亢德那時主編《論語》，他問語堂到底怎麼回事。語堂笑道：「跡近挑撥呢。我的原意是說，我的翻譯工作要在老年才做，因為我在中年時有意思把中文作品譯成英文。孔子說，四十不惑，五十而知天命，現在我說四十譯中文，五十譯英文，這是我工作時期的安排，那有什麼你老了，只能翻譯的嘲笑意思呢？」

魯林兩人對翻譯的看法也不同。魯迅主張直譯，把每個英文字都照字面的意思譯成中文。語堂非常反對這種洋化的中文。他說：「翻譯的藝術所倚賴的，第一是譯者對於原文文字上及內容上透徹的了解，第二是譯者有相當的國文程度，能寫清順暢達的中文，第三是譯事上的訓練，譯者對於翻譯標準及技術問題有正當的見解。此三者之外，絕對沒有什麼紀律可為譯者的規範，像英文文法之於英文作文。」

民國二十五年十月十九日魯迅病逝上海，語堂在〈悼魯迅〉一文說，「我始終敬魯迅；魯迅顧我，我喜其相知，魯迅棄我，我亦無悔……《人間世》出，左派不諒吾之文學見解，吾亦不肯犧牲吾之見解以阿附。……魯迅不樂，我亦無可如何。」

語堂在百忙之中，仍舊研究漢字和華文打字機的問題，存稿盈筐。他又請三哥憾廬及四川人張海戈編纂一部像《牛津袖珍字典》的中文字典，不但創訂漢語詞類（如名詞，動詞，形容詞），更將字詞的用法舉例。這是需花許多年才可完成的工作。他說：「近來編纂一本中文字典，覺得心情平靜得多，省了多少是非，因此感覺做學問工作如吃草，做文人時論如吃肉。編報，做時論，評時事，正人心，息邪說，比較含有人與人之接觸，必有仇敵。做學問，做考證，考經史，編字典；自然而然少是非，而且自有其樂。尋發真理，如牛羊在山坡上遨遊覓食。每種工作都重要，但須各憑其性情而行，不能勉強。吃草動物，包括思想家，只管自己的事，故心氣溫和良善如牛羊。」

語堂於一九三三年應上海《東方雜誌》之約，撰〈新年之夢——中國之夢〉一文，從這篇文章可以看到他對時局的感慨。

我不夢見周公，也很久了。大概因為思想益激烈，生活日益穩健，總鼓不起勇氣，熱心教育，熱心黨國。不知是教育黨國等了不叫人熱心，還是我自己不是，現在也不必去管他。從前，的確也曾投身武漢國民政府，也曾親眼看見一個不貪汙，不愛錢，不騙人，不說空話的政府，登時，即刻，幾乎就要實現。到如今，南柯一夢，仍是南柯一夢。其後，人家又一次革命，我又一次熱心，又在做夢，不過此時的夢，大概做得不很長，正在酣蜜之時，自會清醒過來。到了革命成功，連夢遂也不敢做了，此時我已夢影煙消，消鏡對月，每夜總是睡得一寐到天亮。這大概是因為自己年紀的緣故，人越老，夢越少。人生總是由理想主義走上寫實主義之路。語云，婆兒愛鈔，姐兒愛俏，愛鈔就是寫實主義，愛俏就是理想主義。這都是因為婆兒姐兒老少不同的關係。記得《笨拙》說過，不滿二十之青年而不是社會主義者，都是低能，年滿二十歲而仍是社會主義者，便是白癡。所以我現在夢越做越少而越短了。這是我做夢的經過。

我現在不做大夢，不希望有全國太平的天下，只希望國中有小小一片的不打仗，無苛稅，換門牌不要錢，人民不必跑入租界而可以安居樂業的乾淨土。

我不做夢，希望國中有數百座百萬基金堪稱學府的大學，我只希望有一個中國人自辦的像樣的大學，子弟不進洋鬼學校而有地方唸書。

我不做夢，希望民治實現，人民可以執行選舉，複決，罷免之權，只希望人民之財產生命，不致隨時被剝奪。

我不做夢，希望全國有代議制度，如國民會議，省議會等，只希望全國中能找到一個能服從多數，不分黨派，守紀律，不搗亂的學生會。

我不做夢，希望政府高談闊論，扶植農工，建設農工銀行，接濟苦百姓，只希望上海的當鋪不要公然告訴路人「月利一分八」做招徠廣告，並希望東洋車一日租金不是十角。

我不做夢，希望內地軍閥不殺人頭，只希望殺頭之後，不要以二十五元代價將頭賣與死者之家屬。

我不做夢，希望全國禁種鴉片，只希望鴉片勒捐不名「懶捐」，運鴉片不用軍艦，抽鴉片者非禁烟局長。

我不做夢，希望中國有第一流政治領袖出現，只希望有一位英國第十流的政客生於中國，並希望此領袖出現時，不會被槍斃。

我不做夢，希望監察院行使職權，彈劾大吏，只希望人民可以如封建時代在縣衙門擊鼓，或是攔輿喊冤。

我不做夢，希望人民有集會結社權，只希望臨時開會抗日不被軍警干涉。

我不做夢，希望內政修明、黨派消滅，只希望至少對外能一致，外鄰侵犯時，保留一點人氣。

我不做夢，希望貪官汙吏斷絕，做官的人不染指，不中飽，只希望染指中飽之餘，仍做出一點事績。

我不做夢，希望中國政治人才輩出，只希望有一位差強人意，說話靠得住的官僚。

我不做夢，希望國中有許多文學天才出現，只希望大學畢業生能寫一篇文理通順的信。

我不做夢，希望政府保護百姓，只希望不亂拆民房，及向農民加息勒還賬款。

我不做夢，希望建設全國道路，只希望我能坐帆船回去我十八年不曾回去的家鄉。

郁達夫在《現代散文導論》中評語堂說：「林語堂生性憨直，渾樸天真……《剪拂集》時代的真誠勇猛，是書生本色，至於近來的耽溺風雅，提倡性靈，亦是時勢使然，或可視為消極的反抗，有意孤行……他的文章，雖說是模仿語錄的體裁，但奔放處，也趕得上那位瘋狂致死的超人尼采。唯其憨直，唯其渾樸，所以容易上人家的當；我衹希望他勇往直前，勉為中國二十世紀的拉勃萊（**Francois Rabelais**——十六世紀法國人文學者，以真善為美，對當時社會攻擊不遺餘力，其作品詼諧含至理），不要受了人家的暗算，就矯枉過正，走上了斜途。」

一九三三年上海文壇的大事，是愛爾蘭文豪蕭伯納（George Bernard Shaw）到上海訪問四天，然後去北平。語堂在黃埔江碼頭接他由香港來的船，後來宋慶齡在家裡招待午飯。語堂看這位身材纖瘦的作者，想到他縱橫古今驚人的議論，使讀他的書的人必生戒心，以為此老不可輕犯。然而一見其為人，又是樸質無華的文人本色，也是近人情守禮法的先生，因此想起他素來以真話為笑話的名言：「我的方法，請注意，是用最大的苦心去尋求應當說的話，然後用最放肆的語氣說出來。其實呢，真正的笑話，就是我並非說笑話。」（**“My method, you will notice, is to take the utmost trouble to find the right thing to say, and then say it with the utmost levity. And all the time the real joke is that I am in earnest.”**）

在席上，蕭翁談到素食、中國家庭制度、大戰、中國茶等問題，他只是一面學用筷子一面隨便扯淡，詼諧俳謔，然而對語堂來說，真如看天女散花，目不暇給。

那幾天是連日微風，但現在出太陽了。餐後大家到花園中，清淡的陽光射在蕭翁的白髮蒼髯，他身材高偉，有一種莊嚴的美麗。

「蕭先生」，有一人說：「你福氣真大，能在上海見到太陽。」

「不，」這位機智的愛爾蘭人回答，「這是太陽的福氣，能在上海看見蕭伯納。」語堂想到穆罕默德的名言：「穆罕默德不去就山，讓山來就穆罕默德。」他在《論語》編了「蕭伯納特輯」。

語堂在《中國評論週報》發表的作品，引起了賽珍珠（**Pearl S. Buck**）的注意。這位女作家，一八九二年在美國西維琴尼亞出世，和身為傳教士的父母一直住在中國。她在一九三〇年出版了她第一部小說《東風，西風》（*East Wind, West Wind*），一九三一年出版的《大地》（*The Good Earth*）榮獲美國普立茲獎。她住在南京時，經常看《中國評論週報》，對寫「小評論」專欄的林語堂，她從來沒有聽說過。但她覺得，那欄裡的文章無論是談日常生活、政治或社會，都寫得新鮮、銳利和確切。她最欽佩的便是語堂無畏的精神。她開始打聽，「林語堂是什麼人呀？」

一九三三年有個晚上，賽珍珠到語堂家裡吃飯。他們談起了以中國題材寫作的外國作家。那時，語堂突然說：「我倒很想寫一本書，說一說我對我國的實感。」

「那麼你為什麼不寫呢？你是可以寫的，」賽珍珠十分熱忱地說。「我盼望已久，希望有個中國人寫一本關於中國的書。」

賽珍珠已婚，丈夫也是傳教士，但夫婦不睦。賽珍珠的書是由莊台公司（**The John Day**

Company）出版，而該公司老闆華爾希（Richard J. Walsh）正在追求她，追求到中國來。他看了語堂的作品，也對語堂非常欽佩，將「小評論」的幾篇文章在他所辦的《亞細亞》月刊發表。華爾希也鼓勵語堂撰寫一部關於中國與中國人的書。

一九三四年，語堂開始寫《吾國與吾民》，通共花了約十個月之久。那時正是辦《人間世》最熱鬧的時候，他又兼辦《論語》，忙得不亦樂乎。《吾國與吾民》有一部分是我們在廬山避暑時寫的。語堂比喻自己像皮匠做皮鞋，一針一針釘下去，他寫作，是在青山白雲芒鞖竹杖影中，一段一段一章一章地寫出來的。「凡是藝術品，都是心手俱閒時慢慢生產出來的，」他說。至於他怎麼可以在忙裡偷閒，他認為張山來說得好：「能忙人之所閒者，始能閒人之所忙。」

這時，中國對內求國家統一，對外求民族平等。結果前者固未完成，內戰越演越烈，後者更加辦不到。在內外交攻之下，國民黨的政策是，先安內，後攘外，這在理論上似乎有道理，但事實卻不允許。

一九三五年底，他在《論語》發表〈國事亟矣〉一文。

> 國事亟矣！容我破例說兩句話。蓋政府向來要我輩鎮靜，我輩亦甚鎮靜，不敢評論時政；政府向來要我輩安分，服從，莫開會，莫遊行，莫談國事，莫談外交，我輩亦安分，服從，不

開會，不遊行，不談國事，不談外交——而結果若此！今日國事危急到此田地，誰真能負起救國重任，將焚香禱祝替他誦消火延壽經之不暇，凡中國父母所生者，焉有不同心同德聽命服從之理？今吾所欲說者，亦不過兩三句話。一、今日亡國之捷徑莫如緘民之口。應付國難，非二三高明士大夫帶白手套舉香檳杯所能應付也，須全國上下一心共赴國難，而後有濟。夫所謂共赴國難者何，非必于宣戰之後齊赴前敵之謂也，乃使人人對國家事存一分責任心，說國家事我亦有一分，國家同鄰國訂一協定，我亦可以聽聽內容如何，國家欲行什麼新政，某者好，某者不好，我亦可以說說，發表發表意見。今動輒禁止言論，是驅全國國民使之自居于非國民地位，以其談國事相戒，母戒子者以此，兄戒弟者以此，契友相戒者以此，而謂以此舉國相戒莫談國事之國民可以「共赴」什麼「國難」，其誰信之？故曰禁止言論自由之政策，是政府自殺之政策也。嗚呼痛哉！我國民果天生一副消沉散沙種子乎？抑在人權不保障之下不得不作消沉散沙種子乎？吾欲以三民主義之民權主義立場問問：五卅時代民眾消沉乎？不消沉也！五四時代民眾消沉乎？不消沉也！天安門遊行大會，焚燬曹汝霖家宅之民眾消沉乎？不消沉也！北伐革命之民眾消沉乎？不消沉也！八年前之民眾如彼，今日之民眾又如此，是誰之過歟？我敢大膽作一語曰：民權之降落，民志之消沉，以今日為最低紀錄。嗚呼痛哉！久矣夫，我不見提燈大會之國慶也，久矣夫，我不見哈德門大街冒雨之遊行示威也！民眾既不能與談國事，國事好，固亦無話，偏偏國事不好，又一句話不許說，其肚裡迴盪之憤氣當為何如也！夫鎮靜固好，鎮靜太久便成醉生夢死，其相去幾希也。以一醉生夢死之國民欲其共赴國難，其可得乎？我輩誦總理遺囑至「喚醒民眾」四字，能無汗顏乎？二、抑有說者，黨國政府初建時期，奸黨橫立，不安內無以攘外，故斷然以武力處之，有文王無武王不能建周室，武王一戎衣而有天下，蓋由文王之德，然文王之德不戎衣亦不見得有天下而殷終須伐也。是亦一說。但亦須記得，馬上可以得天下，不可以馬上守之。君之視民如草芥，則民視君如寇讎，臨民以威，不如臨民之德，雖然老話，在封建未泯之中國，亦尚可以應用。今日國勢尤非臨民以威所可以振作。你嚇國民勿動，國民便勿動，而國遂可以興乎？今日國民喘喘候一個領袖出來振我民出于水火，果有領袖願領國民求國際上之自由平等，將如何感戴其德，稱爺稱娘，叫我跪三跪拜三拜亦可以，又何所用于威？在當局者總以民眾無知，然我亦一民眾，即使無知，亦不如醉生夢死酒醉金迷之一部分官僚，彼豈便有知乎，而且朋輩中與我無知有知程度相等者，正不乏人；吾家老媽言國事亦痛心，十歲小學生聞國事亦痛心，有知無知，固不能以在朝在野論也。今日國勢危急，要在上下一心一德；以誠相見，能對外自然團結，不能對外，自然不團結，不在威風不威風也。上不能信下，則下亦不能信上，上下相欺相疑而亡國之勢成。北平學校，屢用學生作奸細，密告同學，同學因以逮捕，則青年國民互相猜疑之勢亦成，正是一百分亡國必要之條件也。宋之亡，明之亡，皆自大臣猜忌，擊殺正士始。故此種法術今日斷斷用不得，萬萬與不得。三、今日大家說，中國萬萬不能戰，吾說戰不戰，皆不要緊，只能態度而已。態度坐以待斃，和亦死，戰亦死；態度還想做人，還想為國，和亦不怕，戰亦不怕，固不必戰也。今日國難，決非一般奴顏婢膝無脊梁者所可應付，無脊梁者不必尸低，不必勸國民鎮靜而以奴顏婢膝自豪。等到國難已平，出來做太平宰相可也。若是對方要求一件，我先承意志送他兩件，則外交何難，吾家老媽亦可當外交也。今者局面略略翻轉，中央委員新選出，人才濟濟，領袖出來，希望不見再有無脊梁外交，則吾以後絕口不談國事亦甘心。

第十章　翠鳳拉住的輕氣球

多年來，翠鳳跟語堂東奔西跑，又因為語堂的寫作而飽受驚慌。在上海，語堂起碼開始賺錢了。他寫的《開明英文讀本》很成功，他辦的雜誌也成功，另外還有各處投稿的稿費，使翠鳳能夠過比較安定、寬裕的生活。她對語堂何以要提倡幽默，想發明中文打字機，編纂字典等等工作，她都不大清楚，但是她要設法去了解，想步步跟得上他。以前，在他寫作的時候，她說他在「邋遢講」，即胡說八道。現在，她還是這麼說，但這變成兩人之間的笑話。他們有一套像相聲的對白：

「堂呀，你還在邋遢講，來睡覺吧。」

「我邋遢講可以賺錢呀。」

「你這本書可以賺多少錢？」

「不知道。你要多少？」

「多少都要。」她當然是對的。他雖然受過許多教訓，對錢的重要，還沒有她的智慧。他們講的是一種基本語言。使她驚異的是，他胡說八道，居然有這麼多人欣賞，居然可以賺錢。有一次，算命的說她是吉人天相，逢凶化吉。她聽了非常高興。這多年來語堂沒有出事，也許是因為她的關係。

我小時候，以為只有我們一家人和我們的親戚講廈門話，而這種特別的語言，和家裡一切的事情一樣，是與外界不同的。在小學裡，人家說上海話。父親的朋友來訪，說的是普通話或官話。外國人說英語。

母親講的廈門話中夾雜着馬來話，因為她的伯叔和南洋有生意來往。「吃」是「馬干」，「死」是「馬地」，「一、二、三、四」是「薩都、都亞、狄甲、安巴」。有時她還會突然來個 *"Ja Wohl!"*，即德語的「是的！」甚至今天，我如果在香港的百貨公司裡聽見人說廈門話，我會翻過頭去看看她們是不是我的親戚，是不是屬於我們那個獨一無二的世界。

母親是這個世界的女王。她是個海葵，牢牢吸住父親這塊岩石。她不游到大海，但她有彩色的觸手，能伸能縮，可以自衛和攫取食物。我們孩子們是海葵魚，在海葵的觸手中游來游去。母親是舊式家庭出身的婦女，以家為中心。她不會趕時髦，打扮是老老實實的，頭髮梳個簡單的髻，穿的是老實的旗袍。最特別的是她戴的那副眼鏡，那是一副無框夾鼻眼鏡，夾在她高高的鼻樑，一邊有個細小的鍊子用勾子勾在耳朵後面。據說那是她在德國的時候配的，她非常喜歡那副眼鏡，因為沒有幾個中國人有那麼高的鼻樑可以夾住那種眼鏡。

母親對外面的事情不大知道，所知道的是聽父親說的。但她有絕對的自信，而且絕對主觀，這是廖氏家族的特徵。舉個例子，中日戰爭時，有一次一位參謀總長以茶會招待父母親，我一位表姐也去了。那參謀總長在向父親解釋種種國防措施時，表姐也刺刺不休地與母親談家常，說她的家務使她多忙。等到她發現參謀總長打住自己的話在聽她的談話時，表姐有點不好意思，卻不慌不忙地對他客氣地笑道：「你一定也很忙。」

我非常欣賞那個「也」字。

母親是個心直口快的女人，在她出身的大家庭裡，大家習慣以每人最觸目的缺點或特徵為綽號，「胖子」、「裹足的」、「懶惰的」、「姨太太生的」，憑那個人在家庭的地位和年齡，有時可以當面這麼叫。廖氏家族的女性眼睛非常敏銳，說話毫不含糊。你給她們看一張全家福的照片，她們會一語道破每人的缺點。「啊唷！新郎怎麼已經在掉頭髮了？」「那個斜眼的是誰？」「阿珍，」母親會說：「你那個跛足的女兒上學了沒有？」

我的綽號是「凸頭的」，因為我這個查某囡仔雖然長得白白胖胖的，腦門卻顯得突出。

一旦被封了綽號，便永遠摔不掉。我是個很認真的小孩。我那「凸頭」的綽號使我很難過。其實，我的額堂也沒有凸得很厲害。這種封人綽號的習慣或許是在大家庭中，舊式女性彼此爭一日之長短的武器—你指出別人或別人的孩子的不好，別人指出你和你的孩子的不好。爸爸安慰我說，額堂飽滿顯示聰明。他說，宋朝有個偉大的文人叫做蘇東坡，他的妹妹蘇小妹就有個飽滿的額堂，人家說，她人還沒有進門，凸出的額堂先進來。蘇小妹是個才女。你將來也要像她一樣聰明。

母親少女時受的是嚴格的舊式教育，女子要知道三從四德，要會節儉，要刻苦耐勞。再加上基督教的嚴厲戒律：人是罪惡的，耶穌洗清我們的罪，我們要信主，才能入天堂，使得她和她同樣背景的女子個個都很正經，很嚴肅。清教徒般的信念，使她們一見面便彼此訴苦，以表示自己的虔誠和美德。啊呀，生命是苦的，我很節省，我從不出去玩，我不打扮，我吃的是殘羹剩飯，起碼在表面上，一個賢慧的女人要給別人這個印象。同時，因為篤信基督教，她們自以為高人一等，因為「主愛我」（不愛你）。有許多還是福音傳道者，一有機會便勸人信教。

母親結婚之後，父親把這套觀念推翻了。他把她約束已久的天性解放出來，教她享受人生。李白說，「浮生若夢，為歡幾何？」他的一大番理論，她聽了半信半疑，她仍然去做禮拜，但是不是每星期去。她對林氏家族的容易傷感，做夢寫詩，愛講故事的特徵，覺得都是多餘的。除了父親之外，她對藝術家抱著錢莊老闆的女兒的懷疑。什麼長髮的畫家呀，關在閣樓寫作的詩人呀，她都認為他們是不切實際的人。她只談現實。有一次父親帶她去遊希臘古蹟，建在山丘上的衛城。她辛苦地爬上去之後說：「啊唷！我才不要住在這種地方！買一塊肥皂都要下山，多不方便！」他非常欣賞她這種反應。

父親視生活為一個無窮追求學問的旅程。他研究老莊孔孟、蘇格拉底、柏拉圖、亞里斯多德的哲學，追求人生的真諦，以至當代中西文化的交流演變，像個探險家，攀高山、渡大海，想對人生對宇宙有更深的了解，想把他的思想和感受在紙上傾吐。工作之餘，他猶如環遊世界，飽經滄桑回來，發現對翠鳳來說，時間和空間完全沒有變動，真實的世界就在面前。「語堂，你把那件襯衫脫下來給周媽洗，因為明後天、大後天都不洗衣服了。」

「為什麼？」

「因為要過年嘛。」

「喔？」他想了一下。「好像今年還沒有吃蘿蔔糕。」

「沒有人從廈門帶來嘛。」

「好像武昌路有一家會做的，」他說。

「你怎樣去找？」

「我去買給你看。」他早上工作完了，想活動筋骨。

在他從北四川路抱著一簍兩斤半的蘿蔔糕上公共汽車回家時，他領悟到他非常幸運，他有個快樂的家庭。

父母親兩人構成很相稱的搭檔。「在婚姻裡尋覓浪漫情趣的人會永遠失望，」他寫過，「不追求浪漫情趣而專心做良好而樂觀的伴侶的人卻會在無意中得之。」他常對朋友說：「我像個輕氣球，要不是鳳拉住，我不知道要飄到那裡去。」她也點點頭，天真驕傲地和聲說：「要不是我拉住他，他不知道要飄到那裡去！」我們三姊妹在學校的成績都好，母親心滿意足，老老實實的說，「我不會讀書，但是語堂啊，你的種子好。這三個孩子是真米正鹹（不是假貨），都聰明！」

父親常跟著我們小孩子叫母親「媽」。「媽在那裡？」他從書房裡走出來，像個小孩子般問。

母親照料父親一切基本上的需要，替他顧到面子。她常盯著父親看半晌，他不等她開口便替她說：「堂呀，你有眼屎，你的鼻孔毛要剪了，你的牙齒給香煙薰黑了，要多用牙膏刷刷，你今天下午要去理髮了。」接著哈哈大笑。母親就得意地說：「我有什麼不對？面子是要顧的嘛。」這也是他們的一齣相聲。

她愛熱鬧，喜歡應酬，從不欠人一頓飯。出門時，她總戴著耳環、指環、胸針、手表，是個十足端莊的太太的典型。父親越來越有名氣，她怕她在學問上趕不上他。有一晚，她問他會不會嫌她不夠好。他說，你放心。我不要什麼才女為妻，我要的是賢妻良母，你就是。她聽了才放心。他不喜歡矯揉造作的女人，他討厭上海有錢人家那種「吃鴿蛋，吹燕窩粥」，弱不禁風的少奶奶，討厭那種打扮得花枝招展，在應酬場面只會作「嘻嘻嘿嘿」的假笑的小姐。當時東方美麗的標準，是個「板面、無胸、無臀、無趾的動物——一個無曲線的神偶，我要拿她來做木工的繩尺。」他說。

母親照顧我們，重實際，重衛生。到了夏天，她把我們的頭髮剪得像男孩子的一樣短。「天氣熱，你出汗要天天洗頭，這樣涼快些。有什麼要緊？」羞得我整個夏天沒有臉見人。我們大便不通，就要吃一大匙蓖麻油，廈門話叫做「肚皮油」，加醬油，捏著鼻子嚥下去。魚肝油一個禮拜吃一次，也是加醬油吞下去。喉嚨痛，有一種喉風散，用一張紙捲成捲子吹到喉嚨裡去，味道很苦。肚子裡有蟲，要吃一種螺絲形的粉紅色的糖，倒不難吃。每隔多久，她要扯著我的耳朵挖耳屎，往往挖得好痛。家裡有臭蟲，是驚天動地的大事，要在床板上，草席上澆藥水，再把褥子搬到陽光下去晒。

有一次，我們一家到無錫去遊玩，說明是要第二天才回來。不知道什麼緣故，大人改變初衷，我們當晚回家，發現廚子和洗衣服的娘姨睡在父母親的床上。母親大發雷霆，趕他們下樓之後，叫看我們孩子的黃媽換被單。第二天，母親要趕那兩個傭人走。我不明白為什麼。「換了被單不就好了嗎？為什麼要他們走？」我認真地問。那洗衣服的娘姨是走了。父親替大師傅求情——他燒的八寶鴨實在好吃——保住了他的差事。後來，他們把大師傅在鄉下的老婆弄來了，讓她洗衣服。父親的人生哲學是近人情的。他說，「人在世上只能求做個合情理、和氣，平易近人的人，而不能希望做個美德的典型。」

母親憨直，渾樸，在這方面和父親一樣，兩人都容易上當。父親心目中無惡人，信賴任何人，所以會把一個小癟三請到家裡當聽差，結果給他騙了。

那小癟三大約十五、六歲，本來在個兌換鋪當差。父親看他聰明，便把他請來了。那傢伙一點規矩也沒有，健忘，一嘴巴髒話。爸肯讓他在家裡造反，是因為他會修理電鈴，接保險絲，懸掛鏡框，補抽水馬桶的浮球。這些雜差，平常都是落在爸頭上。爸爸尤其喜歡這孩子，因為他會修理爸爸的打字機。這傢伙能在電話上用英語、國語、上海語、廈門語罵人，使爸覺得他是語言天才，勸他去念英文夜校，並願替他出學費，但是他不肯去。

後來家裡僱了個二十多歲的娘姨，兩人有私，串通偷竊家中貴重的銀器，又在外面行竊，被捕入獄。

我們在上海住過幾個地方，我記得最清楚的是依定盤路四十三號A的花園洋房，父親的小書房在樓下，陽光充足，四壁是書。他寫作時，只要我不吵，他肯讓我待在裡面。我有時為他削鉛筆，有時在紙上畫圖，有幾次我畫的人像，他登在《論語》裡作小插圖。書房裡總是一片煙霧，因為他不斷的抽煙，不是雪茄煙，便是香煙或煙斗。我對那氣味聞慣，覺得那是爸爸的一部分。

有一次我感到無聊，擠過去他膝邊，問：「爸爸，你在做什麼？」

他把煙斗從嘴裡拿下來，微笑地說：「寫作。」

「為什麼要寫作？」

「因為我有話說。」

「我也有話說！」

他停了停，望我好一回，然後摸摸我的頭髮。「我們午飯吃什麼？你到廚房問周媽去。」他這樣趕我出書房。

不久之後，有天我跟他乘電車到城裡去，車廂擠滿了人，我們只好站在沒有遮欄的車尾，天氣酷熱，我擠在大人中間，周圍汗味迫人。後來一陣雨把別人趕到靠車廂那邊去，我透了口氣，雨淋著我的臉，風吹著我散亂的頭髮，我覺得痛快得很。車子的搖顛，也使我更加高興，我似乎要飛到天上去了。

回到家裡，爸爸問我乘電車好不好玩？看見什麼？心裡又覺得怎樣？我嘰嘰喳喳的添油添醬的把開頭感到怎麼悶熱，後來涼風吹在我臉上的感受盡情傾吐。

「你記得那天你問我，為什麼要寫作嗎？我說因為我有話要說，你說你也有話要說。」

他看著我，突然認真起來，「要做作家，最要緊的，是要對人對四周的事物有興趣，要比別人有更深的感覺和了悟。要不然，誰要聽你的話？你就不肯多聽周媽的話！我注意到你剛才在電車上，站在車廂後面，雨淋風吹，你那痛快的感受，全表露在你的臉上。你何不把那種感受寫下來？那種真的感覺如果能描寫出來，就是好文章。」

寫作是辛苦、寂寞的途徑。他每日工作勞苦特甚，早上比我的孩子們早起，在書房看書寫作，一直到午後兩點，下午休息，出去逛街散步，晚上又工作到子夜之後，常常要母親催他，他才肯上床睡覺。

父親的書房叫做「有不為齋」，朋友問他，那是什麼意思？他答：

我不請人題字。

我始終背不來總理遺囑，在三分鐘靜默的時候也制不住東想西想。我從沒有休過自己的老婆，而且完全夠不上做一個教育領袖。我始終不做官，穿了洋裝去呈獻土產，我也從未坐了新式汽車到運動會中提倡體育。

我也不把幹這些蠢事的人們當作一回事。

我憎惡強力，從不騎牆，也不翻觔斗，無論是身體的、精神的或政治的，我連看風頭也不會。

我始終沒有寫過一行討好權貴或博得他們歡心的文字，我也不能發一張迎合要人心理的宣言。

我從未打過或罵過我的僕人，叫他們把我當作一個大好老。我的僕人也不稱讚我會賺大錢：他們對於我的錢的來源總是知道的。

我從不愛我僕人的堂而皇之的敲詐，因為我不給他們有這一種實在的感覺，以為向我敲詐，便正是「以人之道，還治其人。」

我從不把關於我自己的文章送到報館裡去，也不叫我的書記代我做這種事。

我從不印了些好看的放大照片，把它們分給我的兒子們叫他們去掛在客堂裡。

我從不假裝喜歡那些不喜歡我的人。我從不臨陣逃脫、裝腔騙人。

我極不喜歡那些小政客，我絕不能加入我有點關係的任何團體中去同他們爭吵，我對他們總是避之唯恐不及，因為我討厭他們的那副嘴臉。

我談論我國的政治，絕不冷漠、無關，及使乖巧，我也從不裝得飽學，道他人之短，以及自誇自大。

我從不拍拍人家的肩膀，裝得慈善家的神氣，以及在扶輪社中受選舉。我喜歡扶輪社，也正如我喜歡青年會一樣。

我從來沒有救濟過什麼城市裡少女或鄉下姑娘。

我覺得我差不多是一個不比大家差的好人。如果上帝能愛我，有像我的母親愛我的一半那樣，那麼他一定不會把我送入地獄的。如果我不上天堂，那麼世界一定是該滅亡了。

我從未說過一句討好人的話：我連這個意思也沒有。

我不今天說月亮是方的，一個禮拜之後又說他是圓的，因為我的記性很不錯。

我從不調戲少女，所以也並不把她們看作「禍水」；我也不贊成長腳將軍張宗昌的意見，主張禁止少女進公園，藉以「保全私德」。

我從未不勞而獲而拿過人家一個錢。

我始終喜歡革命，但不喜歡革命家。

我從不泰然自滿；我在鏡子裡照自己的臉時，不能不有一種逐漸而來的慚愧。

第十一章　既中又西的生活

語堂屢次與人合辦刊物，因之受氣，但一概不與人計較，等到忍無可忍的時候，他脫離舊刊而另出新刊。《宇宙風》即是為此產生的。有人不明白，因此誤會他，說他「有始無終」、「見異思遷」。簡又文常替他叫冤，他自己卻從不申訴。「像語堂待人的態度，殊有溫溫君子的風度。與人爭，他才是一個無抵抗主義的典型！」簡又文說。

出版了四十二期《人間世》停刊了。民國二十四年，語堂創辦《宇宙風》半月刊。他說：「宇宙風之刊行以暢談人生為主旨，以言必近情為戒約；幽默也好，小品也好，不拘定義；議論則主通俗清新，記述則取夾敘夾議，希望辦成合於現代文化貼切人生的刊物。」老舍的《駱駝祥子》便在這裡長篇連載。《宇宙風》由語堂、陶亢德主編，語堂三哥憾廬加入編輯。

在同一年，英文 *T'ien Hsia Monthly*《天下月刊》在上海創辦。這份雜誌由溫源寧主編，語堂、吳經熊、全增嘏、姚莘農（克）等任編輯，由中山文化教育館印行。《天下》是民國以來水準最高的英文學術性刊物，後來由於太平洋戰事爆發而停刊。

這些文人聚在一起的時候以講英語自豪。溫源寧是英國劍橋大學的留學生，回上海之後，裝出的模樣，比英國人還像英國人。他穿的是英國紳士的西裝，手持拐杖，吃英國式的下午茶，講英語時學劍橋式的結結巴巴腔調，好像要找到恰到好處的字眼才可發言。他崇拜詩人艾略特（**T. S. Eliot**）和侯司門（**A. E. Housman**），對他們的作品講個不完。吳經熊在哈佛大學讀法律時，是霍姆斯（**Justice Oliver Wendell Holmes**）的學生。回國之後，他與這位最高法院法官通信許多年，對這件值得驕傲的事也講個不完。他與溫源寧不同，不肯穿西裝，講英語時故意帶點寧波口音。吳經熊是個白面書生，風度翩翩，文質彬彬，在上海講英語的文人圈子裡，是個可愛、古怪的人物，他自己並非不知道。後來他成為虔誠的天主教徒，養了十幾個孩子，常為自己的種種矛盾心理呻吟。邵洵美常在《天下》投稿。他是上海富家子弟，在劍橋讀過兩年書。他是追隨徐志摩的新詩人，家住在楊樹浦，每天開一部轎車到大英租界找朋友，逛書店，尋歡樂。他有老婆小孩，卻又與美國女作家韓美麗（**Emily Hahn**）結婚。洵美表面上厭惡一切舊思想、舊風俗，卻不肯穿西裝。

這批騷人墨客略帶矯揉造作的舉止，無非是徘徊在中西文化之間，想找出一條和諧的出路。語堂自己覺得當時對許多事都必須有所選擇，是要西方的，還是要東方的，要新的，還是要舊的—由雙足所穿的鞋子以至頭頂所戴的帽子都要選擇。他剛從外國回來時，穿的是西裝，後來改穿長袍，但仍舊穿皮鞋。後來他又認為中國舊式的小帽子比洋帽較為舒服。

那時的男人，有的從不帶太太出來應酬，有的是帶的。吳經熊不帶太太出來，溫源寧是帶的。語堂也是帶的。母親算是摩登的了，會講英文，在基督教女青年會是頗為活躍的會員。爸爸卻很怕那些會打網球，會跟洋人講笑話，見面時會拍拍你的背的青年會員。母親是女青年會合唱團的成員，唱的是女高音。有一次她居然也參加青年會組織的踢躂舞班，為的是想減肥，但是不久便放棄了。

我們孩子們過的也是既中又西的生活。西方影響，是到沙麗文巧克力店去吃冰淇淋，在家裡早餐吃麵包抹牛油洋莓醬，偶爾吃罐頭沙丁魚，喝一杯阿華田，還有一種裝在鐵盒裡的英國餅乾，叫做**Marie's Biscuits**。這鐵盒外面包一張印有藍花紋的白紙，打開盒子要先用刀子把紙頭劃開，打開蓋子，裡面有一把小刀，用小刀將一層封口的鐵皮割開，才看見裡面用多層縐摺的紙墊著的小圓餅乾，一個個上面印著花紋和英文字。打開一盒這樣的餅乾真不容易，不小心的話，會割破手指，只有爸爸會開這種盒子，小孩子站在旁邊等吃，母親則說：「小心！小心！」

爸爸買了留聲機，放卡羅索、莉莉邦絲的唱片，我們也早就聽過貝多芬、莫札特、蕭邦等的音樂。我們也學彈鋼琴，學唱“*101 Best Songs*”（《一百零一首最好的歌》）。星期六，去看外國電影。父親喜歡看考爾門（**Ronald Colman**）演的戲，喜歡他那種英國上流社會的風度。**Laurel and Hardy**的鬧劇，他會看得哈哈大笑。他欽佩卓別靈的幽默天才，對狄斯耐更佩服得無以復加。在上海出版的《字林西報》，星期天有一頁卡通，他在早餐時看**“Mutt and Jeff”**，笑得前俯後仰。他總是把這漫畫解釋給我們聽。

我們同時也唱中國時代曲，看中國電影。我們唱黎錦輝的「漁光曲」、「毛毛雨」、「可憐的秋香」、「妹妹我愛你」，還有劉半農作詞，趙元任作曲的「教我如何不想他」。趙元任是父親的好朋友，是語言學天才，能在一星期內學會一種方言，能說三十三種方言。他與父親兩人興趣相投，都是語言學家，民國二十四年，教育部國語推行委員會成立，他們兩人以及吳敬恆、蔡元培、胡適都是該會會員。該年，上海開明書店出版父親所著《語言學論叢》，收三十二篇論文。

父親一直在教導我們，向我們指出宇宙的奧妙，說我們活在充滿不可思議的美麗世界。有一晚，他帶我到花園。他書房的燈光把一隻在織網的蜘蛛照得很清楚。他說，蜘蛛本能地會織網，奇怪不奇怪？你看牠織得那麼整齊！別人以為蜘蛛網是髒的，在屋子裡就要把它弄掉，但是在花園裡，它一點都不髒，它為蜘蛛捕小飛蟲來吃，它有粘性，又不容易為小飛蟲看見，你說妙不妙？你今晚看見美麗的蜘蛛網，要牢牢記得，每樣東西只要是在它應該在的地方，發揮它的功能，就是美麗的。

我們去廬山避暑時，半夜船停在九江，熾熱不堪。我們把床搬到甲板上，露天而臥。爸爸和我們數天上的星星，數了三十多顆，還沒有數完，又發現天邊仍有幾十顆，越數越多，後來只好作罷。宇宙之大，人無法想像，他說我們是渺小到不能再渺小的東西。但是還有比我們更小，小得肉眼看不到的東西，微菌就是一種，他像講故事般的解釋給我們聽。在廬山我們租了房屋，爸幫我們在屋後小泉用鋤頭挖沙為井，挖得他手疲不能把筆，拇指發硬，屈不起來。在山上傾盆大雨，他教我摺紙船，赤足走出去，在急流的小溪中放船，問我好玩不好玩？一身淋得溼透，好不好玩？

我充滿快樂的童年，毫不知道國事之亂，上海社會的齷齪。母親帶我們到永安、先施、大新百貨公司去買東西，父母帶我們到冠生園、杏花樓、新雅飯店吃飯。但是，論吃，沒有東西比家鄉味道好吃。有親戚從廈門來，會帶來廖家自製的菜頭粿，即蘿蔔糕，煎好沾黑醋，撒胡椒吃。廈門人吃什麼都愛加醋，撒胡椒，撒芫荽。親戚還帶來金瓜粿、龍眼乾、凸柑。這個「凸」字，廈門發音是 **p'ong**，我那凸頭的「凸」字卻讀**k'ok**。還有一種用糖水香料醃的洋莓，叫做鹹酸甜，是裝在瑪麗餅乾鐵皮盒送來的。那種盒子真有用，誰也不把它扔掉。當然還有廖家自焙的肉鬆。大人欣賞漳州的鐵觀音茶，和水仙花球莖，長出來的花特別香，這些東西都是親戚們裝在網籃裡帶來的。那時從廈門來上海是件大事，親戚回去時，媽一定也要買許多禮物請他帶回去送人。我們在家裡常吃廈門炒米粉，紅燒豬腳，豬肝麵線。吃豬腳的時候，父親會指出，豬腳的黏性可以把嘴唇黏起來，他先做給我們看，我們學他也把嘴唇黏住，想笑都不能開口。母親看了直說，「不要吵！」爸爸吃飯的時候有時故意把胡椒放在鼻孔裡，使自己打噴嚏，覺得很好玩。我們倒不喜歡玩這個玩意兒。

在廈門烹飪中，沒有什麼比薄餅好吃的了。廈門人過年，做生日，招待貴賓，都以薄餅款待客人。薄餅皮是在菜市上買的很薄很軟的麵粉皮，包薄餅的料子有豬肉、豆干、蝦仁、荷蘭豆、冬筍、香菇，樣樣切絲切粒炒過，再放在鍋子裡一起熬。熬的工夫很重要，料子太濕，則包起來薄餅皮會破，太乾沒有汁，也不好吃，太油也不好。熬得恰到好處，要幾個小時。吃的時候。桌上放著扁魚酥、辣椒醬、甜醬、虎苔、芫荽、花生末，還有剪成小刷子般的葱段，用來把醬刷在薄餅上。包薄餅的時候，先把配料撒在皮上，然後把熱騰騰的料子一調羹一調羹放上去。會包的人包得皮不破，也不漏汁。吃的時候，是用雙手捧著，將薄餅送到嘴邊。薄餅皮本身沒有什麼味道，好像手裡捧著一份用白紗包的禮物。一口咬下去，有扁魚的酥脆，花生末的乾爽，芫荽的清涼，虎苔的甘香，中心的料子香噴噴，熱騰騰，濕濕油油爛爛，各種味道已融合在一起，實在過癮。天下實在沒有什麼比薄餅好吃的了。廈門人深信這個事實，也只有廈門人才懂得真正欣賞吃薄餅。外省人不會包，往往吃一兩卷就不吃了，還以為有別的菜上桌。我們吃起來也不喜歡有外省人在座。有一次，一位娶了我一個表姐的廣東人說，他並不怎麼喜歡吃薄餅。表姐對他一瞥，那種驚異鄙視的眼光，等於對他說，你這個野蠻的廣東佬是怎麼混進來的？吃薄餅是要廈門人在一起才有趣。嘴巴饞的人會放太多餡，包得太臃腫，還沒有吃完皮就破了。用兩張皮包一卷的人功夫不夠，為人看不起。加了太多汁的人，吃起來，汁會從手指縫流出來，大家要笑他。大家包著吃著，比較誰包得最好，誰包得皮破了，說呀笑呀，更增加胃口。有一次，我一口氣吃了七卷，在把第八卷送到口裡的時候，忽然被二舅喝住：「凸頭的，不要吃了！」被他一罵，嚇得我只好把那卷薄餅放下來不吃，那次我嘗到被廖家男人吆喝的滋味，實在不好受。

我們家裡常住親戚，三伯憾廬常來，我很喜歡他那笑嘻嘻的臉，他常逗我玩。大舅的女兒桐琴舜琴，在中西女塾讀書，週末也來家裡住。廖家那時有錢有地位，母親和表姐們一起去逛商店，買衣料皮包等等，打扮得很好看，我最喜歡美麗的舜琴。後來母親給她做媒，她嫁給在紐約做副領事的北京人宗惟賢，與他到美國去了。那年，豫豐錢莊由於海外和內地來往的公司欠巨款不還，所以垮了。豫豐倒閉之後，討債的封了廖家的產業。廖悅發背了一身債，還要養兩個兒子媳婦孫子，母親回廈門時，發現外祖父的脾氣變得更加暴躁，有時在三更半夜發脾氣，吵得全家雞犬不寧。從此以後，母親經常寄錢回去幫助他們。

二伯玉霖，六叔幽都住在上海。二伯有七男一女，六叔有兩個女兒，我們經常見面，很是熱鬧，六叔總是笑嘻嘻的，他講起笑話來，自己先笑個不停，要等他笑完了才講得出來。二伯的大兒子疑今在美國哥倫比亞大學回來之後，也時常從事翻譯和撰稿。次子國榮在銀行裡做事，父母親都喜歡他，後來幫助他留美。

我在上海愛文義路的覺民小學讀書，校長是一位沒有出嫁的倪先生，她的姪女是幼稚園教員，我們稱她們為大倪先生和小倪先生。大倪先生長得矮小，小倪先生長得高大。

小學生上學，最要緊的是樣樣要與別的學生相同，才不會被人笑。家裡的「凸頭的」變成小學生林玉如，我很守規矩，但是有幾件事，使我與別的學生不同，令我覺得很尷尬。第一件事，是父親作的《開明英文讀本》、《開明英文文法》、《開明英語正音片》，即語堂編輯課本，美國 **RCA Victor** 公司灌製的唱片（附送《英文學習法》一冊），是學校用的英文教材。學生都認為上英文課最難。高班的男生英文考不及格，就在「放十分鐘」休息的時候，圍著我，跳著腳指著我罵道：「都是林玉如的阿爹勿好！都是林玉如的阿爹勿好！」這就是我首次嘗到做「林語堂的女兒」的滋味。我自己對英文也莫名其妙，一點也不知道英文字的拼音和發音有關係，讀英文好像認漢字一樣，硬記住字的發音。

還有一件事使我與眾不同，那就是我在四年級時，由於近視和散光，開始戴眼鏡。在三十年代，小孩子戴眼鏡是很稀奇的事，也許在整個學校只有我一人。男同學嘲笑我有四隻眼睛，我覺得很難為情。我以為，近視眼是一種病，我恨我的眼鏡，不喜歡將它掛在臉上給大家看，後來在美國，眼科醫生說，我只須在看書的時候戴眼鏡，而且近視不是病，我高興得不得了。

與眾不同，似乎是我家的特徵。拿我的名字為例。父親認為，一般女子的名字俗不可耐。在父親鼓勵姊姊和我寫文章在《西風》雜誌投稿時，就給姊姊鳳如改名為如斯，我玉如改為無雙。妹妹倒還好，「相如這個名字不俗，不必改」。其實我滿喜歡玉如這個名字，又好聽，又好寫。無雙兩字筆畫太多，意思獨一無二，我才不要呢。後來我對爸爸說，我不喜歡叫做無雙，何況名叫無雙，以後恐怕嫁不出去。於是他另外給我起個名字。起的是小燕、寶珠、玲玲或淑娟嗎？不是不是。當然不是。我的名字是太乙，太乙什麼意思？太乙是天地間混沌之氣。「萬物所出，造於太乙」（呂氏春秋・大樂）。

父親是主觀的，他從未想到，我也許寧可叫做玉如。他給母親起個單字名，叫「凡」，但畢生還是叫她「鳳」。

姊姊長得秀麗，脾氣溫順，很像大人，爸爸媽媽都喜歡她。妹妹小時多病，非常倚靠媽媽，是媽媽的小寶貝。（母親生了三個女兒之後，父親說沒有關係，他不想要兒子，他不在乎什麼傳宗接代。他們同意請醫生為她施輸卵管結紮手術，在當時，那是很極端的避孕法。）我最淘氣，最不乖。有時我晚上睡不著覺，就用雙腿在床上亂敲，吵得大家都睡不著。有一次家裡請客，我又在床上鬧。

爸爸上樓來，陪我躺了一下，溫柔的說：「睡不著沒有關係，你以為十一點很晚了嗎？對大人來說，一點都不晚。你聽，客人還在樓下說笑呢。你不要著急，等一下就睡著了。」

爸爸從來不罵我。他對我那麼好，我真是喜歡爸爸。

第十二章 《吾國與吾民》

在千態萬狀的上海，語堂見到中西陋俗的總匯。這裡有許多數典忘祖的中國人，以為西洋什麼都是好的。他們怕外國人，殖民地的心理很強。在洋人面前唯唯諾諾，認為和他們交往是光榮的。他們不知道洋人也有好的壞的，有受過教育和沒受過教育的，只知道他們代表西方的文明和威力，在中國有特權。

至於洋人，他們是警察、船長、領事館的書記，又或是商人，對他們來說，中國等於推銷沙丁魚或花旗橘子的市場。他們都自命為「中國通」，但不懂中文，所接觸的中國人是他們的廚子、老媽、買辦和會計。他們讀的是《字林西報》，對中國的了解，多靠閱讀其中發表的讀者來信。

「中國通」也可以是個聰明的新聞記者，他在他能力限度以內，可能對中國的情形知道得很清楚，但是他只能說三兩句中國話，只能靠他會講英語的朋友給他提供資料。他從來沒到過中國人的家，也不願意多與中國人來往。到傍晚，他會到「全世界最長的酒吧」去喝酒，和與他類似的新聞記者聊天，掇拾一些街談巷議。在洋人的俱樂部裡他偶爾碰到一兩個外向的中國人，會陪他喝酒講笑話，他高興極了。那外向的中國人變成他的中國專家，他說什麼他都相信。他注意到有的中國人也會慶祝耶誕節了，頗感欣慰，覺得中國人在進步。但是絕大多數的中國人不講英語，實在可悲。中國人虐待動物，吃狗肉、吃蛇，令他作嘔。像這樣的「中國通」自然也寫關於中國的報導，出版關於中國的書。這些作品未免缺乏深度。當然，也有幾個像羅素（**Bertrand Russell**）的人，真正設法去了解一個與自己的文化完全不同的民族與社會。

語堂寫 ***My Country and My People***（《吾國與吾民》），是希望越過語言的隔膜，使外國人對中國文化有比較深入的了解。「吾國與吾民」分兩部分，第一部分談中國人生活的基礎，種族上、心理上、思想上的特質；第二部分談中國人生活的各方面：婦女、社會、政治、文學、藝術。這部書長三百八十二頁，於一九三五年九月出版。

那時候的美國是白人的天下，白人種族歧視很深，對黃種人與對黑人一樣，簡直不把他們當作人看待。他們稱中國人為 **Chinaman** 或 **Chink**，而不說 **Chinese**，是一種鄙視。他們對中國人的認識很淺。對一般的美國人來說，他們所見到的中國人不是在中國餐館工作，就是在洗衣店裡工作。從偵探小說或電影裡，他們認識講洋涇浜英語的 Charlie Chan 和他的 No.1 Son。當然，他們知道，在地球的那一邊有許許多多斜眼黃臉的中國人。他們想起中國時，會想到龍、玉、絲、茶、筷子、鴉片煙、梳辮子的男人、纏足的女人、狡猾的軍閥、野蠻的土匪，不信基督教的農人，瘟疫、貧窮、危險。他們所聽見過的中國人，只有孔夫子一人。在中國餐館飯後總來個「簽言餅」（fortune cookie），中間夾一條印有預言或格言的紙頭，許多開頭都是Confucius say：當然，孔夫子說的也是洋涇浜英語。你若問美國人孔夫子是何許人也，他會說 "Wise man who lived a long time ago." 別的他不知道。近來他還聽說過 Chiang Kai-shek 這個人，有人讀成 Shanghai Jack。要他再說出一個中國人的名字就辦不到了。但是許多人對 the mysterious Orient（神祕的東方）和 the inscrutable Chinese（不可了解的中國人）有很大的好奇心。

賽珍珠的《大地》，使西方對中國人的認識增加許多，使西洋人知道中國人也是有感情，有血有肉的人。她繼《大地》之後所著的《流亡者》（*The Exile*）和《戰鬥的天使》（*Fighting Angel*）是她母親和父親的傳記。在這兩本書裡，她把中國人寫活了。但是要等到《吾國與吾民》出版，西方才有一本對今古中國加以深入分析和論述的書。賽珍珠認為，它是「關於中國最完備、最重要的一本書。」紐約時報星期日書評副刊以第一版刊登克尼迪（R. E. Kennedy）的書評。他說：「讀林先生的書使人得到很大啟發。我非常感激他，因為他的書使我大開眼界。只有一個中國人才能這樣坦誠，信實而又毫不偏頗地論述他的同胞。」一向持重的《星期六文學評論週刊》請名書評家伯發（Nathaniel Peffer）作書評。他說，「林先生在歐洲美國都住過，能以慧眼評論西方的習俗。他對西方文學有豐富的認識，不僅認識而且了解西方文明。他的筆鋒溫和幽默。他這本書是以英文寫作以中國為題材的最佳之作，對中國有真實、靈敏的理解。凡是對中國有興趣的人，我向他們推薦這本書。」

好評眾多，《吾國與吾民》在一九三五年四個月之間印了七版，登上暢銷書排行榜。語堂在外國一舉成名，這本書譯成多種歐洲文字，也同樣受歡迎。在國內，他變成響噹噹的人物。哪裡有過中國人用英文寫作，而備受洋人推崇，作品銷路這麼好？他是誰？原來不是別人，是我們相識已久的幽默大師！

《吾國與吾民》的成功，使國人對語堂刮目相看，國內文壇紛紛議論。此書的中文版第二年才出版，譯文甚差，許多精采的文字譯者都沒有看懂。由於《吾國與吾民》是語堂個人對國家人民的分析，有獨具卓見的理解，別出心裁的想法，這部新鮮的創作品很容易為人批評。有的文人是出於妬忌的心理所以批評他。但是，中國人能在國際文壇成名，這畢竟是第一次，是國人的光榮。林語堂變成大紅人，許多團體請他寫文章、演講，也有英美的機構請他去赴會。這時，賽珍珠和華爾希已分別離婚，兩人結婚。他們對語堂建議，何不來美一行?在美國，他可以繼續寫文章，應約講演，並且計畫寫第二本書。語堂說，等他考慮一下再說。他正在忙於寫 ***A History of the Press and Public Opinion in China***（《中國新聞輿論史》），將由芝加哥大學出版。他又在籌備一個新刊物，一九三六年創刊的《西風》，以「譯述西洋雜誌精華，介紹歐美人生社會」為發刊宗旨。《西風》由語堂、陶亢德、黃嘉德、黃嘉音兩兄弟（廈門人）創辦，風格很像《讀者文摘》。

民國二十五年（一九三六年）語堂與陶亢德分別在《宇宙風》刊登啟事，語堂云，自《論語》八十三期起，即脫離論語社及論語半月刊一切關係，「我的話」一欄也即停止。《論語》自八十三期起，改由邵洵美與郁達夫接編。可惜，這份雜誌從此開始走下坡，充滿機智、詼諧的《論語》，開始刊登黃色笑話以代表「幽默」。語堂脫離《論語》，是與邵洵美鬧意見，後來邵洵美在《論語》發表文章批評語堂，但語堂照他一貫作風，不說別人的壞話。他對市儈營利的爭執非常不耐煩，認為不值得他花精神、花時間在這種事上。

這時，語堂的英譯《浮生六記》在《天下》月刊連載，語堂離開拜金主義的上海，到蘇州走走，鬆一口氣，並在福壽山尋找《浮生六記》作者沈三白、陳芸夫婦的墳墓。他對這對活在十八世紀的夫婦在書中所描寫的知足常樂，恬淡自適的生活，感動得如醉如癡。他認為淳樸恬退自甘，如芸所說，「布衣菜飯，可樂終生」的生活，是人盡傾慕的生活。他在《浮生六記》的英譯本序文中說，「我在這兩位無猜的夫婦的簡樸生活中，看到他們追求美，看到他們窮困潦倒，遭不如意的事磨折，受奸佞小人的指摘，卻一意求享浮生半日閒的清福，又怕遭神明的忌。在這本書裡，我彷彿看到中國人處世最美好的態度。芸追求美，是和現實世界有衝突的—這是一種基本的衝突。」

語堂深知理想和現實之衝突以及兩者之間的距離。他說自己是個現實主義的理想家。「我對於生命，對於生活，對於人類社會，總希望能採取個合理、和諧而一貫的態度。」

他沒有找到沈三白夫婦的墓。假使找到，他要預備香花鮮果，供奉跪拜，禱祝於這兩位清魂之前。他為芸娘「終日癡昏」，所以有人說，他真是性情中人，不愧為名士，但沒有「名士」的怪癖，並非一味任性天真。他說自己是現實主義的理想家，我則認為他是有自律的浪漫主義者。

一九三六年初，夏威夷大學請語堂去那邊執教。賽珍珠夫婦又不斷催語堂去美國。父母親想來想去，認為還是去美國，專心從事寫作比較好。他們收到一筆《吾國與吾民》的版稅，約美金六千元。在上海，語堂有開明書店股份約國幣八千元，人壽保險七千元，《宇宙風》股份四百元，中國銀行存款二千元。語堂請三哥憾廬、張海戈編中文詞典，另請兩位抄寫，每月開銷數百元，迄今已支出三千六百元，以後費用可由開明書店支付。語堂從《開明英文讀本》等書，每年可得六千元版稅。他每年津貼林家廖家親人生活費約三千元，也可由開明代付。舉家去美國是件大事，單來回船費就要一千二百美元，添衣服及各種雜費加起來，一共要花二千美元。父母親希望，到美國之後，可以靠父親演講、寫文章的收入維持生活，不必動用《吾國與吾民》的版稅。

我們的傢俬，一部分送給已遷居上海的三伯的家庭，一部分寄存二伯六叔家，其餘的寄存朋友之家。語堂有十箱書寄存商務印書館。他要帶許多書去美國，小孩子的教科書也要帶去，她們在外國一定要繼續讀中文，語堂要親自教她們。

有許多無聊的文人說，語堂發了財，所以要去美國了。一本書賣三美元，賣一萬本就是三萬美元。當然，語堂是抽百分之十的版稅而已。還有人俏皮的將*My Country and My People*譯成「賣 Country and 賣 People」，意思是出賣國家人民。語堂保持一份我行我素的態度。他說，「向來中國文人之地位很高，但是高的都是在死後，在生前並不高到怎樣。我們有一句老話，叫作『詩窮而後工』，好像不窮不能做詩人。我反對文人應窮的遺說。文人窮了，每好賣弄其窮，一如其窮已極，故其文亦算已工。好像古來文人就有一些特別壞脾氣，特別頹唐、特別放浪、特別傲慢、特別矜誇，因為向來有寒士之名，所以寒士二字甚有詩意，以寒窮傲人，不然便是文人應懶，什麼『生性疏慵』，聽來甚好，所以想做文人的人，未學為文，先學疏懶。再不然便是傲慢，名士好罵人，所以我來罵人，也可以成為名士，諸如此類，不一而足，這都不是好習氣。

「我向來不勸人做文人，只要做人便是。顏之推家訓中說，『但成學士，亦足為人，必乏天才，勿強操筆』。文做不好有什麼要緊？人卻不可不做好。但是下面還有一句話。我勸人不要做文人，因為文人非遭同行臭罵不可。但是有人性好文學，總要掉弄文墨，既做文人而不預備成文妓，就只有一道：就是帶點丈夫氣，說自己胸中的話，不要取媚於世，這樣身分自會高，要有點膽量，獨抒己見，不隨波逐流，就是文人的身分。所言是真知灼見的話，所見是高人一等之理，所寫是優美動人的文章，獨往獨來，存真保誠，有骨氣，有識見，有操守，這樣的文人是做得的。袁中郎說得好：『物之傳者必以質（質就是誠實，不空疏，有自己的見地，這是由思想與學鍊來的。）文之不傳，不工也。樹之不實，非無花葉也，人之不澤，非無膚髮也，文章亦爾。（一人必有一人忠實的思想骨幹，文字辭藻都是餘事）。行世者必真，悅俗者必媚，真久必見，媚久必厭，自然之理也。』這樣就同時可以做文人，也可以做人。」

阿奶已經在數年前去世，所以語堂離滬之前沒有回去漳州。

他在離國之前，要再去北平一次。他認為世界上沒有什麼城市比北平更秀麗，更自然，更文明的了。他再度到中山公園「來今雨軒」，在太湖石座前方，欣賞朱欄玉砌，芍藥圃燦爛盈枝的花朵。在池邊啜茗，抽煙斗，覺得情懷的鬱悶，一口一口的隨著煙吐出來。

語堂這時四十一歲。他自從到上海讀大學到現在，所見所聞，使他想到家鄉坂仔的山水，和他童年美好簡樸的生活，以及他父親灌輸給他的高尚理想。他說，「你要是生長在山地裡，擔保一輩子是個山地的孩子，永遠不變。山影響了我對人生的看法。山逼得人謙遜，對山敬畏。你生在山間，不知不覺評判什麼都以山為標準，於是人為的事都變得微不足道。摩天大廈嗎？可笑之至。財富、政治、名利，都可笑之至。我是農家兒子，以此自詡。在山裡長大，使我心思和偏好都簡樸，令我建樹一種立身處世的超然觀念，而不流為政治的、文藝的、學院的和其他種種式式的騙子。童年時與自然接近，足為我一生在智識與道德上的後盾，使我鄙視社會中的偽善和人情的勢利。我有這些健全的觀念和簡樸的思想，完全是得於閩南的秀美山陵，我仍然用一個簡樸的農家子弟的眼睛來觀看人生。天下有一種高地的人生觀，還有一種平地的人生觀。兩者判若天淵，永無接近之日。平地的人，從不抬頭向上望。」

在語堂四十歲生日時，作一首自壽詩，最後幾句是：

而今行年雖四十，尚喜未淪士大夫，一點童心猶未滅，半絲白鬢尚且無。

第二部

無窮的追求

第十三章 《生活的藝術》

到了美國，我們先在賽珍珠在賓州的家裡住了一些日子。賽女士講一口南京話。她的眼睛長得很清秀，聲音溫柔，滿面紅光，身材粗壯，是個個性堅強的女性。華爾希是個風度翩翩的出版商。他們都是四十多歲的人，各人有自己已成年的子女。賽珍珠親生的女兒由於智力遲鈍，長期住在療養院。她領養了一個孤兒為自己的女兒，那時大約十來歲。他們擁有好大一片土地，除了自己住的房屋之外，另有一幢空房屋給客人住。房外有許多蘋果樹，落了一地的蘋果沒有人撿。媽媽問珍珠為什麼，珍珠說是因為人工太貴。啊唷！媽媽說，真作孽！她撿了好幾袋子，但是我們也吃不完那麼多，只好看著蘋果在地上發爛。

後來父親決定在紐約市住下來，我們在中央公園西邊的一幢老房屋租了公寓，媽媽買菜燒飯、打掃，請個黑女人每星期來一次洗衣服及大清掃。

到了美國，我們一家人的與眾不同，開始邁向顛峰。母親仍舊戴她那副獨一無二的夾鼻眼鏡，穿著長及腳踝的旗袍，在路上走時人人都注意她，後來她只好把旗袍改短了。我們姐妹都不會講英語，先請一位家庭教師補習。在一九三七年，姐姐入中學，我和妹妹入Ethical Culture School，那是一所私立小學，由於父親的關係，免付學費。我考入五年級，妹妹入一年級。對我來說，入美國學校真是新奇的經驗。

覺民小學的老師都是年輕的，這裡的老師是白髮蒼蒼的老小姐，一副兇相，其實她們都很仁慈，很同情我這個不大會說英語的中國孩子。記得一入校就要學歐洲地理及記住歐洲國家的名字。我把Switzerland和Czechoslovakia這兩個字的拼法牢牢記在心裡，因為我被這兩個字的長度嚇倒，況且，這還是我第一次見到Z這個字母派上用場。我是全班最矮的學生。我最不喜歡上的是體育課。那些身材粗壯的美國女孩扔起球來，其力氣之大，我從沒見過。她們叫我接球時，我就感到好像一塊石頭在向我飛來，我不但不接，索性蹲下來，整個人縮成一團，用手蒙著頭不敢看。玩球時，由教員指派兩個隊長，由隊長們輪流挑選她的隊員。不用說，我總是最後被挑上的，與其說挑，不如說是最後剩下，給撿到的。啊呀，真難為情！不過我也沒有辦法。我就是不敢跟她們玩球。

每星期兩次，放學回家，爸爸教我們中文。練字的時候，我往往把筆畫多的字寫得太大，越出方格的範圍。爸爸說，你下筆之前要想想，方格有多大，你要留地方使所有的筆畫能裝進去，就像把東西裝進一個盒子一樣，要儘量利用空間。使中文進步的方法是，看報紙或書信或他指定的小說散文，將不認識的字詞成語抄下來，查字典，注明發音和意思。我把意思弄錯的地方他會指出，我必須溫習這些新詞。爸爸從不罵我，但是我如果沒有把功課做好，他會怒形於色，這比什麼都有效，下次我不敢再馬虎了。

父親對我們的要求很高，肯定我們三姊妹都是聰明的，我們在學校裡考到甲等時，他認為是理所當然，難道他的女兒不會讀書嗎？但他對學校給分數的制度很不贊成，認為這種指定學生讀多少頁書，再考他們有沒有把那幾頁的內容硬記，批個「七十八分」或「八十六分」，是把學生拖累了，使他們為考試而讀書，而不能對讀書有真正的興趣。

父親飽滿的頭腦盡是思想，盡是理論，他要不是身為作家，可以發表那些獨出心裁的思想，他會不知道怎麼辦。他對自己有十足的信心，他對什麼都懷着滿腔熱忱，我們多多少少也受了他的影響。他的精力比別人充沛，感情比別人豐富。他對任何事都有一套理論。你即使問他一句平常的話，例如今天中午吃的榨菜炒肉絲可好吃？他會滔滔不休，起勁地告訴你好不好吃，榨菜和肉絲的比例應該是怎樣才剛剛好，油應該多少，濕度又應該如何。在美國沒有傭人，他說洗完澡後順手抹澡缸一下，便不會留下圈子，以後洗起來費時間；他也起勁地這麼做。

父親花樣好多。有一次，他一根臼齒蛀了，他不肯去看牙醫，決定自己補牙，他弄了一些油灰，將之填塞在牙裡，以為這就沒事了，但是後來油灰掉了出來，他才肯聽媽媽的話，去找牙醫補牙齒。妹妹七歲生日那天，他清早起來，跑到廚房，用糖霜在蛋糕上寫妹妹的名字，高興得像個小孩一樣。我們唱「快樂生日」時，他突然流眼淚。他說，是因為我們的聲音那麼甜，他感動得不能自已。他不斷地親妹妹，並且送她一塊錢。母親對這種衝動感到驚奇，但老實說，她也看慣了。她嫁給父親好像騎上了旋轉木馬，起伏不停，四周有音樂，有笑聲，她也漸漸變得和他一樣，覺得生命是神奇的。尤其是父親的成功，到處受人歡迎，令她又驚又喜。

在紐約住下來之後，父親在文藝界頗為活躍。在宴會上他遇到戲劇家奧尼爾（**Eugene O'Neill**），詩人佛洛斯特（**Robert Frost**），德國小說家，一九二九年諾貝爾文學獎得主湯瑪斯・曼（**Thomas Mann**），舞蹈家鄧肯（**Isadora Duncan**），女詩人米萊（**Edna St. Vincent Millay**），女明星姬希（**Lilian Gish**），戲劇評論家那森（**George Jean Nathan**），作家及書評家卡羅・范多倫（**Carl Van Doren**）及其弟，詩人兼哥倫比亞大學教授馬克・范多倫（**Mark Van Doren**），攝影家范凡克頓（**Carl Van Vechten**），華裔女明星黃柳霜（**Anna May Wong**）等等。他們都是文藝界頂尖人物，相聚的時候談吐機智，情趣橫溢。這些外國人，覺得語堂是個清揚淵邈，卓然不群的東方學者。黃柳霜是家裡常客。這位女明星不演戲的時候倒是個老老實實的婦人，話很多，也不顯得怎麼漂亮。

父親不但成為美國文壇的熱門人物，更替華僑和中國留學生揚眉吐氣，使洋人對中國人刮目相看。喬志高（高克毅）記得一九三六年十月五日，由《紐紐時報》和「全國書籍出版者協會」共同主辦的第一屆美國全國書展，在當時新建不久的洛克菲勒中心舉行，除展出每家出版商的書籍和各種新式排印和裝訂技術之外，還有一項作家講演的節目。父親是主講作家之一。介紹他的是《紐約時報》星期日書評副刊的資深主筆阿當士（**J. Donald Adams**）。父親以風趣的口吻縱談他的寫作經驗和人生觀。「他那天身穿長袍，風度瀟灑，十足表現出他文章中那股自由自在，無拘無束的精神。林先生的演講最後幾句大意說，中國哲人的作風是：『有話就講，講完就走。』說完了他不等聽講的一些女士太太們舉手發問，揮了揮他的長袖子，飄然而去。」

父親開始寫《生活的藝術》。他寫給陶亢德的信說：「起初，我並無意寫此書，而擬翻譯五六本中國中篇名著，如《老殘遊記二集》、《影梅庵憶語》、《秋鐙鎖憶》，足以代表中國生活藝術及文化精神等書，加點張心齋的《幽夢影》格言，曾國藩、鄭板橋的《家書》，李易安的《金石錄後序》等。然而華爾希認為，應該先作《生活的藝術》，才譯名著，因為中國人的生活藝術久為西方人所見稱，而向無專書，苦不知到底中國人如何藝術法子，如何品茗、如何行酒令、如何觀山玩水、如何養花蓄鳥、如何吟風弄月等……。

夫雪可賞，雨可聽，風可吟，月可弄，本來是最令西人聽來如醉如癡的題目。《吾國與吾民》所言非此點，但許多人注意到短短的講飲食園藝的《人生的藝術》末章上去。很多美國女人據說是已奉此書為生活之法則，實在因賞花弄月之外，有中國詩人曠懷達觀、高逸退隱、陶情遣興、滌煩消愁之人生哲學在焉。此正足於美國趕忙人對症下藥。華爾希知道有許多讀者欲觀此中底奧及一般大家庭享樂之方法，故勸我先寫此書。不說老莊，而老莊之精神在焉，不談孔孟，而孔孟之面目存焉。」這是他寫此書之發端。

他三月初動手，寫了二百六十頁，「忽然於五月初，一夜在床上作起序來，乃覺今是昨非，將前稿全部毀去。因原來以為全書須冠以西方現代物質文化之批評，而越講越深，又多辯論，致使手稿文調全非。自五月三日起乃重新編起，至七月底全書七百頁打字稿殺青。在這三個月裡，我『如文王囚在羑里一般』，一步也走不開。然而並不叫苦反如軍事訓練，一切紀律化。要在早睡早起，夜眠必足，眠足則翌晨坐在明窗淨几，一面抽煙，一面飲茗，清風徐來，鼻子裡嗅嗅兩下，胸部軒動，精神煥發，文章由口中一句一句一段一段唸出，叫書記打出初稿，倒也是一種快樂。」

在紐約，如何講品茗賞花等等題目呢？原來他帶來不少這類的書。陳眉公《寶顏堂祕笈》，王均卿《說庫》，開明《廿五史》全部運來。《文致》、《蘇長公小品》、《蘇長公外紀》、《和陶合箋》、《群芳清玩》、《小窗幽記》、《幽夢影》，以至燕兒蝶兒匡兒圖，他都帶來。他將屠隆的《冥寥子遊》全部譯出列入書中。他最得意的是集中國詠命遣懷一類詩四十餘首，認為其達觀味道與歐馬卡延（Omar Khayyam）相等。他又說，「例如白居易對酒詩『昨日低眉問疾來，今朝拉淚弔人回』、『相逢且莫推辭醉，前人田產後人收，後人收得休歡喜，又有收人在後頭』，何嘗不警悟？李密菴〈半半歌〉何嘗不沖淡？東坡〈述懷行香子詞〉何嘗不高逸？〈骷髏贊〉何嘗不悲壯？這樣把樂天、東坡、石田、子畏等等詩人請來歡聚一堂，唱和酬詠，倒也可以湊成代表中國詩人人生哲學的『人生曲』。」

一九三七年，七七事變爆發了。日本以為奪取河北，佔領北平、平津之後，中國勢必屈服。沒料到中國決定另闢戰場，全面抗戰。上海是通商巨埠，日軍不多。蔣委員長決定先在這裡作戰。《紐約時報》請父親寫文章，闡釋中日戰爭的背景，中國駐美大使王正廷請父親去華盛頓，向美國人講中國的立場。

八月廿九日，《時代週刊》載他作〈日本征服不了中國〉一文。《吾國與吾民》這時印第十三版，原書最末一章，本來是針對中國社會積習而呼籲改革的評言。現在情形大變，語堂寫了長八十頁的第十章，名〈新中國的誕生〉，解釋中國百年來，一方面固然吸收西方的文化和科學，一方面卻被西方及強鄰侵佔，不得已被迫成為一個新中國的由來。他說，盧溝橋的戰火促使中國終於統一，決心抵抗敵人。他預料，美國雖然同情中國，每每唱「國際友誼」的高調，但美國以及其他太平洋國家，將保持疏遠的態度，以免纏入糾紛。

這時我方新聞工作人士努力搞宣傳工作，爭取友邦同情。有一些人像喬志高，四處奔走，聲嘶力竭，在報上也爭不到三五行的篇幅。在北平淪陷，南京被敵人蹂躪的關頭，看到《紐約時報》用顯著的標題發表林語堂作〈雙城記〉的長文，那時他們是多麼興奮和鼓舞呀！

上海大戰，父親一時與親友失去聯絡，等他再得消息時，知道自一九三二年開始編纂的中文詞典，除他自己帶到美國的十三冊之外，其餘已編好的五十二冊都被砲火焚燬。三哥憾廬南下，《宇宙風》於翌年五月移廣州出版。

父親這時進退兩難。他為一家人買的來回船票期限一年，不能延長。本來，父母親打算回國之後，在北平買一幢房子住下來。現在，誰也不知道戰爭什麼時候才會結束。在一九三七年，他的總收入，包括《吾國與吾民》美國及外文版的版稅、演講費、稿費，以及開明書店的版稅，是一萬三千美元。一家人的開銷是一萬美元。他只好希望他的新書的版稅可維持一家的費用。他一面寫《生活的藝術》，一面將稿子送給華爾希和賽珍珠看。他不像一般中國文人，寫了文章之後不許編輯碰一個字或一個標點符號。他肯接受華爾希夫婦的批評，這種編輯與作者合作的關係，在國內是沒有的。好的編輯，能對作者提出寶貴的意見，能指出一部書的長處及弱點，因為他對作品比較客觀。好的編輯要能使作者尊重他的意見，聰明的作者則應該聽這種專家的建議，並且同意修改他的作品。一家出版公司往往要靠好編輯拉住名作家，以免他們跳槽。藍登書屋（Random House）的克明斯（Saxe

Cumins）就是一位偉大的編輯，無論是諾貝爾文學獎得主路易斯（Sinclair Lewis）也好，或是一位只寫過一本小說的年輕作家也好，他都能夠提出建設性的批評，說得他們服服貼貼。有天分的作家好比一匹駿馬，你不好好的照顧牠，牠不會替你跑。

沒想到語堂的新作*The Importance of Living*（《生活的藝術》）被美國「每月讀書會」（Book-of-the-Month Club）選為一九三七年十二月特別推薦的書。這個擁有數十萬會員的讀書會以廉價向會員推銷書籍，會員收到郵購的宣傳品，有買或不買的自由。一本書一中選，在市面上的銷路必定也很好，因為讀書會的宣傳力很強。被「每月讀書會」選中，有點像中馬票，也有點像中狀元。記得那天下午約四點鐘，華爾希打電話把這消息告訴爸爸時，他高興得雙足亂跺，狂叫起來。《吾國與吾民》是由雷諾（Reynal）公司出版，《生活的藝術》由雷諾與希師閣（Reynal & Hitchcock）公司出版，但兩者都在書名頁上註明「莊台書籍」（A John Day Book），意思是，由莊台公司負責編輯的。華爾希則是莊台公司的老闆兼編輯。

語堂在《生活的藝術》自序說：「本書是一種私人的供狀，供認我自己的思想和生活所得的經驗。我不想發表客觀意見，也不想創立不朽真理。我實在瞧不起自許的客觀哲學；我只想表現我個人的觀點。」語堂以幽默的筆調深入淺出地抒寫中國人生觀，全書洋溢他別出心裁的思想，非常可愛，非常容易讀。

書評家 **Peter Prescott** 在《紐約時報》說：「讀完這本書之後，令我想跑到唐人街，遇見一個中國人便向他深鞠躬。」《生活的藝術》談覺醒、關於人類的觀念、我們的動物性遺產、論近人情、誰最會享受人生（發現自己：莊子。情智勇：孟子。玩世、愚鈍、潛隱：老子。「中庸哲學」：子思。愛好人生者：陶淵明）、生命的享受、優閒的重要、家庭之樂、生活的享受以及思想的藝術，全書四百五十九頁。

語堂所透露的生活哲學令多人入迷，是因為它合情合理，令讀者有親切感。例如，他說：

我們承認世間非有幾個超人—改變歷史的探險家、征服者、大發明家、大總統、英雄—不可。但是我以為半玩世者最好。生活的最高典型終究應屬子思所提倡的中庸生活。與人類生活問題有關的古今哲學，還不曾發現過一個比這種學說更深奧的真理，這種學說，就是中庸精神，在動作和靜止之間找到一種均衡，所以理想人物，應屬一半有名，一半無名；懶惰中帶用功，在用功中偷懶；窮不至於窮到付不出房租，富也不至於富到完全不做工，或是可以稱心如意地資助朋友；鋼琴也會彈彈，可是不十分高明，衹可彈給知己的朋友聽聽，而最大的好處還是給自己消遣；古玩也收藏一點，可是衹夠擺滿屋裡的壁爐架；書也讀讀，可是不很用功；學識頗廣博，可是不成為任何專家；文章也寫寫，可是寄給《泰晤士報》的稿件一半被錄用一半退回—總而言之，我相信這種「半半」的生活，不太忙碌，也不完全逃避責任，能令人日子過得舒舒適適。

《紐約時報》書評副刊請吳滋（**Katherine Woods**）寫書評。她說，「林語堂把許多歷史悠久的哲學思想濾清，配以現代的香料；他根據個人獨特的創見，用機智、明快、流利動人的文筆寫出一部有骨子、有思想的著作。作者在書中討論到許多問題，見解卓越，學識淵博，對中西思想有深刻的理解。」

雖然《生活的藝術》成為暢銷書的機會很大，在一九三七年底，父親想想他的經濟情況，決定還是應該謹慎一點，要減縮開支。他想找個安靜的小鎮住，一方面可以節省開支，一方面可以專心著作。於是父母親決定於一九三八年初到歐洲小居。那時我在讀六年級，本來在夏天可以小學畢業，但是爸爸對小學畢業這件事看得很輕。於是我們舉家又遷居一次。

第十四章　紅透半邊天

我們在法國南部近義大利邊境的小鎮蒙頓住下來。我們不懂法文，不能入法國學校。父親開始認真教我們中文。他不厭其詳地把孔孟老莊解釋給我們聽，他要我們作文，練字，讀中國歷史地理、古今散文小說，就好像要把整個中國文化塞進我們的小腦袋。我不知道我吸收了多少，我覺得中文比英文難學得多，尤其是，那些古老的中國哲學，文言的詞句，好像跟日常生活沒有什麼關係。我覺得英文好容易，只有二十六個字母，見字就知道如何發音。

父親認為，讀書應該靠自修，有一本字典在手，什麼問題都解決得了。什麼才叫做真正讀書呢？他說，興趣到時，拿起書來讀，這就叫做真正讀書。讀書本來是至樂的事，正如杜威說，讀書是一種探險，如探新大陸，如征新土壤。「萬般皆下品，惟有讀書高。」他鼓勵我們自由看書，無論什麼書有興趣就看，書中不懂的字，不懂的句，一次不懂，兩次不懂，看慣了就自然明白。否則就查字典。

在這小鎮住了一個月之後，我們搬到巴黎去住了，因為母親感覺小鎮生活太冷靜，她沒有朋友，又不會講法國話。她也覺得，我們三個孩子應該入學校讀書，隱居不是辦法。在巴黎，我們入了一所專為外國學生補習法文的半天學校。下午在家裡照常攻讀中文。既法文又中文又不能放棄初學的英文，我讀得好辛苦好辛苦。父親有一句有名的座右銘：

文章可幽默

做事要認真

我且幽他一默，替他補充一句：

教女兒讀書要更加認真

他對我們講起孔夫子來，就好像他是頭一個發現儒家學說的一樣，他是那麼起勁。這時，他正在為藍登書屋的「現代叢書」（**Modern Library**）寫*The Wisdom of Confucius*（《孔子的智慧》）。藍登書屋老闆只給六百美元，買斷這本書的版權，當然是不公道的。但是由於「現代叢書」只出版經典之作，父親認為被邀請寫這本書是一種光榮，所以不在乎錢。與出版商談條件，他不耐煩。他認為最重要的是將孔子的教學清楚地寫出來，使外國人明白。這時，他也在計劃寫一部長篇小說，那便是*Moment in Peking*（《瞬息京華》，又譯《京華煙雲》）。他說：「以前在哈佛上小說演化一門科目，白教授（Prof. Bliss Perry）有一句話打動我心，就是西方有幾位作家，在四十以上才開始寫小說。我認為長篇小說之寫作，非世事人情，經閱頗深，不可輕易嘗試。因此素來雖未著筆於小說一門，卻久蓄志願，在四十以上之時，來試一部長篇小說。而且不寫則已，要寫必寫一部人物繁雜，場面寬廣，篇幅浩大的長篇。所以這回著手撰《瞬息京華》，也非意出偶然。」

寫作之先，他計劃約五個月，等到對時代的研究，情節的佈置，人物的安插，起場收場大約都有頭緒，才開始寫。華爾希勸他必以純中國小說藝術寫成為目標。語堂是五體投地佩服《紅樓夢》的技術，所以時時以小說作家眼光，精研這部傑作，後來寫作，無形中受《紅樓夢》的薰染，猶有痕跡可尋。

中國小說名著如《紅樓夢》、《水滸傳》、《金瓶梅》都是重人物，不重結構的作品，人物繁多，佈景寬闊。《京華煙雲》體裁也是故意如此，但它的結構比較縝密，聊補中國小說的缺點。這部小說所寫的是中國時代變遷的故事，從庚子開始，到中日戰爭為止，以書中人物悲歡離合為經，以時代盪漾為緯。他在一九三八年三月開始計畫小說的結構，五個月後才起稿。他認為，唯有小說能使讀者對歷史的過程如歷其境，如見其人，超事理，發情感。這部小說畫布極廣，重要人物約八九十人，地理背景以北京為主，蘇杭為賓。全書以道家精神貫串，故以莊周哲學為籠絡，引齊物論「夢飲酒者，旦而哭泣，夢哭泣者，旦而田獵……是其言也，其名為弔詭。萬世之後，而一遇大聖，知其解者，旦暮遇之也」為格言。

我每天放學回來，連大衣都來不及脫，就跑到他的書房，看他當天寫的東西，因為我對《京華煙雲》的故事非常入迷。有一次，我沒有敲門衝進他的書房，發覺他眼淚盈眶。我問他，「爸，你怎麼啦？」

他抬起頭來驚愕地看我。「我在寫一段非常傷心的故事，」他說。我又突然想起很久以前在上海那天下午他告訴我的話，「要做作家，最要緊的，是要對人對四周的事物有興趣，要比別人有更深的感覺和了悟。」他使我覺得，天下沒有什麼比做作家高尚的了。他很希望我們姊妹們也會寫作。

這時，《生活的藝術》在美國高踞暢銷書排行榜第一名，而且持續五十二個星期之久，成為一九三八年全美最暢銷的書。它也被譯成十幾種不同的文字，確定了父親在國際文壇的地位。

當年在《紐約時報》主持下的一年一度「全國圖書展覽會」中，舉行了一個「林語堂比賽」。比賽是根據《生活的藝術》第一章第二節中〈擬科學公式〉擬定的。

所謂〈擬科學公式〉，父親是這樣寫的：

我常常想到一些可以表現人類進步和歷史變遷的機構的公式。這些公式彷彿如下：

『現實』減『夢想』等於『禽獸』

『現實』加『夢想』等於『心痛』（普通叫做『理想主義』）

『現實』加『幽默』等於『現實主義』（普通叫做『保守主義』）

『夢想』減『幽默』等於『熱狂』

『夢想』加『幽默』等於『狂想』

『現實』加『夢想』加『幽默』等於『智慧』

所以，智慧，或思想的最高類型，就是在現實的支持下，用良好的幽默感把我們的夢想或理想主義調和起來。

為嘗試製造一些擬科學的公式起見，我們不妨進一步照下列的方法來分析民族性。我用『擬科學』這種字眼，因為我不相信一切表現人類活動或人類性格的死板板的機械公式。把人類的活動歸納於一個呆板的公式裡，其本身就缺乏幽默感，因此也就缺乏智慧。我並不是說現在沒有人在弄這一類的公式：這種事情是有人在弄的。所以我們今日才有這麼許多擬科學。當一個心理學家能衡量人類的『智能』（I. Q.）或『性格』（P. Q.）時，這世界可真是個可憐的世界，而專家跑出來竊奪有人性的學識了。可是如果我們承認這些公式不過是表現某些意見的簡便圖解方法，如果我們不把科學的神聖名義拖進來做我們貨物的廣告，那倒沒有甚麼害處。下面是我替某些民族的特性所定的公式：這些公式完全是我個人所定，絕對無法可以證實的。隨便甚麼人都可以反對它們，改變它們，或加上他自己所定的公式，只要他不宣稱他能用一堆統計的事實和數字去證明他私人的意見。以『現』字代表現實感（或現實主義），『夢』字代表夢想（或理想主義），『幽』字代表幽默感，——再加上一個重要的成分——『敏』字代表敏感性（**sensibility**）。再以『四』代表『非常高』，『三』代表『高』，『二』代表『普通』，『一』代表『低』。這樣我們就有下列的擬化學公式可以代表下列的民族性了。正如硫酸鹽和硫化物，或一氧化碳和二氧化碳的行動各不相同一樣，人類和社會也依它們不同的構造，而有各不相同的行動。在我的心目中，觀察人類社會或民族在同樣情形之下做出不同的行動，始終是有趣的事情。我們既然不能摹倣化學的形式，發明『幽默化物』（**"humoride"**）和『幽默鹽』（**"humorate"**）一類的字眼，也許可以這樣表現：『三份「現實主義」，二份「夢想」，二份「幽默」，和一份「敏感性」，造成一個英國人。』

現三　夢二　幽二　敏一　等於英國人
現二　夢三　幽三　敏三　等於法國人
現三　夢三　幽二　敏二　等於美國人
現三　夢四　幽一　敏二　等於德國人
現二　夢四　幽一　敏一　等於俄國人
現二　夢三　幽一　敏一　等於日本人
現四　夢一　幽三　敏三　等於中國人

我們對於作家和詩人也可以應用同樣的公式。現在試舉幾個著名的人物來做例子：

莎士比亞——現四　夢四　幽三　敏四

德國詩人海涅（Heine）——現三　夢三　幽四　敏三

英國詩人雪萊（Shelley）——現一　夢四　幽一　敏四

美國詩人愛倫坡（Poe）——現三　夢四　幽一　敏四

李白——現一　夢三　幽二　敏四

杜甫——現三　夢三　幽二　敏四

蘇東坡—現三　夢二　幽四　敏三

這不過是我臨時想起來的幾個例子。可是一切詩人顯然都有豐富的敏感性，否則他們便不會成為詩人。我覺得愛倫坡雖有其奇怪不可思議的，富於想像力的天稟，卻是一個很健全的天才。他不是喜歡『推理』嗎？

「全國圖書展覽會」中的比賽提出十位當代世界名人，請參加比賽者依林氏公式，估定此十名人之性格。出版者先請父親將他自己的答案寫出來，密封保存。然後將比賽者的答案與父親的答案比較，最近似者得第一獎。父親的答案如下：

「名　人	現實	夢想	幽默	敏感
美國總統羅斯福	三	三	二	二
德國元首希特勒	三	四	一	一
義國元首墨索里尼	三	二	一	一
蘇聯獨裁者史大林	三	三	一	一
美國飛行家林白	三	三	二	二
德國大科學家愛因斯坦	二	四	二	四
英國大音樂家史多可斯基	二	三	一	四
美國勞工領袖路易士	三	二	一	一
英國遜位國王溫特莎公爵	一	三	二	三
瑞典電影女明星葛勒泰嘉寶	二	二	一	三」

如果「現實」、「夢想」、「幽默」、「敏感」四種特質在父親的估價中價值相等，那麼愛因斯坦佔第一位；林白、羅斯福與史多可斯基同佔第二位；希特勒與溫特莎公爵佔第三位。

結果是紐約市一位金士伯先生得第一獎。

父親當時雖然紅透半邊天，但他從不把自己當個名人。有一次，北大老同事張歆海到我們家裡來訪，他說：「語堂，我是來看看你變了沒有？」氣得爸爸的情緒幾天都不能平復。

在巴黎，語堂認識了主張「通俗性印象派」（colloquial impressionism）文學的美國女作家施坦恩（Gertrude Stein）與和她同性戀，蓄鬍鬚的女友多軋拉（Alice B. Toklas）。施坦恩的沙龍是文藝人士集中的地方，施坦恩這時抨擊美國寫實主義的文學，但她自己的作品卻被評論家指摘為難解，語堂也不能欣賞。語堂在美國認識名樂隊指揮高道夫斯基（Leopold Godowsky）之女黛瑪（Dagmar），黛瑪這時也在巴黎，她是作曲家施塔文斯基（Igor Stravinsky）的情婦。黛瑪帶父母親去聽施塔文斯基的音樂會，語堂對那不和諧的音調，也不能欣賞。他卻與林白（Charles Lindberg），那位在一九二七年獨自駕駛飛機從紐約飛到巴黎的飛行家，和他的夫人安．莫羅（Anne Morrow Lindberg）交了朋友。記得有一次林白到我們家吃晚飯，我們孩子們先吃。大人飯後，母親讓我們出來見見這位大英雄。林白身材很高，舉止斯文，又有點害臊。安．莫羅是位傑出的作家，她長得比林白矮一個頭。林白把她抱起，讓她坐在我們的大鋼琴上，給我印象頗深。

一九三八年，父親總收入達三萬六千美元，開支一萬二千元，包括捐錢救濟國內難民，及給親戚的津貼。廖家這時全無收入，一家二十個人靠外祖父的一點儲蓄維持生活。大舅因多年吸鴉片去世。大姑丈也去世了，留下大姑瑞珠和八個孩子。大伯也已去世，留下子女眾多。二伯玉霖失業，他有七個孩子。三伯憾廬在廣州編的《宇宙風》停刊，要到一九三九年五月才在桂林復刊。三伯母及孩子們多病，留在漳州。這些親人的生活費大部分靠父親津貼。父親對中國貨幣有信心，一九三九年初，用一萬六千美金買十萬銀元，存中國銀行，兩年可得年息七又四分之一厘。稍後又以二萬三千美元兌換十三萬銀元，分七年、十年、十四年長期存款，預料三個女兒每人二十二歲的時候，可有十萬銀元。

一九三九年歐戰似將爆發。父親決定先回美國，看國內戰事如何發展，再回中國，華爾希得知這個消息，電詢語堂何以突然決定回美。父親電復：「狄克、木蘭、希特勒」。（狄克是華爾希的名字。木蘭是《京華煙雲》的女主角。）我們搭二等艙位的船回美，林白同船，搭的是頭等。他卻下二等來找父親聊天。海浪很大，我們都暈船。爸爸說，把肚子裡的東西吐出來就不暈船了，於是他叫我張開嘴巴，他把一根鹹鹹的食指直伸到我的喉嚨。我倒胃，立刻吐了。

回到紐約市，我們住在曼哈頓東邊八十六街的一所公寓。語堂回美之後，成為大忙人。演講邀請紛紛而來。在世界筆會大會，他和湯瑪斯·曼（Thomas Mann）及法國作家莫洛阿（André Maurois）同座發表演講。語堂的演講題目是「希特勒與魏忠賢」。他把希特勒與明朝太監魏忠賢相較，說「當今有德國人以希特勒喻耶穌，就像中國有一位儒者倡議擅政獨裁——魏忠賢，與孔子應當有同樣的地位。唯有這麼歌功頌德，才能保住差使，而反對他的官吏全給殘殺了。但是魏忠賢雖是聲勢顯赫，卻免不了人民的腹誹，其情形與今日之德國如同一轍。魏忠賢後來迫得只好自殺。自殺乃是獨裁暴君的唯一出路。」語堂說得不錯，數年之後，希特勒果真自殺了。

他為名書評家及編輯菲地門（**Clifton Fadiman**）所編的《我的信仰》（***I Believe:The Personal Philosophies of Certain Eminent Men and Women of Our Time***）一書寫一篇論他個人的信仰長文。這本書收十九個當代名人的作品，有愛因斯坦，美國名作家韋爾斯（**H. G. Wells**）、一九三八年獲諾貝爾文學獎的賽珍珠、湯瑪斯・曼（**Thomas Mann**）、哲學家杜威（**John Dewey**）、西班牙哲學家及詩人聖塔雅那（**George Santayana**）、英國哲學家羅素（**Bertrand Russell**），美國社會主義經濟學家魏白（女）（**Beatrice webb**）等，中國人有兩位，語堂及胡適。（胡適在蘆溝橋事變後不久，便飛美英，宣傳抗戰。一九三八年九月，政府特任他為駐美大使。）

以下是〈我的信仰〉節錄：

> 我素不愛好哲學上無聊的理論；哲學名詞，如伯拉圖的「意象」，斯賓諾沙的「本質」「本

體」「屬性」，康德的「無上命令」等等，總使我懷疑哲學家的念頭已經轉到牛角尖裡去了。一旦哲學理論的體系過份動聽，邏輯方面過份引人入勝時，我就難免心頭狐疑。

科學研討分析生命上細微瑣碎之事，我頗有耐心；只是對於剖析過細的哲學理論，則殊覺厭煩。雖然，不論科學，宗教，或哲學，若以簡單的文字出之，卻都能使我入迷。其實說得淺近點，科學無非是對於生命的好奇心，宗教是對於生命的崇敬心，文學是對於生命的嘆賞，藝術是對於生命的欣賞；根據個人對於宇宙之了解所生的對於人生之態度，是謂哲學。

我以普通受過教育之人的資格，對於生命，對於生活，對於社會，宇宙，及造物，嘗想採取一個和諧而一貫的態度。我雖天性不信任哲學的理論體系，然此非謂對於人生—如金錢，結婚，成功，家庭、愛國，政治等—就不能有和諧而一貫的態度。我卻以為知道毫沒破綻的哲學體系之不足憑信，反而使採取較為近情，一貫而和諧的人生觀較為簡易。

我深知科學也有它的限度，然我崇拜科學，我老是讓科學家去小心地兢兢業業的工作著，我深信他是誠實可靠的。我讓他去為我尋求發現物質的宇宙，那個我所切望知道的物質的宇宙，但一旦儘量取得科學家對於物質的宇宙的知識後，我記住人總比科學家偉大，科學家是不能告訴我們最重要的事物，他不能告訴我們使人快樂的事物。我還得依賴**bon sens**（即由生活經驗得來，而非由特別研究得來的判斷力）。

自有伽利略以來，科學之影響如此其廣且深，吾人無有不受其影響者。近代人類對於造物，宇宙，對物質的基礎性質及構造，關於人類的創造及其過去的歷史，關於人的善與惡，關於靈魂不滅，關於罪惡，懲罰，上帝的賞罰，以及關於人類與動物的關係等等的觀念，自有伽利略以來，都經過某大的變動了。大體上我可說：在我們的腦筋裡上帝是愈來愈偉大，人是變得愈眇小，而人的軀殼即變得愈純潔，靈魂不滅的觀念卻亦愈模糊了。因此與信仰宗教有關的重要概念，如上帝，人類，罪惡，及永生（或得救）均得重新加以檢討。

真誠的基督徒惶惑不安了。然而非大著膽不拘禮節地說老實話，我們是不配談真理的。在這點上，我們該學科學家。在大體上，科學家的守住舊的物質定義不願放棄，不肯接受新的學說，亦正有如我們的不願放棄陳舊的信仰。科學家往往與新的學說爭執，然而他們畢竟是開通的，故終於聽命他們的良心拒絕或接受新的學說了。新的真理總是使人不安的，正如突如其來的亮光總使我們眼睛覺得不舒服一樣。然而我們精神的眼睛或是物質的眼睛經過調節以後，就覺得新的境遇畢竟也並不怎樣惡劣。

然則剩下來還有什麼呢？還有很多，舊的宗教的外形是變遷至模糊了，然宗教本身還在，即將來亦還是永遠存在的，此處所謂宗教，是指激於情感的信仰，基本的對於生命之虔誠心，人對於正義純潔的確信之總和。人的靈性亦並未受到影響。道德的境界乃非物理定律的勢力所能及的。

以論理言，唯物主義非必隨舊的宗教觀念之消滅與俱來，然在事實上唯物主義卻接踵而至，因人本非邏輯的動物，人事本有奇特可笑處，在大體上，近代社會日趨唯物，而離宗教日遠，宗教向為一組經神批准的一貫的信仰。牠是不期然而然的情感衝動，並非理智的產物。我們已處於進退維谷左右為難之時代矣。

我們惟有走廣義的神祕主義的一途，例如老子所倡導的，以廣義言之，神祕主義乃為尊重天地之間自然的秩序，一切聽其自然，而個人融化於這大自然的秩序中是也。道教中的「道」即是此意。牠涵義之廣足以包括近代與將來最前進的宇宙論。牠既神祕而且切合實際。道家對於唯物論採寬縱的態度。以道家的說法看來，唯物主義並不邪惡，只是有點獃氣而已。而對於仇恨與妬忌則以狂笑衝散之。對於恣意豪華之輩道教教之以簡樸；對於度都市生活者則導之以大自然的優美。對於競爭與奮鬥則倡虛無之說柔克剛之理以救濟之。對於長生不老之妄想，則以物質不滅宇宙長存之理以開導之。對於過甚則敬之以無為寧靜。對於創造事業則以生活的藝術調和之。對於剛則以柔克之。對於近代的武力崇拜，如近代的法西斯國家，道教則謂汝並非世間惟一聰明的傢伙，汝往前直衝必一無所得，而愚者千慮必有一得，物極則必反，拗違此原則者終必得惡果。至於道教努力和平乃自培養和氣著手。

我們直是處於超野蠻時代。野蠻行為加以機械化敢不是野蠻行為了麼？處於這個冷酷的時代惟有道家超然的憤世嫉俗主義是不冷酷的。然而這個世界終有一天自然而然的會變好的。目光放遠點，你就不傷心了。

語堂忙得沒有辦法安心進行《京華煙雲》的寫作。不但是各界要求的干擾，崇拜他的讀者來信，每天也收到一大堆。他沒有辦法，只好叫我替他先看，見到特別有意思的才交給他看。我就這樣開始充任他的祕書。但是我實在還小。他有時口授書信，我在打字機上打出來。我沒有把握的字，他會替我拼出來。有一次，他說了Confucius這個字，要替我拼時，我說，「不必！不必！我會拼的！」結果我打了Confucious。他看了說，「我早就料到你會多打個o。」從此以後，我不會把孔子的英文名拼錯了。

那時，一般美國人一見到一張黃色的臉就肯定他是個工人。有一次，爸爸要親自送一包稿子給一位住在華爾道夫大飯店的編輯。我們在附近的餐館等他，等了好久他才來到，問他為什麼這麼遲？他說：「看門的不讓我進大門，說送貨的要走後門。我只好繞個大圈子。」他並沒有生氣，只覺得好笑。

他還受到另外一種干擾，即女性的干擾。有一次，有一位父母親在上海時已認識的交際花來訪，在媽媽出去買菜的時候，她居然一躍而坐在爸爸的寫字枱上，向他賣弄風情，使爸爸感到萬分尷尬。等到媽媽買菜回來時，她已經碰一鼻子灰，頹然而去。還有一次，我們一家人在小河上划船，有一位卅幾歲的「林語堂迷」竟然站在岸上，把衣服脫得精光，一絲不掛跳下水裡，跟著我們的船一道游泳，嚇得我們目瞪口呆，不知如何是好。

還有一種小小的干擾，是許多崇拜他的留學生或朋友，一進門便對這位幽默大師高叫「林博士！林博士！我有個笑話（或一句妙語）說給您聽聽！」一般說出來的，連我這個小孩子聽了都啼笑皆非。

父親就在那年夏天決定到維蒙特州避暑，同時避開大城市的囂雜。我們在一個松林樹中的夏令營住下來，住的是個簡單的木屋，外面松樹高聳，滿地松針。爸爸的書桌是個橋牌桌子，置於樹林裡。於是他可以專心寫作了。

他全神貫注寫作時，有時，媽媽跟他講話他都聽不見。不在寫作時他在思考，他也不跟人講話。他將文稿一本一本地寄給華爾希看。媽要他去理髮，他說這部小說不寫完他不去理。寫到最後一章，我們都緊張起來。八月八日，他宣佈，今天下午六點半他會寫完。寫到最後一頁時，他叫我們大家來圍著他的桌子，等到他寫完最後一句，把筆丟下時，我們都拍手叫起來，妹妹並且唱了一首歌以慶賀。那天晚上，他駕車到附近的小鎮子，我們找到一家中國飯館，吃了一頓龍蝦飯。第二天，他去理髮了。

《京華煙雲》整整寫了一年，他打電報把文稿殺青的消息告訴賽珍珠夫婦。他們覆電稱，**"You have wrought greater than you know."**（「你沒有意識到你的創作是多麼偉大。」）回到紐約，在九月裡，語堂得悉，這部小說又被「每月讀書會」選中，成為十二月特別推銷的書。《時代周刊》的書評說，「《京華煙雲》很可能是現代中國小說之經典之作。」

父親後來說，他有一個願望，即要他寫的小說可以傳世。「我寫過幾本好書，」他謙遜地說：「尤其以寫《京華煙雲》自豪。」有人說，這部小說是現代的《紅樓夢》。我認為也可以這麼說：在現代中國小說中，《京華煙雲》是首屈一指的傑作。假使真的要批評，也許這部小說的一個缺點，是在八十多個人物中，沒有一個惡徒。他在後來寫的小說中，也沒有一個壞人。這也許是因為他認為世界上並沒有壞人的緣故。

他說：「作家的筆正如鞋匠的錐，越用越銳利，到後來可以尖如縫衣針。但他的觀念範圍則必日漸廣博，猶如一個人登山觀景，爬得越高，所見的越遠。一個作家如果憎惡一個人，而握筆寫一篇攻擊他的文章，但沒有看到他人的好處，則這個作家沒有寫作這篇文章的資格。」

《京華煙雲》出版之後，在上海不久便有盜印本流行，還有一群濫譯者將這部小說譯成中文。語堂當時寫信給郁達夫，請他將此書譯成中文，費了很大功夫，將原著所引用的出處，及人名地名，以及中國成語，註解得詳詳細細，前後註成兩冊寄去新加坡，並附五千美元支票一紙。這時，達夫正為個人的私事弄得頭昏腦脹，心境惡劣，所以雖則開始動手，在《華僑週報》上連載，但是沒有譯多少，便停止了。

九月一日，歐洲戰爭爆發。十一月十二日，父親在《紐約時報》周刊發表 **“The Real Threat: Not Bombs But Ideas”**〈真正的威脅不是炸彈，是概念〉一文，極受大眾注意，此文後來為《讀者文摘》轉載。其中部分內容說，戰爭絕不會毀滅文化。「戰鬥跟求生一樣，是人生本能，但二者相較，我相信求生的本能比戰鬥的本能為強，所以求生的本能絕不會喪失；求生的本能既不會喪失，那麼文化，或者說生活的藝術，當然不會毀滅了。」

一九三九年，父親總收入得四萬二千美元，開銷是一萬七千五百美元。年底，他為母親買了一枚價值一千元的三・三八克拉鑽石戒指，那是她嚮往已久的首飾。

那年，我們三姊妹都入了陶爾頓學校（Dalton School），那是一所主張循序漸進教育的學校，即老師依照學生的能力和興趣教導他們，功課或多或少。我們是免費生，因為該校的女校長專門物色名人的子女為學生。其他的學生大多數是家庭極富裕的子女，而絕大多數是猶太人。學校對教育的態度既然如此開通，也答應父親的要求，在下午上體育班時放我一馬，讓我回家唸中文。但我在初中一年級讀了半年，又輟學，因為我們舉家回國了。

第十五章　為國家宣傳

林語堂回國，是件大消息。在重慶，父親被記者包圍，第二天便晉見蔣委員長及蔣夫人。語堂在〈新中國的誕生〉一文說，他認為蔣委員長是一位偉大的領袖，他的智慧及道德觀念，足以應付日本的侵犯以及國共的糾紛。委員長及夫人也深知語堂在外國的聲望以及他為文為中國宣傳的努力。

我們在重慶附近的北碚住了一段日子，飽受日本空襲的驚慌，後來搬到縉雲山的一所廟宇，希望在那裡可以逃避空襲。那時姐姐十七歲，已是個亭亭玉立的少女。她充滿理想，希望為國家服務，成為新中國的一員。她認為我們不應該搬到縉雲山去住，她覺得我們應該住在北碚，跟北碚的人一同跑警報才對。後來我們在北碚的房屋也炸毀了半邊。父母親認為，父親在國外為國家做宣傳，要比在國內跑警報有貢獻。父親寫信給蔣夫人，問她的意見。蔣夫人說，她完全同意。在我們離開重慶時，委員長及夫人在官邸招待我們一家人。這裡要說明，父親從來沒有拿過政府一分錢。他的中華民國護照上有入美的「官員簽證」，是為了方便而已，因為在一九四〇年之前，他的「遊客簽證」使我們不得不每六個月離開美國一次，重新申請入境。

我們在香港等船的時候，姐姐哭得很厲害。她不願意離開中國，她覺得，身為林語堂的女兒，她時時受到特別待遇，我們即使在北碚或縉雲山時，也住得吃得比別人好。她寧願像個普通青年，穿草鞋，吃糙米飯，在國內抗戰到底。

不明白為什麼我們又回美國的，不止姐姐一人。父親在美國的成功，使很多人眼紅。回國時，他們說：「林語堂鍍金回來啦！」赴美的時候，他們說：「林語堂拗不住跑警報，又回美國去啦！」

對許多人的指摘，還是郁達夫駁斥得好。「林語堂氏究竟發了幾十萬洋財，我也不知道。至於說他鍍金云云，我真不曉得，這兩個字究竟是什麼意思。林氏是靠上外國去一趟，回中國來騙飯吃的麼？抑或是林氏在想謀得中國的什麼差使？文人相輕，或者就是文人自負的一個反面真理，但相輕也要輕得有理才對。至少至少，也要拿一點真憑實據出來。如林氏在國外宣傳的成功，我們則不能說已經收到了多少的實效；但至少他總也算是為我國盡了一分抗戰的力，這若說是鍍金的話，那我也沒有話說。總而言之，著作家是要靠著作來證明身分的，同資本家要以財產來定地位一樣。跖犬吠堯，窮人忌富，這些於堯的本身當然是不會有什麼損失，但可惜的卻是這些精力的白費。」

自從中日戰爭開始以來，中國雖然得到美國人同情，但美國政府對華態度冷淡，還想發戰爭財。美國政府把汽油、輕重武器、軍用物質大量賣給日本，支持侵略者屠殺中國人。

回到美國，語堂努力為文為國家宣傳。他接受《紐約時報》的訪問，登出的標題是：「林語堂認為日本處於絕境」，他寫信投紐約時報的讀者來信專欄，時報發表了五封，毫不隱諱地指責美國的兩面手法。他在《新民國》（*The New Republic*）、《大西洋》（*The Atlantic*）、《美國人》（*The American*）、《國家》（*The Nation*）、《亞洲》（*Asia*）及《紐約時報週刊》等雜誌寫文章，談「中國對西方的挑戰」，「中國槍口直對日本」，「西方對亞洲需有政治策略」等問題。總之，林語堂說話，美國人肯聽。

一九四一年底，日本轟炸珍珠港，美國對日宣戰，美國終於承認她對華的援助是 **“too little, too late”**（太少，太晚），但是眼看世界大戰中英美對中國的手法，語堂忍無可忍。一九四三年，他出版 ***Between Tears and Laughter***（《啼笑皆非》）一書，在第一章說：

我不如坦明地承認，一個多月來，我感到暈眩，我記得我的頭腦是一片空白，我躺在床上怒不可遏，不能入睡，想著如何打破華盛頓封鎖供應中國物質的堅壁。我也設法了解羅斯福總統給我們的迷惑，卻想不出道理來。「即使在現在，」羅斯福說：「我們空運中國的借租物質和從滇緬路輸入的分量一樣多。」這是一句笑話，而我不喜歡以我國作戰時所需要的軍需品作笑話的資料。究竟空運多少噸，官方沒有透露，但是我知道那些數字。這個笑話等於對中國，或是對我個人，摑了耳光，使我眩暈目花。

讓我解釋中國人為什麼終於覺得目前的處境無法忍受了。我覺得中國不斷地給人打耳光。在我的國家在和日本作生死鬥爭時，這麼多記耳光打來，我覺得猶如自己被人掌摑了一樣。耶穌的訓誡只教我們給別人打了耳光之後，轉過右頰讓人再打一次。但是，要是給人打第三記耳光，接著再打第四記，我們應該怎麼辦，聖經並沒有說。一個人給打耳光最難受的不是傷痛而是受到汙辱。我不能忍受的不是對方的自私，這個我可以明白；我受不了的是無禮，給別人無意中踢了一腳不是什麼大事，給人踢了，踢人的反而說這不算一回事，這可就難於淡然處之了。美國人知道，我也知道，美國運送汽油和廢鐵去東京，使日本人轟炸中國婦孺。我們的態度是寬容。但是假如中國現在宣佈中立，而當美國和日本作戰的時候，運送廢鐵去日本，同時又和美國保持友好關係，稱讚美國人的「英勇鬥爭」，美國報界外交界恐怕不會和中國在珍珠港事件發生以前一樣，持寬容的態度吧。一九四一年夏天，羅斯福總統得意地宣稱這項運送廢鐵和汽油去日本的政策成功，那是我受到的第一記大耳光。相形之下，此前一連串的刺痛便微不足道了——美國一面固然使中國婦女被轟炸，一面不斷向東京提出抗議，指摘日本侵犯美國在中國的財產權，包括在蕪湖的一所倉庫和三條木櫈所受損失的抗議，或是對晉江一所教堂建築和四頭貓所受的損傷等等。

英國政府命令再次封閉滇緬公路是我受到的第二記耳光。事實清楚證明英國無意用自己的軍隊保衛緬甸，又無意讓中國軍隊進入緬甸，那等於下令封鎖滇緬路。不料一位英國將軍對緬甸淪陷大為得意，表示對緬甸戰爭之「滿意」，因為它「贏得三個月的時間來加強印度的防衛」。

英國魏威爾將軍未事先通知重慶而逕行沒收運抵印度和緬甸，根據租借法案要交給中國的物質，是打我的第三記大耳光。

華盛頓的官僚不供給適當的空中運輸工具以紓解中國受到的封鎖，並且對這件事採取阻礙和拖延的態度，是我挨到的第四記大耳光。

我國派軍事代表團到華盛頓提供情報和協同擬具共同對日作戰計畫，而受到簡慢待遇，是我受到的第五大耳光。

誣蔑中國為「法西斯主義」、「帝國主義」，指它「囤積供應物資」等等，從而不給中國軍事援助，使中國不但受到傷害而且蒙受汙辱，那是我受到的第六記耳光。

這樣還不夠，當羅斯福總統宣言，說空運中國的物資情況令人滿意時，中國人不能忍了。起碼，我這個中國人並不認為這個笑話有什麼好笑。還有其他的雙關語和謊話，說什麼史太林反對邀請蔣介石出席卡薩布蘭卡等等，使我頭腦暈眩了整整一個月。

昨天下午，我在街上散步，盡力抑制自己和設法了解世界現狀，以免精神崩潰。我設想，自己如果是美國人，對中國會怎麼看法。我也設想中國今後幾十年會有什麼地位。我得到兩項結論。

其中一項是過去一個月來在我腦中逐漸形成的結論：中國今後幾十年會在兩種情況之下，和美英兩國保持友好關係。第一，不論世界聯盟會以什麼形式出現，以中國在大戰期間的經驗來看，中國不會得到真正平等地位。原因是，中國是亞洲國家，這次大戰結束的時候，如果她的盟國控制得了，不會讓她有自己的空軍。中國不會得到真正平等的地位，除非她像日本一樣，在二十年後能夠自己製造坦克、大砲和戰艦。那時候，中國也不必再爭什麼平等不平等了。這就是現代的準則。在沒有平等的時候，中國秉持傳統「難得胡塗」的精神，可以再忍得下一些侮辱和羞恥。第二種情況是，中國作為一個友邦，一定要學習一項重要的教訓，即爭取自己的權益，正如西方國家一樣。作為一個友好國家，並不是說中國不能爭取自己的利益和增進國家的力量，並以之促成和西方國家平等的地位。也不是說在同樣的情形之下，她不能運送廢鐵和石油給她的「友邦」作戰的敵人，或者是封閉她的「友邦」的戰略路線來撫慰另外一個中立的強國。

我深信，不論關於文化和友誼的話說得多麼好聽，中國必須走這條路才會被平等看待。中國初次處身國際舞台，就好像第一天上學的小孩子一樣，他母親告訴他必須對所有的人謙恭有禮，以免羞辱父母。可是他的叔叔，上過那所學校，深知他的同學對人的辦法和態度。叔叔看見侄兒在回家路上給人打了，就脫下上衣，教侄兒怎麼還手，因為還手是獲得同學尊敬的唯一辦法。誰能說這位叔叔的勸告是錯的呢？

我第二項結論是，我眼看中國強大起來，蘇聯強大起來，整個亞洲強大起來。我知道這個四億五千萬人口的國家已經團結、覺醒和經過戰火之洗禮之後正日趨強大；她的力量寓於本身，西方國家不能制止她，也不能使她永遠弱小。

經過這番思考之後，我的心情復歸寧靜。現在，對於這些在希特勒失敗之後還以為可以光靠武力支配世界的自大國家，我只覺得他們可笑，而不再生氣，只是他們的愚笨還是令人厭煩而已。這些想法像一陣清風，曾禁錮得使我從發昏的迷宮中出來。我回到家裡，搜索冰箱裡的東西吃，並且哈哈大笑。我的孩子都說我變了一個人。

《啼笑皆非》乃從中國政治哲學觀點討論世界和平問題。比「四種自由」更重要的，是「免聽胡言亂語的自由」。該書重要論題有「白人的負擔」、「美國孤立主義」、「英國帝國主義」、「亞洲的前途」、「現今時代主要問題的關鍵」等。

父親在一九四四年，再度回國作六個月的旅行。他從美國邁亞米市飛到開羅再飛到加爾各答，越過喜馬拉雅山抵昆明，再到重慶、桂林、衡陽、長沙、成都、寶雞、西安等地。在重慶時，他先住在熊式輝將軍家裡，後來住在孫科家裡。在這段時間，他晉見蔣委員長及夫人六次。有時是三人談話，有時是有別的客人在座。政府安排他訪問國家要人，以及前方後方抗戰的情形。這時國共繼續明爭暗鬥，中共在延安的活動，在國外很受人注意。

父親一向反共，自從辦《論語》和《人間世》起，就受到共黨文人的攻擊。後來他享譽世界文壇之後，更受到一班左派文人的圍剿，詆譭他「以東方文化有限的了解，而在美國大賣野人頭，羞辱國家民族，羞辱了中國的優良文化傳統。」寫了一本《修辭學發凡》的陳聖道，對父親的諷刺更多，他說林氏最初是研究文法的，後來感到這一行吃力不討好，才中途出家，弄點小聰明而致力於「幽默」。父親回國時，在十二月廿七日，應重慶中央大學之請，公開發表演講，講題是「論東西文化與心理建設」。其大要內容是：

「今日講的是東西文化與心理建設。何以挑這題目？因為我覺得國人還是缺乏自信心；自信心不立，就是沒有心理建設，物質的建設便感困難。孔子曰：『立國之道有三：足食、足兵、足信。』『自古皆有死，民無信不立。』所以可以去食、去兵、而不可去信。信就是心理建設，而兵、食，就是物質建設。可是，孔夫子並非物質主義崇拜者，也是心理學家，他精神與物質兩方面都是顧到的。

「要一般社會有自信心，必須國人對吾國文化及西方文化有一番相當正確的認識。認識吾國文化，本非易事；認識西方文化，也非朝夕可致。但學問之事極難，我行年將近五十，中文也看，西文也為，時時視察，窮其條理，對中西哲理，人生社會，思想習慣，始稍得窺一個眉目，略知其條理沿革。然而，我懂中國文化哲理嗎？並不。譬如易經，還是未窺其涯略。然易經為儒家精深哲理所寄託，非懂易，不足以言儒。孔子謂假我年，五十而學易，可以無大過矣！歐洲心理學家容氏（C. J. Jung）謂看易經始知東方邏輯及思想方法，與西洋因果邏輯不同，而且較合科學新條理。

「現在中國思想是在紊亂狀態，對本國文化也難有真知灼見的認識，但沒有真知灼見的認識，對本國的信心就不能建立。舉一個例。以前魯迅說中國書看得教人昏睡，外國書看了就抖擻精神。左派作家說中國書有毒，三國、水滸忠孝節義的話都有毒，一味抹殺固有文化的理論，這種憤激之論，不能指為認識，只能稱為迎合青年心理。何以言之？今天青年或者未讀古書，於心有疚；你告訴他，古書讀不得，因為有毒，豈不是使青年對自己說：幸我未讀古書，幸哉我未中毒！論孟讀也未？未也。於是恭喜！

「每思今人，思想龐雜，流於片斷零碎，對於我國文化，信心未固，見諸行事，便失大國風度，據我觀察，不平等條約雖然取消，不平等心理未改。因其未改，侍奉洋人越殷勤，越引起洋大人的輕蔑。西洋最要人自尊，看得起自己，你越自菲薄，越招外侮。這於近年來中外接觸的事件上，處處可見。吾嘗謂東方之道，讓然後得；西方之道，攘然後得。鞠躬雅事也，但對西方人萬萬行不得；你鞠躬時，他從你背後一抽，你怎麼辦呢？倨傲不遜與叩頭謝恩，兩事都行不得，都不是大國之風！妄自誇大與妄自菲薄，都不是大國之風度。最要於與外人接觸時，有自尊心，不必悖慢無禮，也不必卑恭逢迎，不卑不亢，是為大國的風度。事有必爭便須爭，若十九世紀半殖民地心理未解除，怕得罪洋大人，便一切外交無可辦。」

這篇演講詞發表以後，反應極好。大家對這篇中肯的讜論讚不絕口，認為是一篇切中時弊的傑作。但是左派仁兄生氣了，首先向語堂開火的，是左派文藝的「生神」（因魯迅被共黨文人稱為「死神」）郭沫若。他指責語堂叫青年讀古書，自己卻連易經也看不懂，而英語也不好。左派的嘍囉們也跟着上陣助威。《新華日報》連續刊出兩篇攻擊語堂的短文，說他「老調子還沒唱完」。田漢、秦牧也寫了所謂諷刺文章。

在左派作家圍剿語堂最激烈的時候，有一天，他由重慶抵達桂林。那時，一位記者與他晤面，因此就他們「論戰」的經過，請語堂發表意見。語堂說：「郭沫若的文章，根本是歪曲的，謾罵的。他們那般人，天天勸青年不要讀古書，說古書有毒，三國、水滸傳裡忠孝節義的話有毒，其實他們還不是天天看線裝書麼！我說要讀古書，就是希望我們知道自己固有的文化。我的英語好不好，只有讓英國人、美國人，總之是懂得英語的人去批評，郭沫若是沒有資格批評我的英語的。至於讀易經，郭沫若也是讀的，我林語堂也是讀的。我林語堂讀了不敢說懂，郭沫若讀了卻偏說懂，我與他的分別是這一點。」

父親後來對馬星野說，氣節的事，不能不講，士可殺而不可辱，儒家治己甚嚴，而對文人失節的事，看的同寡婦失節一樣嚴重。他說，郭沫若是「集古今肉麻之大成」。

這時，周作人在北平做日本御用的教育官長。父親在西安時遇見沈兼士，沈兼士對他說，中國青年給日本人關在北大沙灘大樓，夜半挨打號哭之聲，慘不忍聞，而作人竟裝癡作聾，視若無睹。父親說：「周氏弟兄，趨兩極端，魯迅極熱，作人極冷。兩人都是深懂世故。魯迅太深世故了，所以為領袖慾所害。作人太冷，所以甘作漢奸。熱可怕，冷尤可怕，這又是放逸文士之所不為。可怕，可怕，可怕。」

父親正式對左派作家反駁，是在他臨去國前所寫的「贈別左派仁兄」的詩：

其一

關山故國動離愁　達巷黨人我心憂
讀易原難聞吠犬　彈琴何必對犂牛
落花無意顧憐盼　流水有情空綢繆
蓮杜高賢酬應劇　我今去也攢眉頭

其二

故國河山尚未還　無暇清理舊新冤
罵街何補國家事　飲醋合該肚皮酸
胸有成竹總宜讓　手無寸鐵可放寬
且看來日平寇後　何人出賣舊家園

其三

文人自古好相輕　井蛙蝌蚪互品評
斷壚缺甃稱割據　跳梁沒水譽奇能
規規若失語東海　適適然驚聞北溟
有識悠然付一笑　蚊雷終究是蟲聲

在四十多年後的今天來讀「且看來日平寇後，何人出賣舊家園」的詩句，再想想郭沫若等人在這期間的所作所為，真令人不勝慨嘆。

第十六章　「兩脚踏東西文化、一心評宇宙文章」

我們從重慶回美國之後，先在紐約市哥倫比亞大學附近的公寓住下。我們三姊妹又回到陶爾頓學校讀書。在一九四〇年，莊台公司出版了「小評論家」專欄文集，名 *With Love and Irony*（《諷頌集》），一九四一年，*A Leaf in the Storm*（《風聲鶴唳》）出版，這部小說描寫抗戰期間一位中國少女在漢口抗日的愛情悲劇故事。在一九四〇年，父親的總收入是四萬六千八百美元，一九四一年，是一萬三千四百元，總財產那時是四萬二千美元，包括在中國銀行的十三萬一千三百八十四銀元長期存款。

父親作品產量委實驚人。一九四二年，他出版了 *The Wisdom of China and India*（《中國與印度的智慧》），由藍登書屋出版。此書介紹中國古代經典，諸如老子《道德經》、《莊子》、《中庸》、《論語》及《詩經》等等，以及印度古代經典。全書長一千餘頁。

到了一九四二年底，他的財產有五萬一千七百元。父親在東河邊八十一街買了公寓，那真是漂亮！公寓分兩層，樓下是他四壁圖書的書房，寬敞的客廳連飯廳及廚房。樓上是三個臥室及一個工人房。那座大廈是由公寓所有人組織的合作社管理。在種族歧視極深的美國，讓一家華人住進去，還要合作社通過才行。附近住著父親的好友，著名樂隊指揮考斯特藍尼斯（André Kostelanetz）和他的妻子，女高音邦絲（Lily Pons），他們最愛吃中國飯，常由父母親帶去吃中國館子。住在附近還有樂隊指揮絲托考夫司基（Leopold Stowkoski）和他的妻子，有名的「可憐的富家女」范德比特（Gloria Vanderbuilt），我們有時見到他們進進出出，還有電影明星馬希（Frederick March），也是父親的朋友。在我們的公寓對面的葛萊西廣場（Gracie Square）的另一端，是紐約市長的官邸。

這時，印度正在爭取自由，父親寫了許多文章，替印度人爭一口氣。在這段時間，他的名望達到高峰，在文壇上提起林語堂三個字，真是誰人不知，那個不曉。一九四〇年，他獲得紐約艾邁拉大學（Elmira College）頒授榮譽文學博士學位。該校校長表揚他說：

「林語堂—哲學家，作家，才子—是愛國者，也是世界公民；您以深具藝術技巧的筆鋒向英語世界闡釋偉大中華民族的精神，獲致前人未能取得的效果。您的英文極其美妙，使以英文為母語的人既羨慕欽佩又深自慚愧。

「我們禱盼您不斷以中英文表達人類高尚的精神、標準，那是人類共同的願望。

「鑒於您的卓越成就，艾邁拉大學得頒贈予您榮譽文學博士學位，備感榮幸。」

（"Lin Yutang—philosopher, writer and wit—patriot and yet a citizen of the world: by the magic of your pen, you have portrayed the soul of your great people to the people of the English speaking world in a way no person has ever done before. In doing so, you have spoken to the people of the English speaking world in their own language with an artistry that is at once their envy, admiration, and despair.

"May your native language and your adopted language forever express humanity's aspiration to preserve the precious values of the human spirit.

"In recognition of your distinguished achievements, Elmira College honors herself in conferring upon you the Honorary Degree of Doctor of Literature."）

一九四二年，新澤西州若特格斯大學（Rutgers University）頒授榮譽文學博士學位給他。一九四六年，父親又獲得威斯康辛貝路艾特大學（Beloit College）的榮譽人文學博士學位。該校校長表揚他說：

「林博士，東方學者，世界文士，您具有國際思想，為中華民族揚眉吐氣，您的卓越不凡的寫作已使您在世界上成為非官方的中國大使。

「基於貝路艾特大學教職員和校董會所授權力，我現在以榮譽人文學博士學位頒贈給您，司儀現在將垂布加在您的學位服上，我謹以文憑呈獻給您並歡迎您成為貝路艾特大學的一員。」

（Dr. Lin—Literate son of the Orient, humane man of the world, internationally minded champion of your people, who through your brilliant writings have becom the universal if unofficial Chinese ambassador, by virtue of the authority, vested in me by the Faculty and Trustees of Beloit College, I hereby confer upon you the degree of Doctor of Humane Letters, *honoris causa*. As the Chief Marshall now invests you with the appropriate hood, I am pleased to present this diploma and to welcome you to the fellowship of Beloit College.）

一九四六年，他應一家書局的邀請，寫了一篇短短的自傳。最後一段「無窮的追求」部分說：

有時我以為自己是一個到異地探險的孩子，而我探險的路程，是無窮期的。我四十生辰之日，曾作了一首自壽詩，長約四百字，結尾語有云：「一點童心猶未滅，半絲白鬢尚且無。」

我仍是一個孩子，睜圓眼睛，注視這極奇異的世界。我的教育只完成了一半，關於本國和外國仍有好多東西是要苦心求學，而樣樣東西都奇妙得很。我一向不在乎別人對我怎麼想，而在這探險程序中也沒有預定的目的地，沒有預定的遊程，不受規定的嚮導之限制。如此遊歷，自有價值。我要遊蕩，便獨自遊蕩。我可以每日行卅里，或隨意停止，因為我素來喜歡順從自己的本能，所謂任意而行；尤喜歡自行決定甚麼是善，甚麼是美，甚麼不是。我喜歡自己所發現的好東西，而不願意人家指出來的。每天早晨，我一覺醒來，便感覺著有無限無疆的地方讓我去探險。大概是牛頓在身死之前曾說過，他自覺很像一個童子在海邊嬉戲，而知識世界在他前頭有如大海之渺茫無垠。在八歲時，塾師嘗批我的文章云，「大蛇過田陌」。他的意思以為我辭不達意。而我即對云，「小蚓度沙漠」。我就是那小蚓，到現在我仍然蠕蠕然在沙漠上爬動不已，但已進步到現在的程度也不禁沾沾自喜了。

現在我只有一種興趣，即是要更明白人生——過去的和目前的，兼要寫人生，多半是在脾氣發作之時，或發奇癢、或覺有趣、或起憤怒、或有厭惡時。我不為現在，甚至不為將來而憂慮，且確然沒有甚麼大志願，甚至不立志為著名的作者。其實，假使成名會攪亂我現在生命之程序，我寧可不要。我現在已是很快樂的了，不願再快樂些。我所要的只是些少的錢致令我能夠到處飄泊，多得自由、多買書籍、多遊名山——偕着幾個好朋友去。

我自知自己的短處，而且短處甚多，一般批評我的人大可以不必多說了。在中國有許多很為厲害的，義務監察的批評家，這是虛誇的宋儒之遺裔而穿上現代衣服的。他們之批評人不是以人之所同然為標準，而卻以一個完善的聖人為標準。至少至少，我不是懶惰而向以忠誠處身立世的。

他為自己曾做了一副對聯：

兩腳踏東西文化
一心評宇宙文章

廈門鼓浪嶼的廖翠鳳基本上沒有變。她是一家的總司令，以宏亮的聲音發令，指揮一切行動，連父親也得聽她的話。一個星期來一次大清掃的女工推著真空吸塵機像坦克車一般轟隆轟隆地向各房間進攻時，連在書房寫作的父親都必須讓她進來。

「啊呀，鳳呀！」有時他說，「等我寫完再讓她清理書房，可以嗎？」

「不行，」她說。「她吸完塵灰之後要洗廚房的地板。」

廚房是母親的活動中心。她愛熱鬧，常請客。她大量買菜，大開伙食。她燒出大鍋大鍋的廈門滷麵，作料是豬肉、蝦仁、香菇、金針、菠菜，是用雞湯熬的。她的燜雞尤其拿手，是用薑、蒜頭、葱把雞塊爆香，再加香菇、金針、木耳、醬油、酒、糖，用文火燜爛。還有廈門菜飯，也很好吃，是將豬肉絲、蝦米、香菇、白菜、菜花、蘿蔔各炒香，再加進飯裡燜熟，吃的時候撒胡椒，加黑醋。她的清蒸白菜肥鴨是有名的，鴨子蒸爛了，吃起來又嫩又滑，連骨頭都可以啜，白菜在鴨油裡蒸爛，入口即化。有時爸爸開車，舉家到唐人街去買中國蔬菜，活雞活鴨，海鮮。清燉鰻魚，清蒸螃蟹都是廈門名菜。至於薄餅，妹妹學會自己烙薄餅皮，我們是要在過年過節時才吃。表姊舜琴常在家裡住。堂兄國榮到賓州華頓商業大學讀書，放假的時候也來家裡住。

父親是「廖翠鳳迷」，母親燒飯的時候，有時他站在旁邊觀賞，他說，「看呀！一定要用左手拿鏟子，炒出來的菜才會香。」母親不會欣賞這種話。「堂呀，不要站在這裡囉嗦，走開吧！」父親就乖乖的走開。他說，大家都要聽媽媽的話。

基本上，在紐約市曼哈頓區東邊八十一街十二樓的公寓，是小廈門。父親雖然是在龍溪縣出生的，但我們都當自己是廈門人。媽媽小時候學的手工她都記得，她教我們剪裁衣料做旗袍，教我們打結做鈕子，教我們滾邊。她也教我們燒飯以及做其他的家務，並且說，女孩子最重要的是乾淨，頭髮要梳得整齊，內衣要常換。無論走路或坐著都要像個淑女。她傳給我們廖家的這套家教，使我們雖然在美國，也能守中國女孩的規矩。

母親把許多孤伶伶的女留學生或是職業婦女請回家吃飯，她們會向她傾訴她們的心底的話，會叫她「媽咪」，在我們家裡感到家庭的溫暖。母親將近五十歲，開始有幾根白髮，但是別在腦後的髻卻一根白髮也沒有。我向她要了幾根白髮，將之編在髻裡。她畫眉毛的技術也不高明，像孩子用蠟筆一般，一筆畫過去，有時畫的左右不平或是開叉，也要我們替她修好。沒有關係，父親覺得她這樣才可愛。他最討厭矯揉造作的女人。何況，不要忘記，她是吉人天相，逢凶化吉，她自己常常這樣說。

趙元任一家住在波士頓，他在哈佛大學執教。他們有四個女兒。他們來紐約的時候，常來看我們。趙太太的嗓門很大，母親的也不小，加上七個女孩子的聲音，時常使元任和父親沒有開口的機會。趙元任總是笑眯眯，靜聽各人的口音，或許在欣賞廈門腔的官話呢。他和父親偶爾通信時，寫的是漢字的英文，例如「狄兒外剃，豪海夫油鬢？」（"Dear Y. T., How have you been?"）父親非常喜歡。這兩位性情溫柔的男子，有許多相似的地方。是不是因為家裡都是喋喋不休的女性，他們開口的時候得不到聽眾，所以觀察力變得特別強，幽默感特別豐富？

母親有一次說，她有個朋友生了「兩個雙胞胎」。父親說，「你不應該說『兩個』雙胞胎。雙胞胎就意思兩個。」

「當然，雙胞胎是兩個，有什麼錯？」

「你可以說一對雙胞胎。」

「一對不是兩個是什麼？」

父親沒話可說。

父親身高五呎四吋，母親身高五呎，兩人站在一起，一問一答，非常可愛。他們時常有像相聲的對白。

抗戰的時候，母親是紐約中國婦女戰時救濟會的會長。辦公室設在骨董商人姚叔萊先生在東五十七街的二樓商店裡騰出來的一小間房間，為國內難民孤兒募捐了不少錢。所有在救濟會工作的婦女都是義務服務的，有時，我在放學之後，也到那裡去打打信。母親的英文不怎麼好，有一次，救濟會為了籌款，組織一個演講會，請來許多名作家。母親身為會長，必須在台上講幾句話。父親替她寫演講詞，她在家裡練習許多次，又由父親改正她的發音，雖則如此，開會那天，我們都替她捏一把汗。等她站起來走到演講台時，我簡直低下頭不敢看。幸虧她講得很好，沒有出錯，我們這才大鬆一口氣。母親意志堅強。林語堂既然是名作家，那麼，她也要做個顯顯赫赫的林語堂夫人。她常常看書，父親不斷地介紹她會喜歡的書給她看。

父親對中國第一女詩人李清照及其夫趙明誠一起讀書的情況羨慕不已。這對夫婦典當衣服，買碑文回家，夫妻相對，賞碑帖或校經籍。

「你想，這是如何的雅致，如何得了的讀書真味！」他說。

父親的理想女人是《浮生六記》的芸娘。他愛她能與沈復促膝暢談書畫，愛她的憨性，愛她的愛美。芸娘見了一位美麗的歌妓，簡直發癡，暗中替她丈夫撮合娶為簉室，後來為強者所奪，因而生起大病。《京華煙雲》中的姚木蘭，在許多方面很像芸娘。

父親最崇拜的女子是明末清初的李香君。他說，「《桃花扇》有一段文章，念起來跟岳武穆的『滿江紅』一樣雄壯。當時在南京聚秦淮河歌妓夜宴情形，大概與安祿山夜宴凝碧池一樣。李香君被迫入宮。她的情人侯朝宗已經出走了。但是李香君一個弱女子能代表東林黨人罵阮大鋮那些魏忠賢的義子乾兒，罵得真好。這雖然是唱詞，是孔尚任的文章，但是讀來沁人心脾。」

「妾的心中事亂似蓬，幾番要向君王控，拆散夫婦驚魂迸，割開母子鮮血湧，比那流賊還猛。做啞裝聾。罵著不知惶恐。

堂堂列公，半邊南朝，望你崢嶸，出身希貴寵。創業選聲容，後庭花又添幾種？把俺胡撮弄，對寒風雪海冰山，苦陪觴詠。

東林伯仲，俺青樓皆知敬重。乾兒義子從新用，絕不了魏家種。

冰肌雪腸原自同，鐵心石腹何愁凍。

吐不盡鵑血滿胸！吐不盡鵑血滿胸！」

父親稱李香君為奇女子，在上海時，他托友人由楊季眉處購得一幅李香君的畫像，掛在書房，使「全室珠光寶氣不復有童騃氣」。他自稱他「終日癡昏。吾求此畫甚久，今得之，一生快事也。」他在畫上並題「歪詩」一首：

香君一個娘子，血染桃花扇子。氣義照耀千古，羞殺鬚眉男子。
香君一個娘子，性格是個蠻子。懸在齋中壁上，叫我知所觀止。
如今這個天下，誰復是個蠻子？大家朝秦暮楚。成個什麼樣子？
當今這個天下，都是販子騙子。我思古代美人，不致出甚亂子。

這幅畫，無論我們去那裡住，他都帶在身邊。他說，他為陳芸和李香君「終日癡昏」。

在《紅樓夢》裡，他最喜歡達練有為的探春。

有一次，報人羊汝德問他，在大觀園裡的男男女女，他最不喜歡誰？父親說：「妙玉，一個色情狂的小尼姑！」他說，妙玉帶髮修行，塵緣未斷，一個青春俏麗的少女，長伴青燈古佛，不免悵對春花秋月，蘊藏著滿肚子的幽怨，而形成了變態心理。他指出，妙玉對寶玉頗有好感，甚至可說有仰慕之情。妙玉好潔成癖，整套的成窰五彩蓋鍾，因為劉姥姥用過一次，她嫌腌臢，不許再拿進庵內，要把它丟了。但是把自己日常用的綠玉斗斟茶與寶玉喝，表明了對寶玉的「另眼看待」。「欲潔何曾潔，云空未必空」，妙玉的獨坐禪床，

「聽見房上兩個貓兒一遞一聲嘶叫」，不覺心跳耳熱，神不守舍，竟至走火入魔。「這個風流小尼姑，耐不得寂寞，」父親對羊汝德說：「最後被強徒劫去，不會不從，因為她內心燃燒著一團火，找不到發洩的機會。」

父親也不喜歡像煞時髦但毫無風趣的美女。在紐約時，有一個朋友請客，電影明星林黛也在座。父親覺得林黛非常俗氣，只會癡笑。

父親一直沒有忘記陳錦端。有時他以作畫自娛，畫的女人總是留著長髮，用一個寬長的夾子夾在背後。我問他，為什麼老是畫這樣的髮型。他說，錦端的頭髮是這樣梳的。他不瞞我們他對錦端的愛情。

父親畢生追求理想，但把握理想卻不容易。身為一個經閱世事人情頗深，近五十歲的人，是不是仍然能夠做一件渾樸的事，而不付出代價？

一九四三年，父親回國時，在西安一所孤兒院裡觀賞孤兒的歌舞表演時，注意到一個十二歲的女童，在台上舞蹈的姿態很優美。第二天她又在台上表演，這次是彈鋼琴。父親覺得這孩子可愛極了。他打聽出她的名字是金玉華。就憑這兩次見到她，他決定領玉華出孤兒院，收她為自己的女兒。玉華有母親有哥哥。父親見了金太太和玉華，對她們表示想收玉華為自己的女兒，並且帶她出國的意思。兩人又驚又喜，同意了。但是，孤兒院的規矩是，父親可以認她為女兒，但玉華不能離開孤兒院。於是，父親認了玉華為女兒，並且供她教育費。

父親說，他自己的女兒在漸漸長大，已經不再像小時一般天真、爛漫，而他家裡一定要有小孩子。他說他沒有領個男孩子，是因為家有女兒已經慣了，他從來沒有想要有兒子。

勝利之後，父親費了九牛二虎之力，終於使玉華到美國。這時玉華已經十四歲，長得眉清目秀，彈得一手好鋼琴。但是沒有料到，有三個因素，使玉華不能在我們家裡住下去。原來玉華的哥哥反對玉華被父親收養，認為這是金家丟臉的事。第二，經醫生檢查之後，我們發現玉華患心臟風濕病，不能醫療，恐怕壽命不長。還有一個原因，是母親大不贊成。父親沒有與她商量，就領了這個女兒來，家裡已經有三個女兒，再要一個做什麼？不是她生的，她不要。於是玉華只好回國，回到她自己的家庭。後來，聽說她長大結婚了，四十歲時去世。

玉華回國，對父親是個大打擊。他的傷心，沒有辦法對人講。在他心靈深處，藏著幾個傷痕，他畢生不能忘懷。但是他戇直渾樸的個性並沒有因此改變。

在那幾年中，父親受到的打擊還有幾個。一九四四年，父親從國內回美後出版的*The Vigil of a Nation*（《枕戈待旦》）揭露國共關係的真相，引來了想不到的攻擊。當時，羅斯福介紹給蔣委員長的政治顧問拉提摩爾（Owen Lattimore）對中共抱好感。美國大使館祕書兼中國戰區參謀長史迪威（Joseph Stilwell）的政治顧問戴維斯（John P. Davis）和謝偉思（John S. Service）對中共都有好評，並且指國軍士氣低落，長官貪汙，政治派系紛爭，無意抗日。美國太平洋學會人士甚至說，兩個中國定必實現，一為國民黨統治區的封建中國，一為中共統治區的民主中國。這些人之中，有許多是同路人，甚至是共產黨員。他們指《枕戈待旦》的報導不正確，更痛罵父親，說他是被蔣介石收買的宣傳員，那位一向捧毛澤東的史諾（Edgar Snow）這時更血口噴人，把父親罵得一文不值。這些左派人士的努力，等於要敗壞他的名譽。有些自命為自由派人士，包括賽珍珠也對語堂懷疑起來。

語堂反擊，在《國家》雜誌發表〈中國與批評中國的人〉一文，駁斥左派人士的批評。

一九四四年，蔣委員長赴開羅會議之後，中國前途似頗光明，其實這是最暗淡的一年。中俄關係繼續惡化，中共的要求不斷擴大，日本大舉進攻，國民黨內部動盪，美國的壓力愈增，要國共密切合作。通貨膨脹極其嚴重。

日本投降之後，父親在中國銀行的十三萬元長期存款已不值分文。三伯憾廬已病歿桂林，外祖父母也先後去世，享年九十。郁達夫在南洋失踪，大約是被日本人弄死。

父親的書大部分已譯成中文。他請黃嘉德譯《生活的藝術》，徐誠斌和自己合譯《啼笑皆非》，徐誠斌譯《風聲鶴唳》，這些都是比較好的中文本，其他有許多濫譯的，都不堪一讀。有時我曾想，父親何以不曾自己翻譯自己的作品。理由是，他的創造力太強，他騰不出時間來作翻譯工作。那些濫譯本，他看都沒有看，要不然，不知道會發多大的脾氣。一九四五年，他開始作《蘇東坡傳》。

勝利之後，許多人來美國訪問或留學。老舍的《駱駝祥子》譯成英文之後銷路非常好，此書也為「每月讀書會」特別推薦。老舍在一九四六年來紐約，曹禺、徐訏、馮友蘭、黎東方、黃嘉德都來了，徐訏和嘉德在哥大研究院深造，是我們家的常客。老舍、曹禺，也與父親頗有來往。一九四六年，老舍和黎東方在我們家吃了聖誕節中飯之後，兩人一起走。史學家黎東方回憶道，他們邊走邊聊。老舍說：「共產黨不是玩意兒，國民黨也不把咱們當人待。」

「話是這麼說，」黎東方說：「咱們還得選擇一番啊。國民黨此時不行，以前不壞，將來局面穩了，可能好轉。」

老舍說：「我得回去，一家老小都在北平。」

過了兩三個星期，他真的回去了。黎東方把這消息告訴父親，父親大半天沒有說話。父親對老舍的作品是欽佩的。他認為「老舍是極少數能寫道地京話的一位作家，他的文筆有北方的鮮明特色，活潑有勁。」

處在那時的亂世，做人難，交友難，黎東方說：「友人越來越少，而對剩下的少數友人我們也每每愛莫能助。老舍愛家愛國，偏偏缺少社會科學的根柢，甚至政治方面的常識。

馮友蘭不僅有社會科學的根柢，而且是哲學家，也竟然甘心上當。」

父親對共產黨沒有存過幻想。他說：「並不是作家不肯放開政治，而是政治不肯放過作家。」一九六一年他在美國國會圖書館的演講，以〈五四以來的中國文學〉為題。他說：「目前仍在中國大陸的作家早已住了口。要是問我近十年來共產中國產生了什麼創作，我的回答是，『不要想』。我特別懷念老舍，我知道他是個正直君子。我在抗戰時和他在重慶見面，後來又在紐約聚首。我記得他在談政治時的興奮。但是他現在是不作一聲了，他不再罵當權的人們，我不知道他現在想的是什麼。」

在這篇演講，他道出文學的定義和做作家的條件：

文學是個人心靈的表達，研究一個時代的文學也就是研究這一時代的精神，是自信而寧靜的，是富於想像、活力充沛而饒有創造性的，抑或是動盪而迷亂的。而且，我們還要尋求，在社會和政治變化的衝擊下，有沒有產生有深度而成熟的不朽傑作，有沒有作家達到了化境，創造出堪以傳諸後世的瑰品？這似乎懸標太高，但這正是我們所要討論的。縱然對我們同時代的人來下評價，是非常困難的，但我們可以一試。

無論在東方或西方，現代都是一個精神動盪的時代，現代文學和藝術正是這種動盪性的例證。在原子時代和現代藝術之間，有非常密切的關係，還沒有為一般人所認識。藝術家是最先感受舊世界舊信仰分崩離析的人。非再現性的現代藝術，不論是「心視派」或是「立體派」，都給人一種物體分裂的感覺，正好表達出人的心靈的分裂。戴理（Dali）的超現實派作品，只是對邏輯的一種抗議。這種趨勢還會繼續下去，難免到有一天，任何一張現代畫，將和我們所熟識的人物，一無相似。

我衹能說，這類的藝術是試驗性的──太多些試驗性。動盪性本身並不壞，動盪就是活力。我們唯一要問的是，把所有事物打碎解剖之後，又厭棄一切，還會有什麼存留呢？

現代中國，在五四運動（一九一九年）之後，也經歷了一個動盪的時代。我所要問的是，經過這四十多年的動盪，究竟有沒有什麼有價值的東西留下呢？

開宗明義，我要說在前頭，文學永遠是個人的創造。我們總結一個時代，談到這一時代的精神，事實上我們衹能以幾個傑出的作家作為例子，由這些個人中看出時代的精神。

要做作家，就必能整個人對時代起反應。作家和學者不同。學者也會寫文章，作家有時候也從事學術研究。但我們在這裡衹討論作家。因為，鑽牛角尖的學者的作品，和通書沒什麼不同，難以看出個人心靈的活動。他所尋求的衹是事實，不滲入個人的意見。而作家卻全然不同，他個人的情感、愛憎、意見、偏見都會從筆尖溜出。歸根到底，一個時代的文學，衹是一群個人，各自對人生和時代發生反應。

姐姐畢業陶爾頓學校之後，先在哥倫比亞大學選課，在一九四三年，她回國在昆明軍醫署林可勝醫師手下服務。她自從回美國之後，就一直想回國。

一九四四年，我畢業中學。那時耶魯大學的亞洲研究所缺乏中文教員。經過父親介紹，並且經過考試，我變成耶魯大學的助教，父親認為我應該出來社會做事，那是很好的經驗。於是我不再是在海葵媽媽的觸手中游來游去的小魚，我游到大海裡去了。

過了一年，我到上海充任林可勝的英文秘書。姐姐在昆明認識汪凱熙醫師，與他回美國打算結婚，我在上海短短六個月的服務中，家裡起了大變化。誰會料到，姐姐與一個美國同學的哥哥狄克私奔，事情發生在家裡已發出請帖，邀請親友來參加汪醫師和姐姐的訂婚宴會的前一天。這件事對父母親似晴天霹靂，誰也不能了解。狄克的父親是紐約一家廣告公司的老闆，相當富裕，姐姐在去昆明之前已認識狄克，但只是普通朋友而已。狄克是個浪子，在中學時被學校開除，靠父親養，並沒有職業。他長得並不好看，但頗有口才。姐姐為什麼會跟他私奔，真是莫名其妙。從此她過的是不安定的生活，常常遷居。狄克說是想寫作，但並沒有什麼成績。

父母親對這件事，傷心不已。「憨囡仔，」父親說：「怎麼做出這樣的事來？我現在比以前更加疼她。我捨不得。」

每次姐姐和狄克回家，母親就把他們當貴賓，燒出六七樣菜來款待。自己的女兒既然看中狄克，做父母的不喜歡也只好喜歡。「吃，吃呀！」母親勸他們說。只怕女兒不肯回家，只怕女兒不肯回家。

第十七章　發明中文打字機

這時，父親已開始一項一開始即不可收拾的計劃：實現懷藏三十多年的夢想，完成發明一架的中文打字機。誰料到，經過三年，這項計劃終於弄得他傾家蕩產。

由於他寫了一連串七八本暢銷書，他在一九四六年有十幾萬美元財產。於是，他認為，可以動用一部分錢來研究打字機的問題。父親做事，喜歡自己來。以他當時的聲望，如果提出一項計劃，向什麼基金會求助，取得一筆研究費，應該是沒有問題的。但是他沒有這樣做。他沒有估計成本，自己下本錢去製造打字機。他沒有受過機械工程的訓練，但「自小一見機器便非常開心，似被迷惑」，他在一九三一年在英國想製造打字機時的設計圖都還存在。現在他好像著了魔似的，每天早上五、六點起床，坐在書房的皮椅子上，抽煙斗，畫圖，排列了又再排列漢字，把鍵盤改了又改。

父親說過：「一點癡性，人人都有，或癡於一個女人，或癡於太空學，或癡於釣魚。癡表示對一件事的專一，癡使人廢寢忘食。人必有癡，而後有成。」父親癡於發明一部人人可用，不學而能的中文打字機。或可以說，他有勇氣，有決心，實現一個幾乎不可能的夢想。

要有一部人人可用，不學而能的中文打字機，主要關鍵在於有個人人可不學而能用，的鍵盤。他在〈上下形檢字法緣起〉說：

中國字書分部，或以形，或以聲，或形而兼義，大體上可分為偏旁部首與韻書二種。前者以康熙字典，正字通為代表，後者以廣韻、集韻為代表。鄭樵〈六書略〉說得好：「說文，眼學；眼見之則成類，耳聽之則不成類。廣韻，耳學；耳聽之則成類，眼見之則不成類，」說文本是探古之書，推究篆書形體之所由來，並非專為檢字者之便，故以形而兼義，「方以類聚，物以群分；同條相屬，共理相貫；雜而不越，據形聯系。」因此，作探原研究、甚有條理，而急要查字、卻極不便；若以楷書求之，更加不可。於是韻書乃取而代之。所以唐、宋檢字之書皆韻書。徐鍇作《說文篆韻譜》，把說文改為韻書，其兄徐鉉序說文部首之不便翻檢，說得最清楚：「偏旁奧密，不可意知；尋求一字，往往終卷。」這十六字考語，也可以作康熙字典的評語。後來古今音變，廣韻、切韻的分韻部居也不清楚了。一東、二冬之界已泯，二蕭、三肴、四豪何以別，十三元、十四寒、十五刪何以分？這雖然慢慢演化變成平水韻，然在今人用來仍是不便。所以明朝梅膺祚的《字彙》、張自烈的《正字通》，不用分韻，又回到偏旁部首「眼學」的路來，而以說文五百四十部太繁，併為二百十四部。但因為這一併，六書之本義遂亂，於探原檢字，兩皆無當。康熙字典因之，所以也犯了同樣的毛病。（鄭樵把五百四十部，刪去二百十部，合得三百三十部，卻是很有學理的根據：子母分別，截然不亂）

民國以來，學術界不滿於康熙部首而急思改良的人很多。如商務印書館之張元濟、高夢旦、王雲五；中華書局之梁任公、陸費逵、舒新城，對此問題皆有論述。王雲五之四角號碼自不必說，張元濟也歷舉康熙部首分部之不當，（如「興」字「舉」字已入臼部，而「學」字「嚳」字又屬別部，……這種自亂其例的地方甚多。）蔡元培序民國六年拙著〈漢字索引制說明〉說：「其部首有未易猝定者，甚矣檢字之難也。」錢玄同亦謂「其分部之法毫無價值。貌似同於說文解字，實則揆之造字之義，觸處皆是紕繆。」（見拙著《語言學論叢》，頁二七三。）圖書館界尤急求方便的檢字法，如杜定友、萬國鼎都曾提出辦法。餘若陳立夫的五筆檢字法（見辭海舊版）都是。到民國二十二年，已有七八十種新的檢字法出現（見圖書館學刊，三卷四期，杜學知《漢字首尾二部排檢法》書中所引。）梁任公〈中華大字典敘〉講得激越痛快：「六書八體，今皆殊形，由簡之繁，久而愈顯。繩以舊例，詎可盡通。」這是部首不得不改良的原因。

這其中說改良原則最清楚的，莫如教育部國語統一會提出之「絕對性」三字。民廿四年教部國語統一會通過「新部首」，當時有這麼一句話：「部首在右在下者，概不認為部首，以確立檢字之絕對性。」這是極高明的話。檢法若沒有絕對性，可此可彼、依違不定，就無價值。當時國語統一會批評康熙部首，用了十六字考語：『徘徊古今，迷亂本末，檢尋不便，控制無方。』正與徐鉉的十六字考語相符。（當時學人之勇氣及頭腦之清晰，比之今日，令人留戀。）檢字法最怕定例繁雜，更怕一條定例又有幾條例外。絕對性與無例外，這是我們必要做到的目標。必如此然後可以易學易檢。我相信已經做到了。

上下形檢字法，取字之左旁最高筆形及右旁最低筆形為原則。這是一條簡單原則，無論字分左右旁與否，既無例外。又放棄筆順，只看幾何學的高低，故不為筆順所困擾。

他最後研究出的鍵盤如左頁。在電腦未發明之前，語堂想出用窗格顯示有同首末筆的辦法，實在了不起。這架打字機高九吋、寬十四吋、深十八吋，備字七千，七千以上以罕用字可拼印左右旁而成，拼印字可造九萬。每字只打三鍵。字模是鑄在六根有六面的滾軸上。

父親親自到唐人街請人排字鑄模。他在紐約郊外找到一家極小的機器工廠為打字機製造零件，並且請一位義大利籍的工程師協助解決機械方面的問題。這時我在哥大修課，沒有課時常陪他到工廠監督工作的進行。問題層出不窮，開銷越來越大。每件零件以人工製造，在美國需要了不起的費用，但是父親已經投資這麼多錢，實在不能半途而廢。

打字機像嬰兒在娘胎一般慢慢形成，父親終於無法負擔費用。他向華爾希提出要求，請他預支數萬元，沒想到這位多年的老朋友，竟然拒絕這位替莊台公司賺了不少錢的作家的要求。後來，幸虧有父親的摯友，骨董商盧芹齊先生借了一大筆錢，父親又向銀行借錢，這部生產原型才能完成。

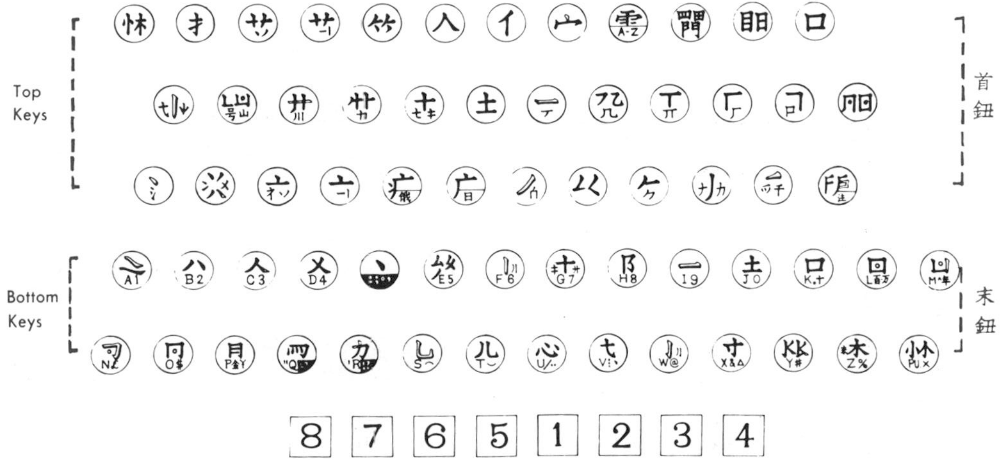

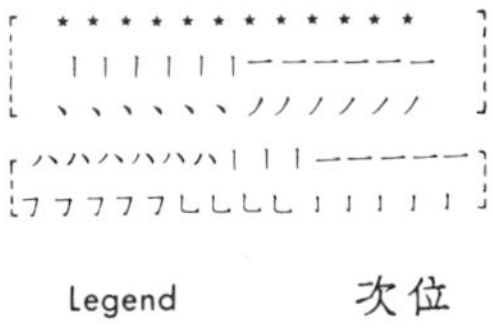

THE KEYBOARD

盤 鈕

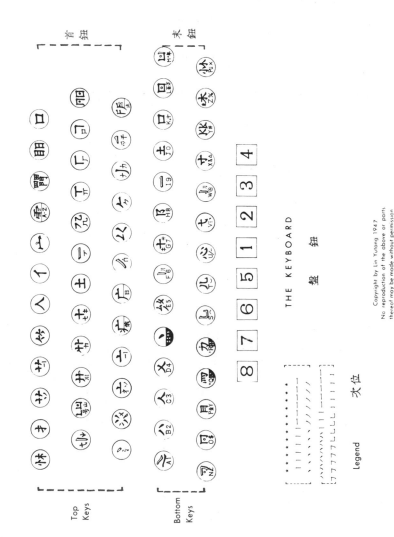

1

In typing a word, press the keys corresponding to the top and bottom of the word (figs. 1-6).

In case of compound tops and bottoms, take the left top and right bottom (figs. 7-10).

Where 口 and 門 serve as tops, take the bottom of enclosed middle part (figs. 11-12).

一

本法依字之首末筆打鈕盤中之首鈕末鈕
首末筆不以寫法先後只以高低爲準（1—10）

字之首末屬複體組成者必取左上右下（7—10）

口門爲首筆時取其中部低筆爲該字末鈕（11—12）

2

After the top and bottom keys are pressed, press one of the eight printing keys, as indicated by the word's image appearing on the screen in the center of the machine.

In a short while, the typist learns to type without looking at the screen, as the most common 900 words are in position 1.

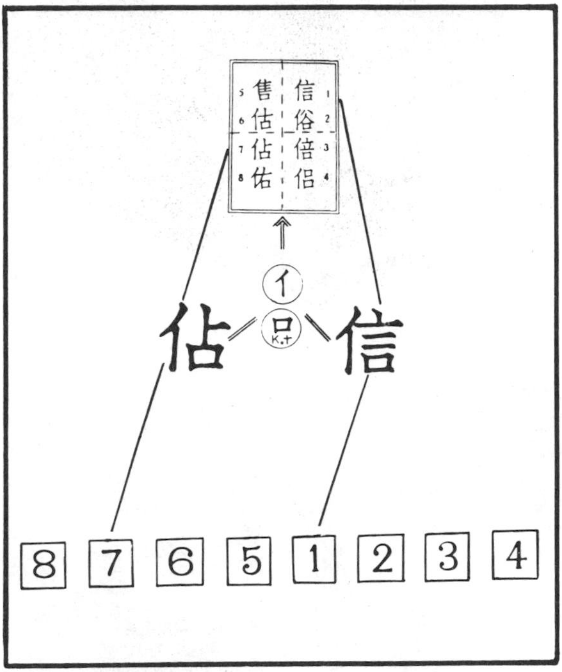

二

既打首末筆後機上窗
格即現所求之字依字
地位號數打該號印鈕
即印成該字

最常用字約九百列於
第一位故打字稍熟時
無須看窗格地位

父親有超人的精神，超人的創造力，使我想到紐約泰姆士廣場一千隻亮燈泡的廣告，燦爛得令人炫目。可憐的母親，眼見多年的儲蓄化為烏有，焦慮至極，夜裡失眠。結婚這麼多年，她深知他多面的個性。在某些方面，他很隨和，對某些事，他卻意見強烈和固執。發明打字機弄得傾家蕩產，便是他固執的結果。

在打字機將近完成的時候，父親請律師向美國專利局申請專利。專利書長八萬多字，附有三十九幅藍圖，都由父親審閱。他在一九四六年四月十七日申請，一九五二年十月十四日才批准。這時，父親向許多公司接洽，希望找到一家肯大量製造打字機的公司。

終於在一九四七年五月二十二日早上十一時，父母親和我小心翼翼地把「明快打字機」從工廠抱出來，就像從醫院抱嬰兒回家一樣。我們把它安置在客廳一張桌子上。這個寶貝實在可愛。雖然它是十二萬美元換來的，雖然它使我們背了一身債務，但是父親這個嘔心瀝血之創造，這個難產的嬰兒，是值得的。我坐在打字機前面練習打字時，感到它是個奇蹟。父親叫我隨便撿起一張報紙就照打，開頭不管打得快慢，我只要看見字就打得出來，已經是了不起的成就，就像打英文打字機時所謂 **hunt and peck**（尋到鍵鈕就打），不必受訓練。這部打字機當然不是完美的，打起字來聲音很大，有時也會跳行，但這些是小問題。要緊的是，父親的發明成功了！

不久之後，在一個傾盆大雨的早上，父親和我提著一個包著油布的木箱，從我們的公寓搭計程汽車到雷明頓打字機公司在曼哈頓的辦事處。木箱裡就是我們的寶貝打字機。這天早晨，我的任務是示範打字。在一個靜肅的長方形會客廳坐了十幾個雷明頓公司的高級職員。打字機放在會客廳一端的小桌子上。我則坐在它前面。

父親開始對這些美國人作簡單介紹。全世界的人有三分之一使用的文字是漢字或一部分是漢字，如日文韓文，但是迄今沒有良好的中文打字機，原因是漢字的複雜性。一般人用的商務印書館中文打字機有個字盤，盛著二千多常用字粒，別的字則按照使用頻度放在四個別的字盤，假如要用的字不在常用字盤，打字員便需要在其他字盤裡找。使用打字機要六個月的訓練，而訓練後打字的速度，也不過和用手寫差不多。中國自從發明文字筆墨和紙張以來，抄寫的方法不曾有過重大的改變。

但是現在他林語堂發明了一部只有六十四鍵的，任何人不受訓練也可以打的打字機。每字只按三鍵，速度每分可達五十字。最常用的九百字都佔第一字位，打字員熟悉鍵盤之後，不看它也可以打字，即有以憑觸摸打字（touch type）。人物，如父、母、兄、弟、姐、妹、伯、叔等，都佔第五字位，姓，佔第六字位，打字員也無須參考窗格顯示的字。

父親說完之後，便指示我開始打字。在眾目睽睽之下，我開電鈕，按了一鍵，打字機沒有反應。我再按一鍵，還是沒有反應，我感到尷尬得不得了，口都乾了。又再按一鍵，也仍然沒有用。父親趕快走到我身邊試打，但是打字機根本不肯動。會廳裡一片肅靜，只聽見一按再按的按鍵聲，然而這部打字機死也不肯動。再經過幾分鐘的努力，父親不得不向眾人道歉。於是我們靜悄悄地把打字機收入木箱裡，包在濕漉漉的油布裡，狼狽地退場。不知道那些人心裡在想什麼？林語堂是個「瘋癲的發明家」嗎？

外面還在下大雨，好不容易叫了計程車，一路回家，我們想不出什麼話說，怎麼搞的？在家裡這部打字機明明打得很好的嘛。父親已經安排好，第二天要開記者招待會介紹他所發明的打字機。難道要取消？該如何向人解釋？

到家之後，父親倒相當鎮定。他打電話給工廠的機械工程師。那人來到，拿一把螺絲刀，不用幾分鐘就把打字機修理好。我們這才鬆了一口氣。

第二天開記者招待會，一切順利，各大報以大篇幅刊登林語堂發明中文打字機的消息。父親指著打字機說，「這是我送給中國人的禮物。」我們家並一連開放三天，歡迎各界人士來參觀。來參觀的有我國駐聯合國軍事代表團團長何應欽將軍。他致函父親說：「明快打字機是第一部無須記得字位或字碼，甚至無須看鍵盤即可打字的打字機。這特色僅僅是該打字機許多明顯的特色之一，但只憑這個鍵盤，明快打字機已經比其他所有中文打字機高明。本人誠摯向所有用漢字書寫的人推荐。」原來在這時候，也有別人在發明中文打字機，但是打字員要事先記住字碼。

語言學家趙元任寫信說：「語堂兄，日前在府上得用你的打字機打字，我非常興奮。只要打兩鍵便看見同類上下形的八個字在窗格出現，再選打所要打的字，這是個了不起的發明。還有個好處是這個鍵盤不用學便可打。我認為這就是我們所需要的打字機了。」

適在紐約訪問的外交部長王世杰說：「我對這部打字機的簡易打法非常驚奇。這不但是中文打字機的改良，而且是極有價值的發明。」這類的讚許不勝枚舉。

除了要人之外，當然也有許多中國留學生，商人，唐人街的華僑等等。他們圍著我，手裡握着紙片，上面寫著要我打的字，「林小姐！林小姐！」地叫。我大概把那些字都打出來了。參觀之後，賀電、鮮花紛紛湧到。那真是熱鬧！我對父親的發明略有一點幫助，覺得這部打字機就像我自己一部分似的，非常引以為榮。

哪知道，那位父親僱用的意大利籍工程師看見這項發明轟動文化界，以為有利可圖，居然來了一封掛號信，說這部打字機是他發明的，如果父親不承認這項事實，他將要打官司！我們收到這封信之後，簡直目瞪口呆。這個一個漢字都不識的工程師居然有這種異想天開的念頭！父親不得不找律師對付他。

「明快打字機」雖然得到嘉許，但是父親背了一身債，我們怎麼辦？記得有一天我從學校回家，看見母親在哭。父親雖然與許多公司接頭，但是不可能很快有結果。中國內亂，現成的市場無此把握，這些公司不敢進行製造。

有一天，父親和我坐在一輛計程汽車裡，父親還在把玩一個紙型鍵盤，得意地說：「我這個打字機的發明，主要在利用上下形檢字法的鍵盤，其他機械上的問題是不難解決的。」

「那麼，你假使只把漢字照上下形檢字法分類，弄個紙型鍵盤，像你手裡拿的一樣，不就可以向人推銷嗎？」我戰戰兢兢地問：「當時有沒有製造模型的必要？」

他看了我一下，輕聲說：「也許不造模型也可以推銷。但是我忍不住，我一定要造一部打字機，使我可以真正的打字。我當然沒想到要花那麼多錢。」

這時，碰巧政府駐聯合國教科文組織代表陳源來訪，他請求父親同意，向該組織提名，任美術與文學組主任一職。以父親的聲望來說，應該是沒有問題的。父親為了那份薪水，答應了。父母親賣掉紐約的公寓和傢俬，以還一部分債款，和妹妹前往巴黎。我留在紐約讀書。他們離美之前兩天，家中正在忙亂，傢俬大部分已為人搬走，忽然來了一封美國稅務局的信，通知父親要繳納積欠的所得稅三萬多美元才能離開美國。父親看了信，拍着額堂大聲叫道：「我的天呀！」我這才看到他萬分焦慮的神情。後來，又向盧芹齋先生借錢，並領了*The Gay Genius:The Life and Times of Su Tungpo*（《蘇東坡傳》）的部分版稅，他們才得以啟程前往巴黎就任。

一九四八年五月十八日，默根索拉排字機公司（Mergenthaler Linotype Company）和父親簽合約，研究製造打字機的可能性，為期六個月至兩年，每六個月付父親五千美元。這個數目雖然不大，但是父母親因此受到極大的鼓勵。

第十八章　在聯合國教科文組織

「世界上只有兩種動物，一種只管自己的事。另一種管別人的事。前者吃草或素食，如牛、羊及用思想的人是。後者屬於肉食者，如鷹、虎及行動的人是。其一是處置觀念的；其他是處置別人的。我常常欽羨我的同事們有行政和執行奇才，他們會管別人的事而以管別人的事為自己一生的大志。我總不感到那有什麼趣味。是故，我永不能成為一個行動的人，因為行動的意義是要在團體內工作，而我則對於同人之尊敬心過甚，不能號令他們必要怎樣怎樣做也。我甚至不能用嚴厲的辭令，擺尊嚴的架子以威喝申斥我的僕人。我羨慕一般官吏，以他們能造成幾件關於別人行動的報告，及通過幾許議案叫人要做什麼，或禁止人做什麼。他們又能夠令從事研究工作的科學家依時到實驗室，每晨到時必要簽名於簿子上，由此可令百分之七十五分三的效率增加到九十五分五。這種辦法，我總覺得有點怪。

個人的生命究竟對於我自己是最重要不過的。也許在本性上，如果不是在確信上，我是個無政府主義者，或道家。」

父親這麼寫過。在聯合國教科文組織他做了「行動人」。開會討論問題，通過議案、寫備忘錄、應付人事問題，準時上下班，他實在吃不消。下午回家，他躺在沙發椅上，動也不能動。

我在哥大認識黎明，一九四九年初我們到巴黎舉行婚禮。他是廣東梅縣人，中山大學畢業，在哥大取得碩士學位。他父親早年到印度洋毛里求斯島做生意，家裡有許多人在那裡。

我看見爸爸時，不覺吃一驚。他老了瘦了許多，頭髮開始禿頂。這時他五十五歲。他在巴黎倒交了一位好友，那便是《中國科學與文化史》作者，身材魁梧，滿頭白髮的英國人李約瑟（Joseph Needham），兩人一見如故。李約瑟在參與聯合國的計畫，設立一個文化教育機構時，說這機構應該也包括科學。他的遊說奏效了，那時他任該組織副處長，主管科學部門。

李約瑟住得離家裡很近，隨時都會來吃便飯，與父親討論學問。他和他的女助理魯桂珍和父母有時到巴黎郊外遊玩，晚上住在旅館裡打橋牌。

父親在教科文組織工作感到疲勞不堪，於是提出辭職，從巴黎搬到法國南部坎城盧芹齋的別墅小住，恢復寫作生涯。那別墅叫做「養心閣」，位在山坡上，看得見地中海的碧水在地平線上閃光。盧芹齋的太太是法國人，他們有四個女兒。他所設計的別墅有房間給四個女兒夫婿孫子住，但是芹齋自己為事業忙碌，經常在巴黎或紐約，四個女兒各有自己的家，誰也不來「養心閣」住。那漂亮的別墅由一對夫婦照顧，男人是園丁，其妻是女僕，倒便宜了他們的小女兒，享受盧氏自己的外孫沒有享受的碧岸溫暖如春的好天氣，整天在花園裡玩。

花園裡有棕櫚，處處是彩色鮮豔的九重葛，有胭脂紅的、紫玫瑰紅的、銅橙色的、磚紅色的、杜鵑紅的，蜜蜂在其間嗡嗡作響。有一次，午飯後，我們在花園裡曬太陽，我不知道為什麼，突然問父親：「人死後還有沒有生命？」父親是我的活百科全書，我隨時可以對他發個問題，譬如，佛教是什麼意思？他會花五分鐘時間答覆，說得頭頭是道。

這時，他堅決地說：「沒有。你看這花園裡處處都是生命，大自然是大量生產的。有生必有死，那是自然的循環。人與蜂有什麼分別？」

他又引一首蘇東坡的詩：

人生到處知何似
應似飛鴻踏雪泥
泥上偶然留指爪
鴻飛那復計東西

「誰也不能說生命中有童年、壯年、老年不是美妙的安排，」他這麼寫過，「一天裡有清晨、中午和黃昏，一年中有不同的季節，這都是好的。生命中無所謂好壞，只能說在人生的各別時節什麼是好的。假如我們接受這種生物學的看法，又設法按照生命的時序來生活，那麼，只有狂妄自大的人，或無可理喻的理想家才會究詰我們可以渡過和詩一樣美麗的一生。」

他這些話給我印象很深。我見到他雙鬢斑白，目光炯炯，不覺一時感到非常淒涼，甚至恐怖。我不要時光流逝，我不要人長大變老，我要一直活在現在。但是我應該知道，這是不可能的，在我胎裡的嬰兒正在形成，時光是無法停止，無法把握的。

「人生既然這麼短暫，那麼，活在世界上有什麼意思？」我問。

「我向來認為生命的目的是要真正享受人生，」他說。「我們知道終必一死，終於會像燭光一樣熄滅，」他這麼寫過，「是非常好的事。這使我們冷靜，而又有點憂鬱；不少人並因之使生命富於詩意，但是最重要的是：我們雖然知道生命有限，仍能決心明智地，誠實地生活。」

他又說，「蘇東坡逢到悲哀挫折，他總是微笑接受。」也許他要說，這也是他的態度。他這時還欠人許多錢。

母親經過這幾年的波折，變得有點嘮叨，每天重複地說，「我們沒有錢了，我們欠人家錢。我們從這裡搬走之前，一定要把椅套洗乾淨還人家。」從這裡搬到哪裡呢？在紐約的公寓、傢俬都賣掉了。他們所有的僅是衣服和書。

總有數千本書吧！那是無論他們到哪裡都要跟著走的。父親設計一種木箱，疊起來便是書架。他起碼總有二十多件這種木箱。她一想到那些書要搬就頭痛。

父親喜愛法國南部的風光。他在這靜逸的環境中，口含煙斗，看海光山色，又想到童年時與自然接近的時光，那是他一生智識和道德信仰的有力後盾。他喜歡在傍晚坐在露天咖啡室喝一杯濃咖啡，或在岸邊看漁人的船滿載而歸。這裡有便宜新鮮的魚蝦、蔬菜、水果。他深想過著恬淡簡樸的日子。在法國，生活費比美國低，他想在這裡租個簡單的公寓，繼續寫作，做個自由人。

他抓住母親的手對她說：「鳳，我們從頭來過。你別擔心。我這枝邋遢講的筆還可以賺兩個錢。」

有鳳在身邊，有他的書，父親在哪裡都可以寫作。我在坎城生了「全世界最乖的小妞」（父親說的）之後，便和黎明、小妞去毛里求斯探親。父母親到瑞士小住一段時間，但發現瑞士要納的所得稅奇高，所以又搬回坎城，租了一個小公寓住。但母親在那裡覺得太冷靜，又掛念女兒，所以後來他們又搬回紐約，在Riverdale租了公寓住，樣樣從頭來過，傢俬、窗簾，什麼都須買。這時，妹妹在紐約市哥倫比亞大學巴納德書院就讀。

父親在坎城寫了 ***Chinatown Family***（《唐人街家庭》），那是個輕鬆的故事，又作 ***The Wisdom of Laotse***（《老子的智慧》）及 ***On the Wisdom of America***（《美國的智慧》）。《老子的智慧》是一本「現代叢書」，但「美國的智慧」銷路並不好。慢慢的，他把欠盧芹齋和欠銀行的錢還清。

一九五一年九月六日，在發明打字機四年之後，父親與默根索拉公司簽約，將打字機的專利賣給他們。簽約的時候，該公司付給父親二萬五千美元。假使製造中文打字機，該公司將付每部定價百分之五的版稅。父親將「明快打字機」借給他們研究，自己保留鍵盤的文學財產（**literary property**）的所有權。但是由於打字機的零件複雜，賣價至少在一千美元以上，又因為這時中國大陸已變色，他們沒有進行製造。

父親得二萬五千元之後，付了一大筆律師費。他一共有二萬元財產。

這時，美國空軍正在從事研究華英翻譯機器。經過多方面的資詢研究，他們指定必須用父親發明的鍵盤，交與萬國商業機器公司（**IBM**）研究製造。一九六三年夏，該公司展覽一部中譯英機器，但是能翻譯的數量甚少。

後來，研究這項計畫的人脫離**IBM**，轉入波士頓的愛特克公司（**Itek**）。該公司即得美國空軍之繼續支持，仍然指定用父親發明的鍵盤，於一九六五年造出電子翻譯機所必用的「輸入」中文打字機。此機不但能打一萬零五百漢字，且同時打出穿孔紙帶，可為一切電傳機器之用。打字員都是美國人，但是他們不必認識漢字便可以用這鍵盤，因為使用上下形檢字法鍵盤只須靠視力判斷首末筆。

但是中文譯英，必先知道什麼是一個辭，因為中文不是以單字構成。飛機、電話、雖然、現在、問題、答案、會議等等都是多音辭。當時因為中文辭字之單位未定，根本談不到詞類文法，又沒有中文語句構造的原則，可以告訴電子機器。然而，做照相排字機、電傳打字機、鑄版機，都可適用穿孔紙帶，造成機器。愛特克公司是光學及照相專家。這機器以兩吋見方的面積，可容一萬零五百字，放大之後，清清楚楚，所以照相排印毫無問題。

默根索拉公司由於允許**IBM**和愛特克公司使用明快打字機鍵盤，根據他們與父親的合約，共付父親一萬美元。

一九六六年，父親應聘為香港中文大學研究教授，主編《當代漢英詞典》。這部詞典編排漢字所用的就是「上下形檢字法」。這時我也住在香港，任《讀者文摘》中文版總編輯。有一次到美國旅行，很想把那部「明快打字機」原型找回來。我打了許多電話，終於和一位工程師接通了。他就是該公司多年前負責研究這項發明的人士之一。我說明了我的要求之後，他叫起來：「啊呀，你來遲了三個月！」他說。「那部打字機一直放在我的辦公室，放了十幾年。三個月前，我們公司從布克林區搬到長島。我的辦公室堆積的東西實在太多了。我把許多東西，連你父親發明的打字機在內，丟出去了。」

我聽了嚇了一跳。「丟到哪裡去了？」

「丟到垃圾站。」

「會不會有人撿去呢？會不會有人看中那漂亮的木箱，撿去了？」

「可能性不大。」

「我可否在貴公司的告示板貼個廣告，懸賞若干元，以求追回那部打字機？」

他笑了。「我想是沒有用的。垃圾車早也把它收去了。」

一九六七年，父母親回台灣定居之後，向內政部申請並獲得「上下形檢字法」專利。再過十多年，在一九八〇年代，電腦時代開始。有了電腦，中文打字機在機械方面的問題都免了。以中文電腦來說，主要問題是「輸入」，也就是漢字檢字的問題。在短短十幾年，電腦的發展迅速得用電腦打漢字，已是司空見慣的事。但是在今天，漢字輸入法仍然不能統一。這十幾年來，在台灣、大陸、香港、美國、英國、新加坡等地的人士，研究出二百八十多種輸入法！簡單的說，這些輸入法可分成三類：一、大鍵盤，即用商務印書館的打字機鍵盤，以康熙部首分類。早期的IBM中文電腦，有二百四十八個鍵，其中二百十六「資料鍵」每鍵可打十二個字，總共等於二千五百字，其他的字則用號碼輸入。二、號碼輸入。

這個辦法的缺點很明顯，除非受過訓練，沒有人能輕易地記得數千字的號碼。第三，以圖形分類。有人認為，漢字是以二百三十五部分組成的。有人認為是以二百二十部分組成。國立交通大學研究出的中文電腦有五百十二鍵。台灣大學的有一千零二十四鍵。

還有些人研究出的辦法，是以國語注音符號輸入，或以普通話的發音，或以拚音，或以筆順輸入。

許多中文電腦專家認為，惟有圖形輸入能使大眾普遍使用。大鍵盤不必說，號碼輸入難以記得，用發音輸入也行不通，因為中國人方言很多，沒有多少人能正確說國語或普通話。筆順也靠不住，因為有許多字的筆順不能確定先後。

以圖形輸入的中文電腦，現在最普遍的有宏碁公司的倉頡輸入法，和父親的「上下形檢字法」。一九八五年，妹妹和我授權神通電腦機構，應用父親的「中文上下形檢字法」於中文電腦產品。神通稱這輸入法為「簡易輸入法」，並以「兩個鐘頭學不會請吃一碗牛肉麵」為宣傳方式，來證明簡單易學。神通電腦產品的鍵盤，鍵鈕的數目與普通英文打字機相同。「簡易輸入法」也許不是盡善盡美的方法，將來可能有改進的餘地，但是我認為，到目前為止，它是最好的輸入法。那時，父親已過世九年，我能替他完成他的夢想，使他的發明能充分發揮作用，令我深感欣慰。

第十九章　書生本色

一九四九年，蔣介石總統退處台灣。十月，毛澤東在天安門宣布「中華人民共和國」成立。父親在海外讀到消息，熱淚滾滾而下。在五十年代初期，在美國的中國知識分子吃盡苦頭。本來要在學成以後回國的留學生困在美國不回去了。許多人都謀生乏術。顯赫的黨、政、軍、學各界要人，也處於難境。要得以長期居留身分，有四十多歲的太太們從子宮裡強逼出個小美國公民來。部長、將軍、學人有的開飯館，有的辦養雞農場。

黎明和我從毛里求斯回美之後，最重要的是找一份工作。談何容易！他的同學，有的在飯館洗碗，有的當男僕，有的經不起國內變遷，或與家人失去聯絡，焦慮過度，住入精神病院。

這時，海內外中文讀品極少。我們和父親商量，各投資一點錢，辦一份文藝性，有點像《西風》的月刊，名《天風》。編輯工作大部分在家裡做，營業方面，借了《中央日報》在唐人街的辦公室裡一張枱子。在籌備就緒的當兒，黎明考入聯合國任翻譯。在當時，這是金飯碗。那麼一來，《天風》的大部分工作，從編輯、校對、發行到包裝，幾乎都落在我一個人頭上。我把兩歲的妞妞送到托兒所，每天早上在家裡處理稿件，並且翻譯文稿以充實《天風》的內容，下午便搭地道車從一百十街轟隆轟隆地趕到唐人街，辦完公事再搭地道車回到我們的公寓附近，把妞妞接回家。妞妞時常傷風，她一傷風我就不能去辦公了。父親看我忙得不可開交，也來幫忙，捲起袖子包雜誌，開車送到郵政局去寄。

《天風》由父親任社長，特約撰稿人有胡適、簡又文、謝冰瑩、徐訏、熊式一、黎東方、李金髮、沈有乾、高克毅、陳香梅等。唐德剛、劉厚醇、蕭瑜、蔣彝、楊聯陞等的文章，都常在《天風》發表。這些作家，有的在美國，有的在英國或香港。

胡適先生在普林斯頓大學任東方圖書館館長為期兩年之後，便搬到紐約，住在東邊小公寓。有時雙親與我一同去看他。胡先生的風采，令我難忘。他和父親有許多相似的地方，兩人都平易近人，笑逐顏開，兩人都是不可救藥的樂觀者。那時，大陸上「批胡運動」正在如火如荼地進行，胡先生被他們罵得狗血噴頭。胡先生不提這件事，指著滿壁的書，對父親說，他在寫《中國哲學史大綱》下冊。

胡先生和父親都極重道義和人情，父親在外國留學時因為官費停止陷入困境，是胡適以北京大學的名義匯了二千美元使他能繼續讀書的，但胡先生卻從來不曾提這件事。而父親一直到他八十高齡時都對這件事念念不忘。他們在學術上或創作上的成就使他們聞名世界，外國人對中國的認識多多少少都受他們的作品的影響，而兩人從不彼此競爭。胡先生對父親始終保持「大哥」的態度。父親發明中文打字機之後，有許多人說閒話，說語堂這次又發大財了，（那即使是事實，又有什麼罪過？）還是胡適出來說「公道話」，叫人家不要胡說八道，語堂為了發明打字機弄得傾家蕩產。

父親在一九五一年，出版 ***Widow, Nun and Courtesan: Three Novelettes from the Chinese***（《寡婦、尼姑、歌妓》）是節譯老向的〈全家莊〉，劉鶚的〈老殘遊記二集〉、加上改寫的〈杜十娘〉一書而成。一九五二年，他出版 ***Famous Chinese Short Stories: Retold by Lin Yutang***（《英譯重編傳奇小說》），該書收唐代著名的傳奇二十篇，以現代西洋短篇小說技巧予以改寫。語堂自言：「這是我精心結撰之作，故事是重編，不是翻譯。」這些書雖然不如《生活的藝術》等書暢銷，但銷路也不錯，一九五五年，他出版 ***The Vermillion Gate***（《朱門》），這本書係描寫回疆的故事，與《京華煙雲》、《風聲鶴唳》二書，構成三部曲。這本書又高據暢銷書排行榜。

在這時候，父親有個重大的發現，那便是，這麼多年來，莊台公司給他的版稅不公道。

一般說來，一本書的海外版及外文翻譯版的版稅，原出版公司只抽百分之十，而莊台公司居然抽百分之五十。不但如此，一本書的版權應該是屬於作者，而父親由莊台公司出版的書的版權均屬於莊台公司。他怎麼會在出版這麼多書之後，才遲遲發現這些事實呢？因為正如郁達夫所說，「唯其憨直，唯其渾樸，所以容易上當。」父親的作品都譯成十多種不同文字，許多非常受歐洲南美歡迎，尤其是在巴西，那裡看葡萄牙文林語堂作品的人特多。他的書在英國由海尼門公司（**William Heinneman Ltd.**）出版，銷路極其可觀。以這麼多海外版的版稅計算，父親實在吃了不少虧。賽珍珠和華爾希是他的好友，是他們鼓勵他用英文寫作的，多年來他們並且對他的作品提供寶貴的意見，或許，華爾希因此認為父親作品的外文翻譯版稅，莊台公司應該收取比平常多。但是，他所做的，是任何好編輯應該做的事。況且，賽珍珠和林語堂是莊台公司的台柱，父親替它賺了許多錢。但是華爾希是個善做生意的人，而父親是非常瀟灑，帶幾分書生本色，華爾希要怎麼樣就怎麼樣，大家是朋友，毫不計較就簽合同了。「過了一二十年才發現朋友開書局也是為賺錢的。」

父親不易發怒，一怒則大怒特怒。他請律師辦手續將他所有的書的版權劃歸自己。他和華爾希、賽珍珠鬧翻了，華爾希夫婦大感驚奇，賽珍珠打電話給我問道：「你的父親是不是瘋了？」我也不好說什麼。

寫作是辛苦的，我們怎麼不知道？有時我比喻作家為牛，作品為擠出來的牛奶，出版商為出賣牛奶的人。一般來說，在英美，作家都有經紀。一個新作家想出版書，首先要找到肯代表他的經紀。這一關就不容易過。經紀如認為作品出版的機會不大，他不會肯在它上面花時間的。一旦有了經紀，他便會把作品送給出版公司看，一本書被退回十幾次是很平常的事。但是假使有一家公司願意出版了，那麼經紀會替作家取得公道的條件才簽合約。經紀本人則抽作家所得版稅的百分之十。父親因為與華爾希和賽珍珠有特別關係，所以沒有找過經紀，不料因此吃了虧。

父親和莊台公司分裂的消息一傳出去，他無須找經紀，別的出版公司便紛紛來找大名鼎鼎的，或是說，從他的作品可以賺錢的林語堂。在海外，他委任蔻蒂斯・布朗（Curtis Brown）這家在英國的大經紀公司替他與出版公司接洽。在美國，他沒有找經紀，因為他現在知道了什麼是公道的條件。出版業和別的業務沒有大不同。書籍雖然不像白菜那樣論斤出賣，但是名牌作家的產品和名牌公司的牛奶一樣，有現成的市場，因此出版公司肯下資本，登廣告，及作特別的宣傳。名牌作家的書未必每本都是好書，而沒沒無聞的作家也可以寫一本好書，但是沒有人注意，有位作家抱怨道，「就像大家庭的閨女產生了私生子一樣，我的出版公司儘量不讓人知道我寫了一本書。」美國一年出版數萬本書，報紙刊物不能對每一本都寫書評，所以即使一本書獲得壞的書評，也比沒有書評好——起碼有人注意。

父親寫作的秘訣是什麼呢？說起來好簡單：他把讀者當真朋友，句句是肺腑之言，使讀他的書的人感覺「林語堂在對我講他的真心話」。在他接受中央社記者黃肇珩的一次訪問時，黃女士問他，英文和中文的創作在文字上的表達有什麼不同？他說，「英文用字很巧妙，真可以達到『生花妙筆』的境界，英文可以語大語小，能表現完全的口語化，因此，往往能感動人，一些看起來很平常的語句，卻能永遠留在人的心底。」

談到中文寫作，他很沉痛也很坦白指出：到此刻為止，中國的文學觀念還是錯誤的。最可怕的是「今夫天下」這一類利國利民的文章體裁，和文以載道的傳統觀念。他深深記得在他十歲那年，老師出的作文題目：「鐵路救國論」。他說，今天，我們的文章仍無法跳出這個圈子，「這真要命」。

「我們從小念史記、左傳，就有『作文章』這個觀念，彷彿一篇文章讀起來可誦可歌，可以一唱三歎，才叫文章。」他認為：「『作文』這兩個字，就害人不淺，大家因為要『作文』，因此以為需要特別技術，文字必須有別於說話，自自然然的國語似乎不夠表達意思，常常要掉文舞墨，堆砌詞藻。」他捧出「清順自然」四個字，贈給有志寫作的同胞，他要大家在提筆時，先拋開「作文章」這個觀念，好好的、規規矩矩的用自然的國語，表達自己。「白話是活的言語，是我們天天不斷說出來的，所以非常有力量。」

父親在紐約時的消遣是釣魚。他說：

釣魚常在湖山勝地，林泉溪澗之間，可以摒開俗務，怡然自得，歸復大自然得身心之益，英國十七世紀釣魚名著，*The Compleat Angler by I. Waltom*列入文學，就是能寫到釣魚時林澗之美，自然之妙。其書又名為*The Contemplative Man's Recreation*，意思是釣魚是好學深思的人的娛樂。所以釣魚與煙斗的妙用，差不多相同，在靜逸的環境中，口含煙斗，手拿釣竿，滌盡煩瑣與自然景色相對，此種環境，可以發人深省，追究人生意味，恍然人世之熙熙，是是非非，舍本逐末，輕重顛倒，未嘗可了，未嘗不欲了，而終不可了。在此剎那，野鳥亂啼，古木垂蔭，此「觸袖野花多自舞」之時也。頑石嶙峋，魚蝦撲跳，各自有其生命，而各自有其境界；思我自白駒過隙，而彼樹也石也，萬古常存，此「野花遮眼淚沾襟」之時也。

凡人在世，俗務羈身，有終身不能脫，不想脫者。由是耳目濡染愈深，胸懷愈隘，而人品愈卑。有時看看莊子，是好的。接近大自然，是更好的。陸龜蒙書李賀小傳後，講唐詩人孟郊廢弛職務，日與自然接近，寫得最有意思：「孟東野貞元中以前秀才，家貧，受溧陽尉。……南五里有投金瀨。草木甚盛，率多大櫟，合數十抱，藂篠蒙翳，如塢如洞。地窪下，積水沮洳，深處可活魚鼈輩。大抵幽邃岑寂，氣候古澹可喜。除里民樵罩外無入者。東野得之忘歸。或比日，或間日，乘驢，後小吏，經（逕）蓦投金渚一往，至得蔭大櫟，隱岊篠坐於積水之傍，吟到日西還。」後來因此丟了差事。此孟東野所以成為詩人。

孟東野李長吉都是如此。黃大癡也是如此。人生必有癡，而後有成，癡各不同，或癡於財，或癡於祿，或癡於情，或癡於漁。各行其是，皆無不可。

我最愛張君壽一首詠一對討漁夫婦的詩：

郎提魚網截江圍，妾把長竿守釣磯；
滿載魴魚都換酒，輕煙細雨又空歸。

人生到此，夫又何求？

紐約處大西洋之濱，魚很多，釣魚爲樂的人亦自不少。長島上便有羊頭塢，幾十條漁船，專載搭客赴大西洋附近各處釣魚。春季一來，釣客漸多。到了夏季七、八月間，藍魚正盛，可以通夜釣魚。每逢星期日，海面可有數十條船，環顧三五里內，盡是漁艇。在夜色蒼茫之下，燈火徹亮，倒似另一世界。記得一晚，是九月初，藍魚已少，但特別大。我與小女相如夜釣，晨四點回家，帶了兩條大魚，一條裝一布袋，長三尺餘，看來像兩把洋傘，驚醒了我內人。

紐約北及長島，南接新澤西州，釣魚的風氣甚盛，設備也好。長島近郊，如Great Neck, Little Neck, Port Washington，到處港中漁船無數，而Port Washington，尤其是我過一夏天的地方。閒來。拿個鐵筒，去摸蛤蜊，赤足在海濱沙上，以足趾亂摸。蛤蜊在海水中沙下一二寸，一觸即是，觸到時，用大趾及二趾夾上來，扔入桶中。同群的人，五六十尺外聽到咕璫一聲，便知同伴又撿一個，其中自有樂處。

父親在摸蛤蜊，用大趾及二趾夾上來扔入桶子裡時，的確開心。

「我喜歡採取低姿態，與泥土接近，我的靈魂在泥土沙粒中蠕動時，感到很舒服。」他說。

「我常感到宇宙雖大，卻仍不足容納一顆赤子之心，」他說過。他的赤子之心永遠存在。他自命為伊壁鳩魯派（享樂主義者）的信徒，但所求的不是高樓大廈，不是大轎車，不是山珍海錯。他愛與三五知己吃小館子，最怕衣冠楚楚，正襟危坐的吃酒席。他愛吃鴨掌、鴨腎、炒腰花、炒生肚等等，但由於患痛風，醫生不許他吃內臟及豆類食品。

「生活的享受在於一種態度，物質本身沒有什麼意思，要人能夠享受才有意思。人可以借酒澆愁，也可以飲酒而感到飄飄欲仙。一個人可以憤世嫉俗，以此為樂，也可以玩世不恭，也可以多愁善感，這些都是主觀的態度，用什麼角度觀人生，是個人的選擇。但是聰明的人不要養成只有一種人生觀，久而久之，不易改變。」

父親的人生觀，簡單的可以這麼說：「我認為合情理的精神是人類文化的最高理想，而合情理的人也就是最有教養的人。一個合情理的改革家並不是一把新掃帚，把整個宇宙掃得一塵不染，卻總寧願留下一點塵垢。一個合情理的戒酒者，偶爾也喝一兩杯。一個合情理的素食者，也總可以偶爾嚐一個鮮嫩的牛排。如果一個人發現了偉大的科學真理，但卻失去了人性，又有何益呢？

「人性化的思想就是合情理的思想。專講邏輯的人永遠自以為是，因為不合情理，自然就不對了。合情理的人卻常常疑惑自己是錯的，那就永遠是對的。」

父親在這時最感快樂的事，是和「全世界最乖的小妞」玩。小妞只會爬行時，有時鑽進他的書桌爬到他的膝頭，拉著他的褲子站起來。父親在埋頭寫作，忽然有這麼個打擾，使他高興得抱她起來親個不停。我們住在一百零三街，父母住在長島或**Riverdale**時，他們時常開車到我們家突擊，把小妞綁架走，在他們那裡住幾天。他叫她「小蟑螂」。小蟑螂真聰明，母親用雜布縫成一張床罩，她會指著每塊雜布說出那是誰穿過的衣服，這時她才兩三歲。

有一次，小妞在公園裡看見一個螞蟻巢，裡面有許多螞蟻，給她印象很深。公公問她，大概有幾個螞蟻，小妞想來想去，最後說：「七八個！」笑得公公合不攏嘴來。

小妞四歲時，有了弟弟。父親從此稱兩個外孫和自己為「我們三個小孩」。和他們玩起來時，他們是一黨，「大人」，指母親，是另外一黨。他把自己小時的相片和兩個孫兒的相片拼在一起，晒出一張「三個小孩」的相片。母親出去買菜時，「三個小孩」會把他們的鞋放在飯桌上，自己躲進藏衣室裡，等母親回來發現時，聽她問，「這是怎麼回事？」不答，只在藏衣室裡咯咯笑。等到最後忍不住了，他們才殺出來撲到母親身上，大叫大笑。「堂呀！你怎麼教孩子胡鬧？」母親嘴裡說，其實她心裡是高興的。

小妞有了弟弟，《天風》只好停刊。不久之後，父親「合情理」的人生觀大受考驗：他出任新加坡南洋大學校長。

第二部

一位最有教養的人

第二十章　南洋大學校長

一九五四年十月二日下午四點十分，載父母親、黎明、我、我們的孩子和相如的飛機在新加坡降落。來迎接的有南洋大學執行委員會主席陳六使、執委高德根、連瀛洲、黃奕歡、陳錫九諸氏，他們都是星洲鉅富，以及僑眾代表二百多人，身材矮壯的僑領伸出粗大的手與我們握手，皮膚晒得黝黑的僑眾包圍了我們，從他們的面孔我感到橡膠林的氣息，想到他們的祖宗大多是來南洋墾荒務田的閩南人。閩南語在我的耳朵裡嗡嗡的響，汽車載我們向海濱路駛去，看見深藍的海洋，高聳的棕櫚，絢爛的陽光，感到悶熱的空氣，聞到咖哩的味道。沿路看見英國旗幟、基督教堂，中英文的商店招牌，蹲在路邊的馬來人，騎三輪車叫賣包子的小販，身上裹著棉布的印度女人。我彷彿踏進了一個絢麗的彩色電影。

第二天，父親在中華總商會召開會議，宣布辦學之大宗旨及八大方針。二大宗旨是一、學生必學貫中西，所學能有所用。二、除文商兩學院外，設理工學院，使人人有一技之長。八大方針是一、提倡電化教育，二、成人教育，三、設獎學金，四、行導師制，五、創設大學出版部，六、提倡學術研究，七、與英美大學成立交換教授辦法，八、男女學生兼收。

文學院院長熊式一，理學院院長胡博淵（前國立交通大學校長）、先修班主任黎東方，圖書館館長嚴文郁，大學建築師楊介眉諸先生先後到達，開始視事。此時星馬各界對南大捐款之熱烈如火如荼。在這英國殖民地的華人將有一所以中文為主的大學，使炎黃子弟能保存及認識自己的文化，這對於南洋的華人是多麼重要！他們之間本來就沒有幾個人進過大學，南大在這時前程似錦，捐款的口號是有錢的出錢，有力的出力，三輪車夫的士司機參加義踏義駛，有誰不對南大熱心！校長是舉世聞名的林語堂，有誰不因此感到驕傲！

父親是怎麼會出任南洋大學校長呢？原來在一九五三年十二月，華聯銀行董事經理連瀛洲到紐約與父親商談。父親鑒於此事關係星馬子弟之前途至為鉅大，認為必須群策群力，備有充分基金及開辦費，務求在師資與設備方面達到今日世界上第一流大學之水準，才不至貽誤青年。父親表示要創辦南大，應該先籌足叻幣二千萬元基金，（約七百萬美元）嗣後與執委會陳六使三四次函件往來獲得其同意之後，他才決然同意出任南大校長。

父親要黎明任行政秘書。創辦大學牽涉到千頭萬緒的事，他要有個他能信任的人。黎明在聯合國任翻譯，那是個穩定的職位，對僑居美國的文科留學生來說，那是非常好的差事了。但是，那也是個沒有多大意思的差事。然而，辭去這個金飯碗，實在需要膽量。我們猶豫不決，父親有點不耐煩了。他說，他請了那麼多位教師他們都去，難道你不去？我們想來想去，好像沒有理由不去，何況黎明是在哥大師範學院唸教育的。於是，他毅然辭去聯合國的職位，我們一同去新加坡了。我在南大任校長秘書。

沒有想到，去到那裡，我們竟捲入政治漩渦，南洋大學遭受到共產黨人陰謀破壞，逼得父親不得不離開。他為《生活》雜誌寫了一篇文章敘述這件事的經過，在他離開新加坡之後兩個星期才發表，為的是要避免危及他的生命。他說：

「被邀出任南洋大學校長是很難得，而又令人興奮不已的事。我一獲邀請就覺得南洋大學可以協助阻擋共產黨侵入東南亞，從而對自由世界發生無可比擬的貢獻。我同時也覺得發起成立南大的人的動機是純正的，但他們完全不知道成立這所大學會有什麼影響。」根據他在《時代》雜誌發表的文章，事情是這樣的。

最重要的發起人是陳六使，他是新加坡華人社會的領袖，是馬來亞的一位巨富，在一九四五年日本崩潰之後，以精明的手法控制了東南亞各地積存的橡膠，發了一筆大財，使他更加富有。據說，在韓戰時間他賣了一批橡膠給美國，又賺了一千三百三十萬美元。一位橡膠行的權威人士說，陳六使對橡膠行業的影響和任何一國的政府差不多一樣大。

陳六使和大多數華僑一樣，對於政治沒有定見而是隨風轉舵的。他在一九五〇年主持一個千人大宴，慶祝共產黨在中國的勝利和美國承認新政權。另一方面，他是決定選聘父親做南洋大學校長的主要人物，顯然沒有顧到大家都知道我的父親的反共立場。陳六使在一九五二年二月寫信給父親說，「假如我們現在不設法保存我們的文化，十年之後我們的教育也許就會動搖，二三十年之後，我們的語言和文學就會消滅，四五十年之後，我們就不是中國人了」。

「我當時相信，後來也仍然相信，這是他提倡設立南洋大學的唯一動機。我也確信陳六使和他的同事完全沒有想到設立南大會有政治上的反響，」父親說。

父親所堅持的幾項特定保證是：大學行政由他負「完全責任」；大學要有「極其純正的非政治目標」；大學教員享有絕對的思想自由；南大「無論在精神上、物質上都應該成為第一流的大學」。要達成這些目標，他要求到一九五四年底，必須籌到三百三十萬美元基金，到一九五五年底也必須再籌得同樣款項。他在信上說，籌款辛苦，但「長痛不如短痛」。

陳氏以董事會的名義同意了父親各項要求，而且答應「如有需要，願犧牲我的全部家產」，同時並立即認捐一百七十萬美元以為倡導。他為了要替南大爭面子，堅持父親要住在一幢獨立的房子，乘一輛起碼與馬來亞大學校長同樣大的汽車。到一九五四年初，陳氏告訴父親，認捐的款項已達四百萬美元。五月三日，父親接受聘請，出任南洋大學校長。同月，在新加坡島西端濱海一幅五百英畝的土地上，開土機也開始破土興建大學校舍。

父親一到就馬上遇到困難。最先是建築方面。他獲悉建築地盤的契約有舞弊的情事，開土機也顯然用以做不必要的工程藉以增加利潤。大學董事會也違反對他的諾言，不事先徵詢他對興建校舍的意見，逕行批准圖書館的一項極壞的設計，光線固然很差，藏書的地方也極少。而且已經率先開工建造。不獨如此，他們也不事先徵詢工學院院長的意見就開始建造工學院大樓。

更加不妙的是新加坡的政治氣氛變壞了。有些董事批評父親在紐約寫給他們的信簽署的日期是「民國四十三年」。同時，共產黨支持的一些小報也對他發動汙蔑運動，說他浪費大學的錢，說他是美國特務，甚至說他的英文很蹩腳。到了十二月，情形已經很明顯，這種種使他困擾的事，並不是湊巧同時發生的。新加坡的人都在說，北京察覺，由一個他們不能控制的人做校長，南洋大學會演變成一股自由的力量。因此在父親到新加坡還不足兩個月，北京就下令要把林語堂趕走。

共產黨自從一九五一年以來，就不斷在建立顛覆的機構。馬來亞共產黨決定，武裝叛亂既然已經失敗，以後應該逐漸減少這種活動，轉而著重滲透合法機構，特別是工會和學校。這項計畫在工會方面沒有得到什麼重大結果。在新加坡私立中文學校的八萬七千學生，特別是在中文中學年齡在十三歲和十八歲之間的一萬個學生當中，卻獲得了驚人的成績。

共產黨分派了約莫六十名十多歲的核心分子到十幾所中學去，他們秘密游說或恐嚇同學，然後游說或恐嚇同學的家長，再進而同樣對付教師，等到英國當局禁止學校團體的時候，他們就轉而組織「讀書會」、各種社交活動或野餐，並在這些活動中教授共產黨的秧歌舞。他們甚至發行一份繕寫的報紙，稱之為《自由報》。他們最後在學校裡取得絕對控制權，教師常因學生突然要「開會」而被趕離教室。

一九五四年五月十三日，成千上萬學生因為抗議英國當局擬定的溫和的兵役制度，在新加坡市中心集合，衝向在場的警隊，迫使警方用水龍頭噴水驅散學生。英國當局後來找到文件證明一個學生被派在示威的時候行刺新加坡最大一所學校的校長和教務主任，可是到時驚慌失措，不敢這麼做。那所學校的教務主任要求學校替他保險一萬六千六百美元才肯留校服務。學校當局拒絕他的要求，他辭職不幹，而學校的校長也就變成了由共產黨支配的學生的傀儡。

在南洋大學，共產黨還沒有學生可以利用，不過他們在中文中學獲得的影響力，直接使他們能順利地反對父親。因為他們控制中文中學，他們擊敗了支持南洋大學的人。拿陳六使來說，他和他的家人，是三所學校的校董。他們歷年來就沒有抗拒過青年共產黨人。他們現在不出來保衛南洋大學是不足為奇的。

共產黨策動反對父親的詳細情況，極可能除了當時華人社會中充滿陰謀的高層人士之外，誰都不會知道，因為共產黨間接地利用一層又一層的容易受騙的人來達到他們的目的，不過這種手法的基本原則卻很清楚，而又是大家熟悉的。他們游說南洋大學新加坡委員會的中立和親國民黨的委員，他們利用自從奠邊府戰事之後大為增加的，害怕共產黨在東南亞最終會獲得勝利的心理，或者使人擔心會身受傷害，在商業上會受到報復，又或是在問題獲得決定後處於落敗的一方。其次，他們使用賄賂的辦法或利用家庭關係。

不久，各種演變清楚顯示北京政策的關鍵人物是李光前。李氏是個有風度、聰明，而又無情和憤世嫉俗的商人。他和陳六使一樣，在日本人在馬來亞崩潰的混亂期間發了一大筆財。在韓戰期間，各國爭相購買橡膠的時候，就賺了二千七百萬左右美元。其中相當大的一部分是在聯合國於一九五一年禁運戰略物資到中共和北朝鮮之前，賣了多達二十萬噸橡膠給共產黨國家賺來的。李氏是馬來亞首富之一，據估計，他控制了世界天然橡膠總貿易額的八分之一。

李光前和陳六使都和南僑總會主席陳嘉庚有密切關係。陳六使和陳嘉庚是小同鄉（福建同安集美人），陳嘉庚提拔過陳六使。李光前則是陳嘉庚的女婿。陳嘉庚在一九四八年去北京，任中共首屆「政協」常務委員會委員，「中央人民政府委員會」委員等職，現在（一九五四年）則和專事顛覆華僑的僑務委員會有某種關係。

新加坡華人在一九五三年倡議成立南洋大學的時候，李光前就加以反對。他雖然極為富有，卻不肯捐款，只答應到一九五七年底看南洋大學收到捐款多少，捐出總額的百分之十，到那時候，南大可能已不再需要捐款了。創辦南大的工作開展之後，李氏一直不加理睬。但等到一九五四年底；他卻突然變得非常熱心。他家裡辦的《南洋商報》是新加坡最大的中文報紙。《南洋商報》坦白地說，李光前應該是南大董事會的董事。李氏的主要目標就是要革除父親的職務。

在種種陰謀使事實真相不易弄清的時候，新加坡的幾家左派和右派報紙登載了一項消息說，李光前是在收到陳嘉庚的信，要他趕走林語堂，才突然決定採取行動的。好幾位南大的校董也對父親說，的確有這麼一回事，而且還有其他幾封內容相同的信，寄由親共的怡和軒俱樂部轉交給別的人。

李光前在南亞有很大的影響力。他為什麼一接到命令就立即俯首貼耳去做呢？這也是沒有人能確切知道的事。他不像是共產黨員。後來父親分析，最可能的解釋是他受到下述幾項因素的影響：他和陳嘉庚的親戚關係；他在對外貿易上建立的隱祕聯繫，以及他顯然認為共產黨最終會在新加坡獲得勝利，現在最好和他們合作，以後再想辦法保存他的財富。不論真相如何，從十二月起，每一項反對林語堂的行動追究起來都和李光前有關。

李光前和他的夥伴，包括幾位南大的校董，在幕後極力游說陳六使和其他幾位重要的校董，要他們參加反對父親，於是，南大校董對父親表示冷淡的越來越多。捐給南大的款項也越來越少，因為商人知道情形不同了。捐款給南大不再是時髦的事了。到了年底，收到的捐款只有一百三十萬美元，不是預期的三百三十萬美元，而且大半是從新加坡的窮人，例如三輪車夫、理髮師、小販、店鋪夥計等等當中發動捐款運動得來的。陳六使自己本來答應捐一百七十萬美元，現在也只捐了四十萬美元。其他商界領袖，包括華商總會主席，都不肯交付認捐的款項。

小報更加兇惡地攻擊父親，一家小報異想天開，刊登了一個人的照片，加以說明：「林語堂的兄弟，是一個吸毒的承辦喪葬的人。」我看到這份報紙時，非常生氣，對父親說，「他們怎麼可以這般胡來？」

父親倒沒有失掉他的幽默感，他把報紙拿過去看，微笑道：「面貌倒有點像我。」他也收到冥鏹，收到匿名信，威嚇他辭職，否則要他的命，我替他拆信，看到了嚇得不得了。父親接受朋友的勸告，從東海濱路的平房搬去陸運濤的國泰大樓裡一所公寓去住，以求安全。母親這時嚇得幾乎精神崩潰。英國當局也派了一位便衣保鏢跟隨他，同時要他緊記一個警察的特別號碼，一有什麼風吹草動就給他們打電話。

我和黎明，每天清早起來，就看報紙又在怎麼罵父親的了。我們也為小孩子的安全擔心，告訴幼稚園的老師，除非是我親自來接，不得讓別人接妞妞回家。

共產黨的一貫手法是不說出他們攻擊某人的真正原因。就南洋大學來說，他們反對的是父親決心要使南大成為一所真正的自由的大學，一所大家可以自由思想，自己決定自己對政治問題的意見的大學，但卻假借他提出的一九五五年大學預算來和他攤牌。這個預算訂定在一九五五年二月十七日舉行的南大校董會新加坡執委會中加以討論，但在開會之前，陳六使向李光前的壓力低頭，事實上同意摧毀他誠摯地想創建的大學。那天開會，不准父親參加，開會的經過好像軍事操演一樣，首先，主席陳六使攻擊校長「奢侈」，接著好幾個替李光前出面的人，包括他的私人祕書，都發表了尖酸刻薄的說辭。會議結束，各委員咸認預算所列薪資過高，南大不易負擔。

父親對是日會議情形表示詫異，即於次日向中西各報發表書面聲明：「本人見報載南大新加坡執委會關於本大學之水準及執委會與校長間職權分配之態度，極為詫異。此息若確，則本人及教職員為了創辦第一流大學之一切辛苦努力，將盡歸烏有。本人已以此意告知執委會主席陳君六使，陳君將於明日與本人及教職員作非正式談判，甚願雙方歧見藉此可以獲得解決，又希望藉此最後一次之努力，使星馬學子，可得受高等教育之機會，而不幸負他們求學之熱誠，倘雙方仍不能獲得解決方案，本人自當向社會公佈前後經過，以明真相，特此聲明。」

二月十八日下午，美籍律師馬紹爾偕同林有福到陳六使的辦事處，說明林校長已聘請他為代表律師，但他同情南大，希望南大早日成功而不忍看到南大有何不幸的事發生。陳六使說，「本來就沒有什麼了不得的事。」最後陳六使同意於第二天在國泰大樓晤談。執委方面有陳六使、高德根、黃奕歡、林慶年、秘書王世熊。南大方面有父親、胡博淵、黎東方、黎明、楊介眉、嚴文郁。馬紹爾以調解人身分出席。

父親臉孔冷然，直指陳六使說：「你會行棋，我會看棋。」稍停又說：「我知道你是《南洋商報》的主席，昨天所載是你主使的。」

此時林慶年插言道：「我也是商報董事。六使是主席，實際上除了報社有事開會大家才到之外，平時不論主席或董事都不干涉報社的事。」

接著父親便說陳六使背信棄義，用閩南語給他一連串的「我問你」，說了相當時候，拿出一字條要他簽字承認其中條件。陳六使後來說：「我當時未予一看，也不敢看。我告訴他，我無權代表南大答應任何條件，校長如有意見或條件，宜以書面送達委員會……我生平除在『昭南』時代被日軍拘去受過刑受過辱之外，可說未有如是日之受人當面呵斥侮辱。」

最後，陳六使嚇得由客廳退到廚房，由廚房經後門溜走。談判歷四小時半，仍無結果。「校長的火氣真大，」黎東方後來說，「他是要和這批人幹到底。他是個鬥士，是個絕不含糊的英勇鬥士！」

在其後三個星期的談判中，父親不斷收到新的要求，包括堅持要他改變教室座椅設計的要求。他把總預算一百九十萬美元盡量削減到七十萬美元。為了表示誠意要解決紛爭，他同意將設計和建築大學校舍的責任交由一個委員負責。對方提出的條件，他全部無保留地加以接受。甚至陳六使公開表示他上一年寫信給父親，說到一九五四年底要捐足三百三十萬美元只不過是要寫一封「使他高興」的信，況且信是別人寫的，他只不過是在信上簽字而已，不能對之負責等等，父親也沒有加以辨責。

南大事件的最後一幕是典型的，也是笨拙的共產黨手法。三月十一日，雖然父親已經接受了他們提出的所有條件，南大的校董突然不加解釋地中止談判，接著一連八天什麼消息也沒有。到了三月十九日，董事會的代表來了，莊重地提出一項新要求：要校長提出他計畫在一九五五年買的九萬本書的書名和作者的詳細表冊。兩天之後，李光前的報紙用大號字體的標題登載一項消息，說父親提出「一項無法接受的要求，要獨自控制大學的幾百萬元款項。」

七天後，父親和同他來新加坡的十一位教職員同時提出辭職。

這項辭職聲明一發表，暴戾就化為祥和。陳六使私人捐出十萬美元，支付十二人的退職金。辭職的消息正式公布之後，李光前的報紙登載一則新聞說：「林語堂抵星之後，捐給南大的款項即告停止。然自他辭職以後，捐款又源源而來。怡保某某先生捐款二元。」

父親說：「我辭職是錯誤，又或是失信於勸我奮鬥到底的自由世界的朋友？我支撐過了五十天，有許多波折，受人誣衊而又毫無希望的談判。事實顯示，除非我完全放棄我的立場，我不能不辭職。套用軍事術語來說，這個陣地已無法守衛，世界上的人顯然都認為陣地上守軍—我和我的同事—可以讓他們犧牲掉。我冷靜地根據常識命令全體撤退。」

在父親離開新加坡時，警察佩槍護送他到機場。歡送的人很多，包括許多學生和各團體代表。父親在錫蘭哥倫布停留數日，撰寫《生活》雜誌的文章，便與母親和妹妹飛往法國。

第二十一章　簡樸的生活

父親並沒有因為南洋大學不愉快的經過而感到氣餒。他年紀越大，對社會上的欺詐、虛偽看得越淡漠。我們的世界太複雜，思想太紛亂，人往往變成自己的觀念和社會制度的奴隸，他這麼說過。幸而人的心智尚有一股力量，能夠超脫一切而付之一笑，這就是身為幽默家的微妙之處。因為幽默家知道世上明理的人自然會與之同情，所以用不著謾罵諷刺，多傷肝火，也不急急打倒對方，因為你所笑的是對方的愚魯，只消指出其愚魯便罷。

他說，生活要簡樸，人要能剔除一切不需要的累贅，從家庭、日常生活，從大自然找到滿足，才是完備的文明人。寫作與生活一樣；一個年輕的大學助教，他寫的論文必定深奧繁雜，難以理解。但等到他比較成熟，思想變得比較明澈時，將無關緊要的或虛假的一面掃除淨盡，那時他寫出來的東西便是簡單易解，自然簡樸的。讀者也因之便能欣賞他的作品。

但是人畢竟是脆弱，易受損傷的。母親視南洋大學的經過如一場噩夢，變得神經衰弱。父親一定要她好起來。他們在法國南部坎城租了一所極簡單的公寓住下來。「媽媽要有個廚房可以燒飯就會好起來的，」他說。果然，母親慢慢地把新加坡的事置於腦後。

他們買了一輛小汽車，那年夏天，父母親帶著妹妹和剛離婚的姊姊，在歐洲遊歷，讓心神休息休息。父親挑起一家之主的責任，對心情極壞的姊姊說，這個世界假使樣樣照邏輯發展，生活就沒有趣味。人的心思不可理喻，有矛盾，所以可愛。人如果沒有弱點，沒有不可抗拒的情感，沒有不可逆料的意欲，便沒有文學。人容易犯錯，所以生命千態萬狀。如果我們都是理性的，則我們會淪為機械人。

父親勸姊姊在回美國之後找一份工作，在有空的時候看看書，並且試譯唐詩，姊姊一向喜歡詩，在哥大的時候跟詩人馬克·凡多倫學過寫詩。父親說，她還年輕，不應該將離婚看為天大的悲劇。

但是姊姊離婚之後心痛如絞，整個人軟綿綿的，好像再也振作不起來。她不要狄克分文贍養費。她不能跟他討價還價，她辦不到。她不要與他有任何往來。但是人還是要吃飯的。父親勸她用點頭腦冷靜地想想，跟人爭錢固然討厭，但是沒有錢不行。姊姊不肯聽話。

現在且暫時忘記一切吧。帶著還沒有完全康復的母親，和心靈創傷的姊姊以及妹妹，他們像流浪者旅行，沒有一定的目的地，沒有規定的日程，不為看什麼名勝趕路，不買明信片，不帶照相機。父親曾在杭州名泉和名茶的產地虎跑，看見旅行者將自己持杯飲茶的姿勢攝入照片。他說，拿一張在虎跑品茶的照片給朋友看固然好，所怕的就是他重視拍照，而忘卻了茶味。在歐洲旅遊的人也是將時間和注意力消耗在拍照上，以致反而無暇去細看景物了。

他們到奧國憑弔天才音樂家莫札特之墓，在莫札特銅像之前，父親潸然下淚，他說：「莫札特的音樂是那麼細膩纏綿，是含淚而笑的。」

「笑中有淚，淚中有笑」正是父親那時的心情。

玩了幾星期之後，姊姊和妹妹回美國去了。妹妹在哈佛大學研究院攻讀生物化學，後來得博士學位。黎明和我在倫敦住下來，他在英國廣播公司任職，我則一面照顧孩子，一面寫作。

女兒都走了，父母倆在坎城過著恬淡的生活。有一次我帶著孩子從倫敦去看他們，看他們穿著便衣，手拉手一起上街買菜，母親在陽台上種馬鈴薯，兩人簡樸得像小孩子一樣，不覺感到父親對生活的藝術已經達到爐火純青的地步。在坎城，他們沒有什麼朋友，誰也不知道這個提著菜籃上菜市的中國人是大作家林語堂。父親並不重視名利。他說，在世上享盛名居高位的人，能夠保存本性的，真是少而又少。小官員以為自己已登龍門，暴發戶誇耀他的財產，幼稚作家夢想躍登名作家之林，馬上變成不簡樸，不自然的人；這些都足以表示心智的狹小。

父親的人生態度，可以他所喜歡的李密菴的「半半歌」表示出來：

看破浮生過半，
半之受無用邊。
半中歲月儘幽閒；
半裡乾坤寬展。
半郭半鄉村舍，
半山半水田園；
半耕半讀半經廛；
半士半姻民眷；
半雅半粗器具，
半華半實庭軒；

衾裳半素半輕鮮，
肴饌半豐半儉；
童僕半能半拙；
妻兒半樸半賢；
心情半佛半神仙；
姓字半藏半顯。
一半還之天地；
讓將一半人間。
半思後代與滄田，
半想閻羅怎見。
飲酒半酣正好；
花開半時偏妍；
半帆張扇免翻顛，
馬放半韁穩便。
半少卻饒滋味，

半多反厭糾纏。
百年苦樂半相參，
會占便宜只半。

那也就是子思所提倡的中庸哲學，介於動與靜之間，介於塵世的徒然匆忙和逃避現實人生之間；他認為這種哲學可以說是最完美的理想了。

他這時已六十歲，但一反古代文人之傷春悲秋，他精神奕奕，一片樂觀。他有一次對馬星野說：「老婆對我不嫌老，既不傷春又不悲秋，俯仰風雲獨不愁。」

他說，人生享受不過數事，家庭之樂便是第一，而含飴弄孫是至高的快樂。他帶著小外孫到熱鬧的菜市，買玩具給他們，指著活雞活鴨給他們看。有一次他們摸彩，贏了一隻大白鵝。回家的時候，他駕車，在後座的大白鵝大叫特叫，那隻鵝雖然雙腳綁著，卻拍著翅膀，伸著長脖子要咬他。兩個小孩嚇得哭起來。我沒辦法拉住白鵝，只好拉住孩子叫他們別哭。我很少看見父親失去冷靜，但是那次看他駕車穿過菜市人群時，他臉都漲紅了。回家之後他深深吸了一斗煙，對媽媽說，「帶著一隻鵝兩個哭啼的孩子開車，下次我不來了！」

「爸，這叫做享天倫之樂，」我笑道。

母親提起肥鵝走到賣肉舖叫他們給宰了，回來做烤鵝吃。

父親的確喜歡那無拘無束的小城市生活。他心裡有一股不願向社會習俗低頭的氣概。有時，他走在街上會發出興奮的叫嗥，坐在露天咖啡室時打個大聲的呵欠，別人看他，他也不在乎。他覺得社會的壓力把許多人壓成不像人樣的東西，他可憐那些頸子上套著領帶，每天上班下班，在二十五歲時就關心退休以後公司會給他多少養老金的白領階級人士。人要有點膽量，我行我素，能獨抒己見，不隨波逐流。他將這種精神叫做「不羈」的精神，認為這也許是人類最後的希望。

但父親雖然如此隨和，在他心靈深處還有個我們碰不著的地方。那也許是因為他是天才，天才要有天才伴，而我們僅是普通人。有時我甚至感到我們的家庭快樂是他任導演創造出來的戲。他有時居然會說他感到寂寞，因為沒有人愛他，令我們聽了莫名其妙。他說過，「人的特徵是懷有追求理想的願望，住在這個現實世界，夢想另一個世界。一個人的想像力越大，越難感到滿足。人類是全靠想像力才能進步的。」這是他由衷的話。一九五五年，他寫了一部小說，名 ***Looking Beyond***《遠景》，由**Prentice-Hall, Inc.**出版。這部小說描寫一個烏托邦，在那裡的人過著恬靜的生活，藝術家的生活費由政府津貼，人人享有宗教自由，有物質享受，有閒去做自己想做的事。父親平易近人的哲學，在這本書裡充分表達了。「哲學教授應該接受考驗，向他的女僕解釋他教的科目。假使女僕聽不懂，則大學必須開除那位教授。」兒童犯罪嗎？「把他的父母關起來。」人口過於稠密嗎？「納稅，家庭人口越多，繳稅越多。」

在坎城住了一兩年，父母親又回到美國。母親掛念著姊姊妹妹，一定要回去。這次他們在紐約東邊七十八街住下來。***Lady Wu: A True Story***（《武則天傳》）在一九五七年由**World Publishing Company**出版。他認識了該公司總編輯塔格（**William Targ**），兩人很談得來。後來，塔格改任**G. P. Putnam's Sons**的總編輯，把父親拉過去，他的書由這公司出版。

父親在南洋大學的經驗，使他感到世人必須認識國際共產黨的真面目。他在***"The Secret Name"***（《匿名》）一書，從歷史的觀點探討蘇俄從一個極左的國家演變為極右的國家的過程。他說，自由世界要是仍然採取守勢，將會在冷戰中遭受失敗。此書在一九五八年由**Farrar, Straus & Cudahy**在美國出版，令許多「在十字路口」上徘徊的青年重新取得了一個「回頭是岸」的抉擇。《匿名》在英語世界轟動一時，中文本由中央社翻譯發行。

這時，父親的思想起了變化。他自稱為異教徒已經有三、四十年，現在他再度皈依基督教。為什麼呢？他在***From Pagan to Christian***（《信仰之旅》），一九五九年由**World Publishing Company**出版）中說：

我的理由並不簡單，因為宗教信仰是個人的事。

雖則如此，我相信有許多人在尋求一個自己心悅誠服的宗教信仰時，遇到和我一樣的困難，因為一個善於思考的人假使在這方面找不到滿意的解答，他會繼續再找。他會設法從某種哲學或宗教找到對自己所作所為、自己的動機和命運的解釋。

三十多年來，我唯一的宗教是人文主義，即相信人有理性指引就什麼都不假外求，而只要知識進步，世界就會自動變得更好。可是在觀察二十世紀物質主義的進展，和不信上帝的國家裡所發生的種種事態之後，我深信人文主義不夠，深信人類如果要繼續生存，需要接觸自身以外，比人類偉大的力量。

讓我解釋，我是第三代的基督教徒。在我小時候，家庭充滿純樸的基督精神，人人彼此相愛。我到上海入大學時，本來是要攻讀神學的。但是教條神學的花言巧語使我難以接受，我雖然仍然相信上帝，但我背棄了教會。

終於使我決定不再信奉基督教的是有一次，一位在北京清華大學執教的同事根據儒家對人類尊嚴的理想向我說的話。我曾問他：「如果我們不信上帝是天父，便不能普愛世人，行見世界要大亂了，是不是？」

「為什麼呢？」他說，「我們還可以做好人，人性本來是善良的。我們因為是人，所以應該是善良的人。」儒家重禮，忠，敬，從而對人生持有虔敬的態度；相信智力，相信個人可以自己靠教育而趨於完善。我接受了這些很類似歐洲的人文主義的信念。

但是我發現，人類雖然日益有自信，卻沒有使他變得更好。人越來越聰明，但也越來越缺少在上蒼之前的虔誠謙恭，人雖然在物質上科技上進步，但他的行為也可以和野蠻人差不多。我開始感到不安。我對人文主義的信仰逐漸減低，我自問，有沒有能夠使一個受過教育的現代人心悅誠服的宗教？

東方有東方的超卓的道德教訓和宗教制度，例如佛教和道教，可是我在這兩種宗教中沒有找到我需要的解答。佛教所根據的哲學是四大皆空，夢幻泡影，佛教是慈悲的宗教，太過於重視來世和出世的觀念。

道教教人尊敬「無形」、「無名」，不可捉摸而無所不在的道，也即上帝，道的法則支配整個宇宙。道教教導柔順謙卑，極像基督教的山上寶訓。可是道教的先知，老子教我們回歸自然和對進步的警惕的說教不能幫助現代人解決問題。

我不知不覺地逐漸轉向童年時代的基督信仰，但是基督教的教條神學，使我難以聽從信仰的呼喚。

我與內人出門旅行，不論到什麼地方，她總去做禮拜。我有時也陪她去，可能聽到的總是二流的說教，使我不想去教堂。

我當時可以說是徬徨歧途。有一天，在紐約，我內人勸我再陪她去做禮拜，那天可以說是**我的宗教信仰的轉捩點。我們在麥迪生街長老會教堂（Madison Avenue Presbyterian Church）**聽李德牧師（Dr. David Read）講道。他講的不是神學上的花言巧語，而是經過深思熟慮的道理，內容豐富，而具啟發性。我於是每星期天都去那教堂聽講，心安神樂，就這樣，自自然然地，與家人也沒有討論，再度皈依基督。

我好像初次悟道一樣，重新發現耶穌的教訓是簡明純潔得無以復加。沒有人說過像耶穌那樣充滿憐憫的話：「天父，寬宥他們，因為他們不知道自己在做什麼。」或者如此微妙玄通的話：「你只要如此對待我這些兄弟中最卑微的人，你就等於如此對待我。」這是多大的啟示！是不可比擬的教訓！我極受感動，覺得這是真主的教訓。

上帝不再是無形的，祂經由耶穌變成具體可見了——這就是完整、純正的宗教，而不是假設的宗教。沒有別的宗教令人具有這種對上帝的親切感受。建立個人和上帝的關係是基督教獨有的性能。

人類向來想把自己的妄想和形式加諸簡單的真理之上，人想探索無比美麗和有力的耶穌的教訓，卻時常被一些教條弄糊塗了。現在累積了的宗教知識一定有耶穌當時的舊約預言書一樣多。耶穌替我們把這些誡律和預言書簡化，直指教義的核心，教訓我們要愛上帝和愛我們的鄰居。他接著說：「這兩項訓誡是所有誡律和預言書的根本。」

我現在不再問：「有沒有宗教能使受過教育的現代人心悅誠服？」我的探索已經完滿結束了。

在《信仰之旅》出版的同一年，他寫了一本薄薄的青年讀物，名 *The Chinese Way of Life*（《中國人的生活方式》），由World Publishing Company出版。

一九五七年，馬星野參加中國出席聯合國大會代表團，那時，他已辭去《中央日報》

社長，改任中央第四組主任。他極力勸父親到台灣去看看。第二年十月，父母親回到台灣，受到熱烈歡迎。在松山機場下機時，歡迎者如海如潮。他們在台灣逗留半個月，在朝在野，文人學者，到大同之家拜訪的，不下千人。那一段時間，美國國務卿杜勒斯來訪，共黨砲轟金門，蔣總統是十分忙碌的。但是總統及夫人卻撥出時間，在士林官邸會見父母親，而真想不到，總統與父親竟大談起《紅樓夢》之譯述問題來。離去時，父親對台灣朝野充滿蓬勃朝氣，深受感動。

後來，馬星野請父親去中南美走一趟。那時的台灣拙於宣傳，近處已不夠，遠處更不用提。父親不帶任何色彩，他的書早已譯為西班牙文、葡萄牙文，在中南美普遍流行。計畫是訪問中南美洲六個國家，達兩個月之久。父母親考慮了許久，終於答應了。

原因是，姊姊病了，住進醫院治療。

第二十二章　鄉愁

「爸爸媽媽要去中南美，你會好好的照顧自己嗎？」

「當然會的。你們放心去好了。」

「要是有什麼事，你找妹妹好了。」

「妹妹在波士頓。」

「要不然我不去了。堂呀，你一個人去。」

「你們儘管去好了。我不會有事的。」

「你一個人住要小心，不認得的人不要開門讓他進來。」

「我知道，我知道。」

「你錢夠不夠用？」

「夠了，夠了。」

「凡事要看得開，不要再傷心了。」

「我不會的。我自從出院之後好像變了個人，好像從前的拼圖玩具少了一塊，現在拾到了，完整了。」

「你要好好的工作，不要胡思亂想，知道嗎？你根本沒有什麼事，身體好，又聰明，年齡也不大，可以有很好的前途，只要你用頭腦想清楚。」

「我對不起你們，每家都有一本難念的經。」

「快別那麼說，我們回來之後你搬回家住。」

「我不是小孩子，我會照顧自己的。」

父母親在一九六二年去了中南美洲，到處受到熱烈歡迎，民眾爭著瞻仰父親風采，有一次他在某大學講演時，由於聽眾太多，警察只好將街道封鎖起來。他在委內瑞拉、哥倫比亞、智利、祕魯、阿根廷、烏拉圭和巴西各國演講，題目分別是「一個不墨守成規的人的聲明」、「使不好的本能發生良好的作用」、「本能和合乎邏輯的思想」、「陰陽哲學和邪惡問題」、「中國的文化傳統」、「科學和好奇心」等。這些講詞後來收在 *The Pleasures of a Nonconformist*（《不羈》）中，此書由The World Publishing Company出版。

回美國不久，父親驚聞胡適在台北因心臟病突發去世。這位老友去了，父親非常痛心。「胡適的確是個了不起的人，」他說：「他啟迪了當代人士的思想，也為他們的子孫樹立楷模，他一生所遭受的惡毒批評和攻訐，幾乎比任何人多。中共認為他是『資本帝國主義的第一號發言人』，曾無休無止地，連篇累牘地批判、圍剿他。但是這些謾罵叫囂絲毫不能影響或改變胡適對發展科學、民主制度以及革新需要的信念。」

這時，美國正在談「兩個中國」觀念，令父親很生氣。有一次陳紀瀅去看父親，父親向他說：「美國的兩個中國觀念是錯誤的，不只中華民國反對，就是毛澤東也不贊成，他們不了解東方，更不了解中國人。」

他摘下眼鏡，在客廳走來走去，激動地繼續說：「當年總統的反共，固然由於他的先知先覺和睿智的眼光，可是另一原因是受不了鮑羅廷的氣，所以如果美國迫他太甚，他會有大發脾氣的一天。必須有『他媽的』和『去他媽』的勁兒，才能打戰！我看總統還有。」他說話時渾身用力，兩拳並舉，雙眼似乎要迸出火星來。

父親已經年過六十五，很想過比較輕鬆的日子。但是由於經濟負擔很重，仍然每年寫一本書。***The Importance of Understanding: Translations from the Chinese***（《古文小品譯英》）於一九六〇年由**World Publishing Company**出版，***Imperial Peking: Seven***

Centuries of China（《帝國京都：中國在七個世紀裡的景觀》）於一九六一年由**Crown Publishers**出版，是一本圖文各半的美術書。出版商的條件很苛薄，但是他接受了。同年***The Red Peony***（《紅牡丹》）由**World Publishing Company**出版。他每年約有二萬美元版稅，但是在紐約生活費極高，他省不了多少錢。他將儲蓄投資在一種互惠基金，叫做**IOS Mutual Fund**，希望所得利潤可供他晚年之用。

姊姊的情緒時好時壞，好的時候很好，在一家出版公司工作，情緒壞的時候則似乎沈溺在自己悲傷的小世界，無論父母親怎麼向她勸解都沒有用。她不再自己住一個公寓，搬到父母親住所的隔壁，他們打通了牆，以便照顧她。

父親感到精神上的壓力很大。一九六二年，黎明應聘改往香港政府新聞處工作。有一次爸爸一個人飛來看我們，他好像在尋找什麼。我們帶他到處玩，我說香港有山有水，風景像瑞士一般美。他說，不夠好，這些山不如我坂仔的山，那才是秀美的山。我此生沒有機會再看到那些山陵了。

我們帶他到新界落馬洲，站在那山峰望去，遙遠可見一片片田地和薄霧籠罩著的山丘。瞇著眼睛看，眼巴巴地看。不，從這裡看不到坂仔的山陵。有許多遊客、懷鄉者，都站在那裡「看中國大陸」，好像眺望那一片片的田地和籠罩著薄霧的山丘，就等於窺見了封閉的整個中國大陸，那咫尺天涯的大陸。

我問爸爸，坂仔的山是什麼樣子？青山、有樹木的山，他說，高山。香港的山好難看，許多都是光禿禿的。我說，那是因為香港在仿效愚公移山，在開闢建築地盤以容納從大陸湧來的難民。還有一些山好像長滿瘡疤，那是什麼？我說那是難民的木屋，使山的表面像蜂窩一樣。這些話他好像沒有聽進去。

我們帶他到山頂，那裡有樹木，是青山，但那也不像他坂仔的山。從山頂望下四面是水。他說，環繞著坂仔的山是重重疊疊的，我們把坂仔叫做東湖。山中有水，不是水中有山。原來他在尋找那些環繞著他的快樂的童年的山陵。那時，他還沒有離開那深奥的山谷。還不識愁的滋味。他小聲對我說：「我把媽媽照顧得快快樂樂。你的姊姊在慢慢地摧毀她。」

他帶兩個外孫去看卡通電影，每星期日早上一定如此，回來時三個人同樣興奮。他在報上讀到一段新聞，說在九龍城寨有個女人貧窮潦倒，便和我一起去到那連警察都不敢去的地方，找到她給她數百塊錢。

他把我的打字機拆了又拼起來。他在為英文打字機設計一個新的方形鍵盤，因為現在用的鍵盤是不合理的，將最常用的字母置於鍵盤左右。他設計的鍵盤將元音的字母置於鍵盤中間，並且將常連在一起的字母，如**ing, ious, tion**置於相鄰的位置，使打字員可以用一個手指在鍵盤上滑來滑去打字。這個鍵盤有幾個字母重複，以求便利。他的用意是使一個人可以坐在沙發椅上，一手握著小鍵盤，一手按鍵鈕打字，既快又方便。這個鍵盤獲得專利，但父親並沒有真的去推銷。他發明的東西還有一個**Page-meter**（紙張長度表），使打字員打字時能時時知道紙張還可以打多少行字。

爸爸本來預備在香港住幾個月的，但是媽媽來電說，姊姊又病了，所以住了幾個星期之後，他又匆匆飛回紐約。我為他難過，但他一句話也沒有說就走了。

姊姊徘徊在接受現實與脫離現實之間。這種病大概是官能性的毛病，由於腦部的構造損壞所致。後來她又好了，工作之餘試譯唐詩。

香港之行，惹起鄉愁。僑居美國的中國人，都在製造小廈門，或小廣州，或小成都。好友張大千由巴西路過紐約到歐洲，父親請他吃飯。那天正巧朋友送他一個大鯉魚頭，母親紅燒，妹妹特地做一樣扁燒青椒敬這位四川人。妹妹在哈佛取得博士學位之後，在紐約哥倫比亞大學作生物化學研究工作，閒來，將袁子才食譜的菜一一試驗，與母親合作*Secrets of Chinese Cooking*（《中國烹飪秘訣》），由**Prentice-Hall**出版。

開了兩瓶台灣花雕，當然話就多了。張大千和父親談到一九四三年冬，父親到成都，大千也剛從敦煌臨摹壁畫回來，張岳軍設宴為他們接風，座上有沈尹默，相談甚歡。大千由歐洲歸來，將回巴西，路過紐約，又得機暢談往事。這次由大千作東，在四海樓吃晚飯，婁廚子是大千家的廚子。大千點的菜有鰐鱝大翅，是父親一生第一次嚐到。這不是鯊魚翅，是產於南非，平時買不到的。還有一樣是大千發明的川腰花，還有一樣是酒蒸鴨，其味清香可口，略如上海「小有天」。大千因此說：「上海『小有天』進門扶梯上去，迎面就是一幅鄭孝胥的對聯：

道道非常道
天天小有天

甚雅雋。」

父親機智地說：「且說話，莫流涎，須知紐約別有天。」

他們談到齊白石，張大千說：「白石成為大畫家是打二百板屁股打出來的。」原來白石少年時在長沙一人家當木匠，後來不知何事，他在法庭上罰打二百下屁股，長沙不能住了，乃逃往廣西。以前他專會雕花，至此乃改用鐵筆，刻圖章以維生計，古雅有趣，後來跟吳昌碩學畫，終於成名。

父親一向對國畫興趣極大，所著*The Chinese Theory of Art*（《中國畫論》），一九六七年由**G. P. Putnam's Sons**出版。

一九六四年，《**讀者文摘**》派人到香港物色中文版總編輯。他們籌備出中文版已有兩年。有人向他們推薦我，我那時已出版六部小說，均以英文撰寫，並已譯成八種其他文字出版。我並受聯合國文教組織委託，將中國古典名著《鏡花緣》譯成英文。

《讀者文摘》委任我當中文版總編輯時，父母親是真高興！中文版於一九六五年三月問世。這時，碰巧父親開始為中央社寫「無所不談」專欄。馬星野請我寫〈我的父親〉一文，介紹父親寫作之態度，我當時覺得這題目太大，不是一二千字可以寫得完，但是也勉強寫了一篇短文。

原來，一九六四年秋，馬星野在巴拿馬擔任大使五年之後，受命出任中央通訊社社長。十一月中旬，他自巴拿馬返台，路過紐約。某一晚上，在宴席上，他向父親提出請他為中央社寫專欄。父親允予考慮。他自一九三六年赴美專著英文書籍，中文寫作此調不彈已三十年。現在有機會復操舊業，他「不免見獵心喜，欣然答應」。馬氏從台北寫信給他說，專欄內容，無所不談，沒有限制。父親即以「無所不談」四字做專欄的稱呼。他在該欄第一篇「新春試筆」中說：「承星野兄之好意，囑我撰稿。政治既不足談，惟談文藝思想山川人物罷了。我居國外，凡三十年，不教書，不演講，不應酬，不投刺，惟與文房四寶為老伴，朝於斯，夕於斯，樂此不疲，三十年如一日。星野兄叫我擁重兵，征西域，必謝不敏。叫我揮禿筆，寫我心中所得，以與國內學者共之，則當勉強。美國編輯，倒有一樣好處，凡文稿不好，雖為名作家所作，亦請修改，或退稿。故美國出書，絕無送人情之事。

大約每月二次至三次奉上一篇，或意到筆不到，或意思平平，無甚可說，請刪節或投之字紙簍可也。」

此專欄自一九六五年二月十日開始發稿，每月四篇。在台灣，有十三家報紙訂戶，在國外，有港、菲、泰、美洲（紐約、舊金山、多倫多）等十二家報紙訂用，同時刊出。「無所不談」的讀者，當在五百萬人左右。父親一共寫了一百八十多篇。後來，台灣文星書店彙編出版，為第一第二兩集。（一九七四年，開明書店出版《無所不談》單行本。）下集中，父親有篇自序，說：「這些文章，第一部分是主張『溫情主義』，反對宋明理學。希望大家能明孔孟並非程朱，程朱也並非孔孟。又一部分，是講讀書的旨趣，及正當方法。大部分，是比較輕鬆幽默的文字，這種文字，莊諧並出，台灣還沒有人敢寫。」「無所不談」中有幾篇議論文，是他思想重心所寄。〈說誠與偽〉和〈論中外之國民性〉便是其中兩篇。

說誠與偽

我們今日，我敢相信是已經開明的社會，開通的社會，而我們的人生觀，也已多少受過西方文化的洗禮。個人之尊嚴，女子之地位，以及人生之欲望，父子之關係，男女的關係，與以前道學說法，常有格格不入之勢。

這自然與倫理的建設，生出密切的問題。如果復興文化，不是復古而已，我們對孔、孟之道應有深一層的認識，不可裝一副道學面孔，唱唱高調，便已自足。孔子曰言之必可行。西方倫理亂，我們不可學他亂，而我們自己的倫理，也得認識孔、孟的真傳，不為宋儒理學所蔽，始能合乎現代人的人生觀。我想現代西方的人生觀，比我們切實無偽，而孔道可與現代思想融洽無間的，就是誠之一字。

原來，聖人教人得人情之正，如此而已。所以百世以俟聖人而不惑。所以孔子的道理，無論如何打不倒，這是我們應首先明白的。而儒家之立場，卻不在揖讓進退，繁文縟節。泣淚、泣血、拉淚、拭淚是繁文，不是禮之本。繁文可以改，而與孔子之道無與。聖人之教，只在日用倫常，得中道而行，原沒有什麼玄虛的話。如男女平等關係，關雎之義，夫婦為人倫之始，至為明顯。故外無曠夫，內無怨女，男有室，女有歸，是孔子的理想社會。所以文王思后妃，夜不成眠，至寤寐思服，輾轉反側，不為孔子所黜。漢儒解「窈窕淑女」（漂亮女郎）為住在深宮的女子，可見這時漢儒的思想已經僵化，不敢作比較近人情的說法。

孔子達情主義（戴東原所謂「順民之情，遂民之欲。」）可以變為道學之形式主義？性與天道，夫子不得而聞。老子講天道，就要人絕聖棄智，做到無思無欲，如初生之犢境地。這是做不到的。佛家本來是出世思想，以情欲為煩惱，以人生為苦海，故欲斬斷情絲，以悠然物外，而以七情為六賊。晉唐還不怎樣，儒為儒，佛為佛，而士大夫，大家室，也很少道學虛為粉飾氣氛。宋儒出，受了佛教的渲染，也來談心說性（子所罕言之性，）乃排脫情欲，專講一個抽象而無所附麗的「性」，（唐李翺已有復性之論）。必欲做到「人欲淨盡，天理流行」局面。這樣反孔子達情主義，已甚顯然了。無如情不可滅，欲不可遏；到了欲不可遂，情不可達，自然非矯情粉飾不可，自己裝門面，對人責以嚴，遂成道學冷酷的世界。大家屏氣斂息，正襟危坐，怕聞鐘聲，以免為物欲所入，以為心學，以為功夫，惟恐未到枯木死灰地步。黃氏日抄說：呂希哲習靜，僕夫溺死不知（我想當時是坐在轎內）。張魏公符離之敗，殺三十萬人，而夜臥甚酣，這才叫做心學，叫做功夫。這是用世之學嗎？葉名琛「不戰、不和、不守、不降、不死、不走」的六不主義，靜是靜極了。可以應付西方主動的民族嗎？

人生在世，無一事非情，無一事非欲。要在誠之一字而已。誠便是真。去偽崇真。做文做人，都是一樣。紅樓夢佳文，也是一「真」字而已。史湘雲醉臥牡丹下，不大體統；晴雯罵麝月磨牙，也欠斯文；然紅樓夢之所以為文學，正在此等真處，如見其肺肝然。虛偽的社會不然，上下相率而為偽，說話立言做文章，都是預備做給人家看的，說話給人家聽的。於是高談讜論，辭嚴義正，篇篇是門面語，句句是得體文章，搖膝吟之，朗誦讀之，都是好文章，而與人生之真實何與？與誰還有一句衷心之論，肺腑之言，見之筆端？這是思想硬化，文學枯竭，性靈摧殘之原因。

古代禮教思想之硬化，恐怕青年人不大清楚，而古代禮教之束縛，也不甚明白。袁子才〈讀喪禮或問〉記了兩條，真是咄咄怪事，可以為例：『余讀劉古塘喪禮或問序，而不覺囅然也。某公居喪屏妻，自期有七月之後，因見母，故見其妻。而心動，強抑苦禁，諄諄以告人。』原來古禮除服祭謂之「禫」，儀禮有「禫而從御」的話，鄭氏解為服期滿以御婦人，後人遂有居父母喪屏妻與異寢之禮，至少喪中九月以後，妻有孕，乃大慚德，使君子踧踖不安。袁子才評曰：『以妻待之乎，不以妻待之乎？以妻待之，則所居之喪，即妻之喪也……雖日日見何害？不以妻待之，則專視為媟褻蕩心之具，而此外無一事焉，雖終身不見何益？夫至於隔絕夫妻至期又七月之久……一旦相見，勃勃然有男女之思，又何尤焉？』這便是道學弄出來的玩意兒，甚矣古禮之難守也！且見母是孝思不匱，是公，見妻是私，所以必要說「因見母故見其妻」，未免奪情。這便是道學面孔。又喪禮或問引漢朝第五倫矯情之事，與此相符。倫在喪中，『兄子有疾，一夜十往，還竟安眠。己子有疾，終夜不往，夜竟不眠』。袁子才評曰，『倫貪遠其子之名，而至於夜不一往，則未悉其病狀，情固未安，而欲往之情，卒難遏禁，又安得眠？」所以子才刺其「貪愛兒之名」，而做出「矯情釣譽」的行為。

這種悖情矯飾，虛偽鋪張的風氣，卒成為千年來中國特有的，行文做事，專尚門面的風氣。由孔子達情主誠的主義，變為冷酷奪情的主義。所以演出很多的人寰慘劇。所以有「三從四德」的話。夫死從子，置母道於何地？未聞引起大儒的駁斥。所以大丈夫宜柔，宜八面玲瓏，而女子卻應該轟轟烈烈有貞烈的勇氣。所以壓迫命婦不得改嫁，未婚夫死，女子須保守貞節，終身守寡，甚或有逼媳殉夫自盡之惡俗。

我看清朝能對這假道學抗議力爭者，只有戴東原、袁子才、俞正燮、李汝珍三數人而已。李汝珍諷刺纏足制度《鏡花緣》。俞正燮反對納妾，謂婦人之妒乃屬自然，並非惡德。且舉閨俗，有人家子死，家人懸索梁上，逼媳婦投環，或置酖杯中，逼其自盡，而全家樂得坐待旌表烈婦之美名（癸巳類稿）。袁子才反對以女人為尤物，其收女弟子，在男女同學之今日，可謂開風氣之先。他用心理的批評，揭穿道學之假面具，批郤導窾，可謂一針見血。他所以不喜者，是道學之虛偽刻薄（「谿刻以為清」，「儉其外，貪其中」，見清說）。他不但反對理學（「宋儒非天」，見與程蕺園書，又書復性書後，斥理欲之辨最清楚）。且反對道統觀念（代潘學士答雷翠庭祭酒）。更根本推翻「經」的觀念（「疑非聖人所禁」；又謂『六經者，文章之祖，猶人家之有高曾也。高曾之言，子孫自宜聽受，然未必其言之皆當也。六經之言，學者自宜參究，亦未言之皆醇也。』見答惠定宇第二書）。

以子才之通脫，自然遭時人的反對。當時浙東學士章學誠，尤能針砭子才之錯處，因為章學誠也是通才，文章義理，有過人的見地。但是，實齋斥子才收女弟子，代刊詩詞，為傷風敗俗。這便是實齋不及子才之處，在道學場中，不能戳破藩籬。戴東原所見的社會，與俞正燮所見相差尚不甚遠，故有「以理殺人」的憤語。戴謂『此理欲之辨，適成忍而殘殺之具』（見疏證卷下，論權）。又謂：『酷吏以法殺人，後儒以理殺人。浸浸乎舍法而言理，視民如異類焉。聞其呼號之慘，而情不相通。死矣！不可救矣！』（見與某書）。章學誠評戴氏謂：『戴氏筆之於書，多精深謹嚴。至騰之於口，則醜詈程朱，詆侮董韓。』（據錢穆所見章氏遺書鈔本，答邵二雲書）說他「筆舌分用」。這樣戴氏憤怒之情之語，猶不僅孟子字義疏證及原善諸書所見。這也是文學史上一重公案。我們要明白戴氏何以罵盡理學，要先明白他所以口誅筆伐的背景。

一、每個國家都有他文化之特質，而此特質是常與國民性有關，國民性影響文化，文化也影響國民性。所謂文化不是指文明，是比較無形的風俗習尚處世接物的精神表現。一國所不敢為，他國為之；一國所做不到，他國做得到。十九世紀日本之發憤圖強與中國之抱殘守闕就看得出來。大戰以後，日本與德國之自力更生，便是國民性表現的好例。說他是文化不同，還不如說國民性不同。

二、中華民族與西方國家比較，進取不足，保守有餘，勇毅有為之精神不足，而動心忍性之功夫甚深。有時我想：探南北極，或登喜馬拉雅山，並非我們民族的專長，回家含飴弄孫倒是我們的慣技。忍辱負重，他人不如我，睚眦必報，我不如人。得過且過是表示我們祖傳的涵養，勵精圖治是東洋人及西洋人的作風。總而言之，中國的文化是靜的文化。西洋的文化是動的文化。中國主陰，外國主陽，中國主靜，西洋主動。

中國人的美德是靜的美德，主寬主柔，主知足常樂，主和平敦厚；西洋之美德是動的美德，主爭主奪，主希望樂觀，主進取不懈。中國人主讓，外國人主攘。外國人主觀前，中國人主顧後，這在英文 aggressive 一字，看得出來，這字是指「攻奪」、「侵伐」，看來似是不好的字面，但是用起來倒是稱讚某人之進取精神。如說公司請到一位 aggressive 總經理，意思是他很有作為有節節前進除舊革新的勇氣。又如「挑戰」二字似乎不大文雅，而西文 challenge 卻是好的，是激發應戰的話。我們東方人最愛和平，西人要到東方傳教，也是教人和平，但必說是不信耶教之異教徒，向他們「挑戰」，他們應該應戰而來。中國農民和和平平耕織之不暇，何嘗向誰「挑戰」？這還不過是說中國人未聞耶穌道理，他們應當起來傳道，大有投筆從戎之意罷了。說句老話，也可以說，中國人尚文，西方人尚武。這話雖不盡確，但也差不了多少。

這動的人生觀與靜的人生觀，在中西之交流接觸，在政治上或私人上，未免使人感覺，似乎我們少了一種動力，而容易陷於聽天由命得過且過的態度。中國人比西方民族，似乎少了一種奮發勇往邁進的生命力。這不是說，中國人沒有刻苦耐勞，堅苦卓絕的精神。凡是吃苦耐勞，有忍字耐字，中國人都做得到。忍字是靜的美德，並非動的美德。

三、這靜的人生觀，非孔子之過，更非孟子之過。智仁勇三者天下之達德。孔子就少有靜觀宇宙的話。自首至尾，孔子還是身體力行的話。注重在行，不注重在坐。孔子很少仰觀天象，最多渡河不得而發水乎水乎之嘆而已。子思才有仰觀天象的感嘆。孔子過蔡過匡，在陳絕糧，還是以天下為職志，而為出世派的隱士如長沮桀溺所看不起，孟子起而有大丈夫之論，富貴不能淫，貧賤不能移，威武不能屈。孟子言善養吾浩然之氣，志壹則動氣，氣壹則動志。這浩然之氣還是動的。孟子之言仁，不是三月不違，木訥之仁，是講氣魄，有人氣之仁。這種有氣魄有人氣，才是「仁」，才近於西洋所謂 **manhood**，也就是孟子的大丈夫。「人皆可以為堯舜」，「聖人與我同類」——這種氣魄多大！可惜這大丈夫的理想，久已不談了，而人的理想也漸漸由動轉入靜了。孟子一書，我不主張初中就要念，卻主張大學一年級的學生，人人非念不可。二年級、三年級、四年級每年自己重讀一遍，總是好的。少年老成的老少年，翻翻一看，也可保存一點人氣。

四、我所以說這些話，只看見我們偉大民族之保守與西洋人之進取，覺得在此群雄角逐的國際場中，與人並駕齊驅，非改變作風不可。不願意看見黃帝子孫辦事效能比西人不如。

第二十三章　回台定居

一九六五年，我們三姊妹為雙親做七十大壽。我和黎明帶著孩子從香港飛抵紐約，我們請了好幾桌客人，雙親生平好友同聚一堂。父親在席上仍是「無所不談」，興致極好。

中央社同人特別做了一詩賀他七十華誕：

臨江仙

論語翻新人間世，幽默媲美蕭翁，吾土吾民揚天聲，瞬息京華去，奔向自由城。

椽筆揮來老益健，玄言翊贊中興，河山光復賊氛平，仙槎迎回國，傳杯慶長生。

這時，父親已將小說 ***The Flight of the Innocents***（《逃向自由城》），一九六四年

由G.P. Putnam's Sons出版），並交中央社譯發。他因此依原韻寫了一首詞致謝：

臨江仙

三十年來如一夢，雞鳴而起營營，催人歲月去無聲，倦雲遊子意，萬里憶江城。
自是文章千古事，斬除鄙吝還興，亂雲捲盡縠紋平，當空明月在，吟詠寄餘生。

父親又填了一首「滿江紅」作自壽詞，並以答謝總統府祕書長張岳軍寄贈的賀壽詩。

七十古希，只算得舊時佳話。須記取，岳軍曾說發軔初駕，冷眼數完中外賬，細心評定文明價。有什麼了不得留人，難分捨。
從此是，無牽掛，不逾矩，文章瀉。是還鄉年紀應還鄉呀！故國哀鴻猶遍野，人民倒懸何時赦。願河山收復共歸來，歸來吧。

這首詞重述他一生「兩腳踏東西文化，一心評宇宙文章」的懷抱和親切表示對國家和同胞的熱愛。

父母親在外國住了三十多年，這時考慮回到東方來住。我們在香港，他們最愛和外孫在一起，所以先來和我們住。爸爸的二十幾箱書運來了，圍滿了我們的飯廳客廳的牆壁。

爸爸雖然已經七十歲，精神仍然很好，步履矯健，只有頭髮稀疏一點。

不久，他們去台北一次。他們七年沒有回台，這次回去，又見到許多親友。馬星野夫婦在自由之家為他們設酒會，國內政要名流幾乎都到了。蔣復璁在故宮博物院招待他們，父親和蔣院長兩人一見如故。蔣總統在南部接見他，閩南同鄉會請他們吃飯。父母親無論去那裡，處處聽見閩南語，令他有一種特殊的感覺，好像在做夢，好像回到故鄉。但漳州民間窮苦，教育水準不高，怎麼這裡的鄉民忽然都識字了，而且衣著漂漂亮亮，與小時故鄉不同呢？這真奇怪，好像是時間空間變的魔術！

少年的回憶湧到心頭，他對記者談起他畢業尋源書院之後，想到上海聖約翰大學讀書，他父親卻拿不出錢來給他作川資雜費，後來他父親的學生陳子達送來一個藍布包，打開一看，裡面赫然是亮晶晶的一百大頭！他又談到他二姊美宮在他要到上海去就讀聖約翰大學時，給他四角銀錢，對他說：「二姊自己是沒有希望了，你要好好的讀書，要成名。」那時他覺得他是替二姊上大學似的。二姊的話，他畢生難忘。父親不覺老淚縱橫。他是盡了心力了。他沒有辜負二姊的期望。

父親到中央研究院參觀，在胡適的墓前獻花，站了許久。他又想起他少年在外國留學時，公費突然停止，而胡適以北京大學的名義匯來二千美元，使他能夠繼續讀書，後來他才發現，那是胡適自己掏腰包匯給他的錢。是的，每次受到讀者讚譽稱頌，他就想到這幾十年成功路程中，遇到多少艱苦辛酸。

他對台灣有一種親切感，於是決定在那裡定居。父母親先在陽明山租了一幢房子住。後來，蔣總統表示要為他們建築一幢房屋，父親接受了。這是他生平第一次接受政府的恩惠。總統並且請他任考試院副院長，父親婉辭了。

父親的房屋位在陽明山士林區永福里（後來改稱仰德大道）。房屋是父親自己設計的，沿著大道有一堵白色的圍牆，中間有一扇紅色的大門，踱過精緻的小花園，穿過雕花的鐵門，是一個小院子，周圍有螺旋圓柱，頂著迴廊。院子中有樹，有一個小魚池，右邊是書房，左邊是臥室，中間是客廳飯廳，陽台面對綠色的山景。房屋下是斜坡，走下去便是草地，種菜種花養雞。

這是恍然隔絕塵世，可遇不可求的美夢，父親猶如再回到故鄉，一個變成《愛麗絲夢遊記》般的故鄉！他在小院子中叼著煙斗對那一小池魚沉思，他坐在陽台望著遠山、林木，心想，如果可以在園裡養一隻鶴，可多好。

有了傭人，母親不必再自己操勞家務。早上有人挑剛剛從山上砍下來的竹筍來賣，中午殺一隻雞燉湯吃，那是幾十年來沒有嘗到的美味！進城吧，到圓環去吃蚵仔煎、炒米粉，或是去「一條龍」吃餃子。要不然換換氣氛，到統一大飯店的咖啡室飲一杯咖啡，吃一塊奶油蛋糕。坐汽車到日月潭玩玩吧，日月潭近似杭州西湖，差不多可以一覽而盡。烏山湖可比揚州的瘦西湖，能盡迂迴曲折之妙。到台南去吧，那裡阿霞小食館的海鮮的好味，是他沒有嚐過的，阿霞的螃蟹是自己養的，那麼肥厚的蟹黃，他從來沒有見過，阿霞的甲魚鱉裙有二公分之厚，她的明蝦，肉白而嫩，有龍蝦之香而味勝龍蝦，天下竟有如此奇珍！

但是最美妙的還是人人講閩南話。到永和去吃豬腳吧，那家小館的老闆說：「戶林博士等哈久，真歹細，織蓋請你吃煙呷吃茶。豬腳飯好氣味真好吃又便宜，請林博士吃看邁。大郎做生日，囝仔長尾溜，來買豬腳麵線添福壽。」妙極了，妙極了。真好呷，真好呷！父親笑得嘴巴都閉不攏。

他喜歡和小孩子接近。在路上走，無故總不好意思和小孩子攀談，人家在玩，一問一答就完了。有一次他到中山北路一家文具店，看店的是個十二三歲的小孩子，他一說錯了話臉就紅起來，父親說：「我想非買他的東西不可，因為我知道，臉紅不能假的，於是我們成交二百多元，那一大堆的大信封、卷宗套子、尺、原子筆都是家裡已有的東西。然而買時那小孩子一對黑漆漆的眼珠那麼大，他高興，我也高興。」

「人生在世，年事越長，心思計慮越繁，反乎自然的行為越多，而臉皮越厚，比起小孩子，總是少了一個什麼說不出的東西，少了個『×』。我想還是留點溫情吧。大人不要失其赤子之心，應該留點溫情，使心窩中有個暖處。不然，此心一放，收不回來，就成牛山濯濯的老奸巨滑了。」

台北熱鬧，有人情味，父母親在這裡有許多老朋友，也交了許多新朋友。黃季陸、羅家倫、吳大猷、劉紹唐、查良釗、蔣復璁、沈剛伯、毛子水、李濟、吳經熊、張大千、錢穆、徐訏、劉甫琴、沈雲龍、謝冰瑩、阮毅成、錢思亮、何容、黎東方、陳石孚、魏景蒙、葉公超，只不過是許多朋友中的幾位。故宮博物院院長蔣復璁常到家裡來訪。有一次，父親在書房工作，傭人進來說，「蔣院長來了。」

「請他等一等」，父親說，過了一段時間才走到客廳，赫然發現是行政院長蔣經國，他事先沒有通知就來了。以後他也再來過幾次。

比較年輕的朋友有王藍、姚朋（彭歌）、殷張蘭熙、馬驥伸、黃肇珩……數也數不完。還有許多林家廖家的姪兒外甥甥女也在這裡，女作家畢璞、鍾麗珠是姪媳婦。父親高興地說：「我們姓林的個個都聰明！」好像她們的寫作細胞是林家遺傳的。

台灣的作家、畫家、詩人和文藝青年在國軍文藝中心的大廳，為父親舉行「幽默之夜」盛會，有一百二十人來到。父親以姓林自豪，把林則徐、林黛玉、林肯都扯上了。司馬中原、林海音、楚戈、段彩華、孫如陵、朱橋等當夜都妙語如珠。

父親在台灣接受很多邀請，出席演講。但最令他頭痛的是集會中冗長的講演。有一次，他在某校畢業典禮上聽了許多人演講，輪到他的時候，他站起來說，「演講應該和女子的裙子一樣，越短越好，」引起長官來賓和青年學生大笑。

他又說：「一個人在世上，對學問的看法是這樣的：幼時認為什麼都不懂，大學時自認為什麼都懂，畢業後才知道什麼都不懂，中年又以為什麼都懂，到晚年才覺悟一切都不懂。」

許多年前，他在上海的時候，寫過一篇文章，舉出他個人理想與願望，認為這些願望十成中能得六七成，也就可算為幸福了：

我要一間自己的書房，可以安心工作。我想一人的房間應有幾分凌亂，七分莊嚴中帶三分隨便，住起來才舒服。

我要幾套不是名士派但亦不甚時髦的長袍，及兩雙稱腳的舊鞋子。居家時，我要能隨便閒散的自由，雖然不必效顧千里裸體讀經，但在熱度九十五以上的熱天，卻應許我在傭人面前露了臂膀，穿一短背心了事。

我要一個可以依然故我不必拘牽的家庭。我要在樓下工作時，聽見樓上妻子言笑的聲音，而在樓上工作時，聽見樓下妻子言笑的聲音。我要未失赤子之心的兒女，能同我在雨中追跑。我要一小塊園地，澆花種菜，餵幾隻家禽。我要在清晨時，聞見雄雞喔喔的聲音。我要房宅附近有幾棵參天的喬木。

我要幾位知心友，不必拘守成法，肯向我盡情吐露他們的苦衷。幾位可與深談的友人，有癖好，有主張，同時能尊重我的癖好與我的主張，雖然這些也許相反。

我要一位能做好清湯、善燒青菜的好廚子。我要一位很老的老僕，非常佩服我，但是也不甚了了我所做的是什麼文章。

我要一套好藏書，幾本明人小品，壁上一幀李香君畫像讓我供奉，案頭一盒雪茄，家中一位了解我的個性的夫人，能讓我自由做我的工作。

我要院中幾棵竹，幾棵梅花。我要夏天多雨冬天爽亮的天氣，可以看見極藍的青天。

我要有能做我自己的自由，和敢做我自己的膽量。

這些願望，在陽明山上十成得了八九，他實在是快樂，感到幸福。他在「無所不談」專欄寫了一篇〈來台後二十四快事〉。

來臺後二十四快事

金聖嘆批西廂，拷豔一折，有三十三個「不亦快哉。」這是他與朋友斲山賭說人生快意之事，二十年後想起這事，寫成這段妙文。此三十三「不亦快哉」我曾譯成英文，列入「生活的藝術」書中，引起多少西方人士的來信，特別嘉許。也有一位老太婆寫出她三十三個人生快事，寄給我看。金聖嘆的才氣文章，在今日看來，是抒情派，浪漫派。目所見，耳所聞，心所思，才氣橫溢，盡可入文。我想他所做的西廂記序文「慟哭古人」及「留贈後人」，詼諧中有至理，又含有人生之隱痛，可與莊生〈齊物論〉媲美。茲舉一二例，以概其餘。

其一、朝眠初覺，似聞家人嘆息之聲，言某人夜來已死。急呼而訊之，正是城中第一絕有心計人。不亦快哉！

其一、久欲為比邱，苦不得公然吃肉。若許為比邱，又得公然吃肉，則夏日以熱湯快刀，淨割頭髮，不亦快哉！

其一、夏日早起，看人於松棚下鋸大竹作筩用。不亦快哉！

仿此，我也來寫來臺以後的快事廿四條：

一、華氏表九十五度，赤膊赤腳，關起門來，學顧千里裸體讀經，不亦快哉！

二、初回祖國，賃居山上，聽見隔壁婦人以不乾不淨的閩南語罵小孩，北方人不懂，我卻懂。不亦快哉！

三、到電影院坐下，聽見隔座女郎說起鄉音，如回故鄉。不亦快哉！

四、無意中傷及思凡的尼姑。看見一群和尚起來替尼姑打抱不平，聲淚俱下。不亦快哉！

五、黃昏時候，工作完，飯罷，既吃西瓜，一人坐在陽臺上獨自乘涼，口銜煙斗，若吃煙，若不吃煙。看前山慢慢沉入夜色的朦朧裡，下面天母燈光閃爍，清風徐來，若有所思，若無所思。不亦快哉！

六、赴酒席，座上都是貴要，冷氣機不靈，大家熱昏昏受罪，卻都彬彬有禮，不敢隨便。忽聞主人呼寬衣。我問領帶呢？主人說不必拘禮，如蒙大赦。不亦快哉！

七、看電視兒童合唱。見一小孩特別起勁，張口大唱，又伸手挖鼻子，逍遙自在。不亦快哉。

八、聽男人歌唱，聲音懾氣發自腹膜，喉嚨放鬆，自然嘹亮。不亦快哉！

九、某明星打武俠，眉宇嘴角，自有一番英雌氣象，與眾不同。不亦快哉！

十、看小孩吃西瓜，或水蜜桃，瓜汁桃汁入喉嚨兀兀作響，口水直流胸前，想人生至樂，莫過於此，不亦快哉！

十一、什麼青果合作社辦事人送金碗、金杯以為二十年紀念，目無法紀，黑幕重重。忽然間跑出來一批青年，未經世事，卻是學過法律，依法搜查證據，提出檢舉。把這些城狐社鼠捉將官裡去，依法懲辦。不亦快哉！

十二、冒充和尚，不守清規，姦殺女子，聞已處死。不亦快哉！

十三、看人家想攻擊白話文學，又不懂白話文學；想提倡文言，又不懂文言。不亦快哉！

十四、讀書為考試，考試為升學，升學為留美。教育當事人，也像煞有介事辦聯考，陣容嚴整，浩浩蕩蕩而來，並以分數派定科系，以為這是辦教育。總統文告，提醒教育目標不在升學考試，而在啟發兒童的心智及思想力。不亦快哉！

十五、報載中華棒球隊，三戰三捷，取得世界兒童棒球王座，使我跳了又叫，叫了又跳。不亦快哉！

十六、我們的紀政創造世界運動百米紀錄。不亦快哉！

十七、八十老翁何應欽上將提倡已經通用的俗字，使未老先衰的前清遺少面有愧色。不亦快哉。

十八、時代進步，見人出殯用留聲唱片代和尚誦經。不亦快哉！

十九、大姑娘穿短褲，小閨女跳高欄，使老學究掩面遮眼，口裡呼「嘖嘖！者者！」不亦快哉！

二十、能作文的人，少可與談。可與談的人，做起文章又是一副道學面孔，排八字腳說話。倘遇可與談者，寫起文章，也如與密友相逢，促膝談心，如行雲流水道來，不亦快哉！

廿一、早餐一面喝咖啡，一面看「中副」文壽的方塊文字，或翻開新生報，見轉載「艾子後語，」好像咖啡杯多放一塊糖。不亦快哉！

廿二、臺北新開往北投超速公路，履險如夷，自圓環至北投十八分鐘可以到達。不亦快哉！

廿三、家中閒時不能不看電視，看電視。不得不聽廣告，倘能看電視而不聽廣告。不亦快哉。

廿四、宅中有園，園中有屋，屋中有院，院中有樹，樹上見天，天中有月。不亦快哉！

第四條「無意中傷及思凡的尼姑，看見一群和尚起來替尼姑抱不平」，是指他在「無所不談」專欄所寫〈尼姑思凡英譯〉一文，惹起佛教界的不愉快。他想到，他寫了〈子見南子〉，觸怒了孔氏族人，那是多少年以前的事了！世界並沒有變。他在台灣的寫作，引起許多非議。《平心論高鶚》討論《紅樓夢》後四十回之著作問題，引起紅學者的辯論。父親說：「在台灣寫文章真不容易，我不敢輕鬆。」他在台灣也重編了《新開明語堂英語讀本》。

一九六七年十一月，「世界中文報業協會」第二屆年會在台北揭幕。父親就「新聞常用字」問題，演講「中國常用字之推行」。會後，「報協」決議成立新聞常用字整理小組，根據他所提「整理漢字草案」精神制定三千新聞常用字。

次年春，他應邀擔任《國語日報》董事。同年六月國際大學校長協會（**The International Association of University Presidents**）在漢城舉行第二屆大會，出席有五十多個國家的大學校長暨學術文化界人士二百多人。父親應邀出席，以〈促進東西文化的融和〉（***Toward a Common Heritage of All Mankind***）為題，發表四十多分鐘的演講。他指出東方文化與西方文化在基本上顯著的差異有下面幾點：

一、中國人的思考以直覺的洞察力及對實體的全面反應為優先，西方人以分析的邏輯思考為優先。西方人多執著於抽象的、分析的思維方式，甚至認為非經過邏輯推演或非經過科學方法證實的，不能算是真知識。直覺或直覺的觀察力在西洋邏輯系統中是沒有地位的。西洋邏輯常將事物逐段分析研究，因而有時只是片斷現象而忽視了整體。中國人的直覺觀察力是一種明敏的瞭解方式，大部份憑藉以往的經驗，亦可稱為經驗主義，對事物易作全般的、整體的瞭解和估量。西方哲學特別著重探討知識，尤其是自笛卡兒（**Rene Descartes 1596-1650**）之後，哲學方法普遍偏向於科學實證，在這種趨勢之中，往往有時只見樹木而未見森林，甚至只見枝葉而未見樹木。由於忽視了全景的觀察，對於精神方面的許多真理，例如常常談到的信仰、希望、博愛等，又如愛國情操、精神不朽、良辰美景等，便很難得到圓滿的解釋。東方哲學除了研討知識之外，對人生的探究也佔很大的比重。東方人認為宇宙的奧妙，人生的美好，不是用三段論法的邏輯所能推演出來的。

二、中國人以感覺作為現實體不可分的一部份；對於事物的看法，不像西洋人專說理由，而多兼顧感覺，有時且將感覺置於理由之上。西方哲學家常假定事物是靜止不動的，並將之分割為若干部份，以便於實驗或求證。中國哲學認為事物是變動的，經常都在或快或慢的變化中，而初次感覺或自然感受所得的印象至為重要。這種感覺狀態，很難像物質一樣將它分解開來研究，只可作些比喻。例如兩軍作戰，西方人的觀點較重視兵力、裝備、補給等因素，中國人除了這些之外，還重視軍隊的士氣。又如醫療，在西方特別重視病人體溫的升降，在中國則還要注意病人的感覺如何。

三、中國哲學的「道」相當於西洋哲學的「真理」，但含意比「真理」廣闊些，因西洋的「真理」，僅是指到達正當生活的途徑；而中國所謂「道」，平易近人，是指人人應該走，且是人人可能走的途徑，是日常生活的一部份。孔子謂「道」不可須臾離開人生，可以離開人生的，便不是「道」；但西方所謂「真理」，縱使離開了人生，依然稱為「真理」。

對於未來，父親認為：「如果東方民族能對科學真理及政治民主養成更敏銳的觀察和反應，西方哲學能跳出學究式的理論圈子而重返於人性社會及生活範疇，則東西文化更易於融和。這種融合的文化，將大有助於人類建立和平、合理生活方式的社會。」

一九六九年，父親繼羅家倫為中華民國筆會會長。次年六月，亞洲作家第三次大會由中國主辦，在台北召開。身為筆會會長，父親身當其衝，責任艱鉅。事務由王藍、殷張蘭熙、姚朋負責處理。參加會議的國家和地區有十八個，出席代表一百三十多人，大多是國際知名的小說家、詩人、劇作家和散文家。

父親代表地主國致開幕詞，他說：「這是一個考驗人類靈魂的時代，但也不必憂愁。一個懷疑自己的文化，絕不能繼續存在。」他希望亞洲的作家要「分辨永恆的真理與短暫的時尚，存古創新，堅定地站在人性的基礎上，抵抗各種邪說的狂風。」

日本諾貝爾獎得主川端康成在他的講演中談到「亞洲世紀」即將來到，受到亞洲作家的熱烈喝采，在最後一天的會議中，日本代表佐藤亮一就翻譯問題發言。這位翻譯過一百本書的名教授曾將父親的《京華煙雲》等作品譯為日文，他讚美父親的作品「優美絕倫」。他說，他在翻譯過程中，有時不免為同情書中主角的悲慘命運而淚隨筆下。

同年，七月底至八月初，國際筆會第三十七屆大會在漢城召開。父親是韓國筆會所邀請少數貴賓之一。姚朋說，在各國作家之中，最受注意的還是中國的林語堂。在開會前夕，很多中國代表都受到外國朋友的「請託」，他們問：「你可不可以介紹我見見林語堂？」開會之後，又聽到許多外國代表說：「我真高興，昨天晚上的酒會裡，我和林博士談過了。」

欽慕敬愛之情，溢於言表。有位越南代表對姚朋大談《生活的藝術》，他一再表示，那本書處處耀着智慧的光芒，讀起來令人「生喜悅之心」。他說，這是我們亞洲人的光榮。

這次大會的主題—幽默—幾乎是專為父親設的，他講的是「東方與西方之幽默」。美國小說家厄普戴克（John Updike）講「小說中的幽默」，法國批評家梅雅（Tony Mayer）講「論機智與幽默的區別」，韓國詩人李殷相講「東方幽默的特性」。

姚朋說：

在林老之前講話的人，有的是把幽默分類來分析，有人從世界名著中找幽默的代表，也有些人從他自己本國的文學作品或民族藝術中去找幽默。這種努力是很可佩的，但結果就使得大會的討論學術論道氣息太濃，文藝交流氣氛太少，缺乏了一樣最重要的東西：幽默。

林先生開宗明義就指出：所有的動物都會哭，惟有人會笑，幽默乃是人類心靈發展的花朵。「當文明發展到了相當程度，人才會為著他自己的或是別人所犯的錯誤而發笑，幽默於焉產生。」

他認為，人間最美的笑容，乃是「帶著沈默的理解之微笑」，也就是中國人之所謂「相視莫逆」而來的「會心的微笑」。人，生而為人，受人的條件所限制，位在天使與魔鬼之間。人生充滿了憂愁不幸，愚昧與挫折。幽默便因此而來，激揚心志，使人重新獲得活力，雖然身經百劫，仍能保持着蓬蓬勃勃的生趣。

林先生講得最好的一段話，也是講演稿中原來所沒有的一段話是：「幽默是一種精神，你不能用手指出一本書或一篇文章中的某幾行，說這就是幽默。幽默是指不出來但你可以體會得到的。」在引述了釋迦牟尼、耶穌基督、孔孟老莊和蘇格拉底之餘，他強調，「我們人都是有罪的，但我們也都是可以被寬恕的。」幽默就代表這種知罪而又寬諒的愛心。我想，討論幽默的話頭，正要說到這一層才算是「止於至善」，才算是透徹本源，幽默要能引發人的善意，與偶然一笑是不相同的。

許多東方國家的代表，都很努力地去說明「我們本來也有幽默」，西方人聽得似乎還將信將疑；林先生的演講一出，則不僅是「我們本來也有幽默」，而且把東方人對幽默的體會，所謂「悲天憫人」的精神講了出來，中華五千年文化使東方人吐氣揚眉。

這次大會在亞洲舉行，林語堂與川端康成是亞洲文壇的兩顆巨星。他們兩人坐在一起時總是交頭接耳「竊竊私語」，似乎已建立了醇厚的友誼。我暗自揣想這兩個大文豪的作品與性格；川端如一杯加了冰的杜松子酒，如此之冷澈，如此之甘烈，如此之特殊。林語堂先生則是一壺微溫的遠年花雕，如此之平易，如此之醇厚，如此之**human**。

但是，當林先生演講結束，掌聲如雷之際，我突然有一種極端寂寞之感。身為一個作家，林先生未必即能代表中國思想的「主流」與中國人生活的全貌，但是，在今天的國際文壇上，中國作家的姓名能為世界各國人士所敬慕，恐怕也祇有一個林語堂了。

第二十四章《當代漢英詞典》

一九六九年八月九日是父母親結婚五十周年。他們在家裡請了幾位親友一起慶祝，父親把這紀念日命名為「金玉緣」，他將這三個字鑄在一枚別致的金質胸針上，送給母親。

吃飯時，母親回憶，她母親對她提起這門親事的時候說：「林家沒有錢，但是玉堂這個青年很有前途。」而她說：「沒有錢不要緊。」她又想到在哈佛大學讀書的時候，她屢次生病，把他們帶去的錢都用光了，但是她無論如何不肯向廖家要錢。「她有骨氣，」父親說。

父親說，母親屬水，水包容萬有，惠及人群；而他是屬金，喜歡衝刺磨礪。「我年輕時頑皮、樂觀、不耐煩、不肯受羈束，甚至現在，我還是討厭領帶、腰帶、鞋帶。翠鳳則剛剛相反，她是正正經經、規規矩矩的。我想我們很相稱，相配得很好。她為我付出許多犧牲。我們是結了婚之後才開始相愛的。」

「婚姻生活，如渡大海，」父親這麼說過：「風波是一定有的。婚姻是叫兩個個性不同、性別不同、興趣不同，本來過兩種生活的人去共過一種生活。女人的美不是在臉孔上，是在心靈上。等到你失敗了，而她還鼓勵你，你遭誣陷了，而她還相信你，那時她是真正美的。你看她教養督責兒女，看到她的犧牲、溫柔、諒解、操持、忍耐，那時，你要稱她為安琪兒，是可以的。」

朋友請教他們五十年美好婚姻的祕訣，他們提出個「讓」字，即彼此體貼、相讓。他們沒有兒子，是不是感到遺憾？母親說是的，父親則說不，他不在乎。他有三個女兒，很滿意了。

這時妹妹在香港大學執教，姐姐在故宮博物院服務，初任蔣院長的英文祕書，繼又主編該院出版的英文「故宮展覽通訊」，並且編譯了「唐詩選譯」，交由台灣中華書局印行。她獨自住在故宮的宿舍，心情不好，有時呈現恐懼焦慮的現象，但又不肯搬回家裡住。偶爾，她會與現實完全脫節，好像迷失自我，但又會好起來。她自己也想好，不願意表現出異常的行為，但是有時她不能夠抑制自己。

父母親很擔心，但父親一直抱着樂觀的態度，認為只要鼓勵她、愛她，她一定會好起來。「我們生了三個女兒，同樣照顧，為什麼就是她有問題？是不是她小時候我做錯了什麼事，使她這樣？」

「不，鳳，你不能怪自己。」

「她是我頭一胎，我多麼疼她。她小時候真乖，多聽話，又聰明，像個大人一樣，幫助我做家務，照顧妹妹。多乖、多聽話。」

「她會好起來的。愛她、照顧她、不要批評她，她會好起來的。她根本沒有事。」

父親對姊姊說，「你不要一直想自己，想想別的。培養個興趣。人生快事莫如趣，那也就是好奇心。你對什麼最感興趣，就去研究，去做。趣是有益身心的。」

「堂呀，你不要跟她講大道理了，她聽不進去。我的骨肉，我的心肝，你不要這樣子好不好？吃一片鎮靜劑吧。吃了就會好一點。你知道你爸媽都是七十幾歲的人了。你要學會照顧自己，自食其力。我們是沒有什麼儲蓄的。你爸爸的工作是絞腦汁，那是非常辛苦的工作，會疲倦的，你不要使他煩惱。」

「鳳，你不要跟她講這些，我很好，一點也不疲倦。」

「不，我要她明白。我們上了人家的當了，我們存在『IOS互惠基金』的錢不值分文了。那互惠基金的主持人因為舞弊被抓起來了，成千上萬的人上了當，包括你爸媽。」

「喔？」

「這件事轟動全美，在報紙上已經登了許久……」

「鳳，你不要跟她講這些。」

「我要講，我要她明白。你爸很辛苦絞腦汁賺來的錢不見了。賺錢是不容易的。你不要使他憂愁，聽見沒有？」

父母親的儲蓄被互惠基金吞沒，對他們是很大的打擊，但這時，父親已經開始一項艱鉅的計畫，編纂一部漢英詞典。

編一部好詞典，是父親數十年的心願，早在一九三〇年代，他便請三伯憾廬及張海戈編一部像《牛津簡明字典》的中文詞典，但是編成之後，由於中日戰爭，文稿燬於兵火，六十冊的稿子，只剩下父親帶到美國的十三冊。

對於編纂漢英詞典，父親說：

「國語必有詳確記載國語的詞書，這個觀念與字書完全不同；中國字書，一概以字為本位，不以語文中之詞為本位。所以到現在，還沒有由現代語言學觀點編成的一本中國語文詞典的專書。西方的英文、法文『字典』，都是以那些的國語為本體，凡國語中的詞的用法及文法詞類，及其變化，都記載詳盡。我國的詞書，如《辭源》、《辭海》，雖然以詞為單位，內容卻偏於百科全書性質，未能就詞論詞，研究其在句中之文法地位及變化，也不能於單音組及數音組綴合所成之詞，加以整理及分析。中國語言中平常的字，如『如果』，『倘使』，『一下子』就不屑列入。朱駿聲以《說文通訓定聲》獨具隻眼，能辨明詞意之孳乳，遂能於六書之『轉注』加以新解釋，以『長成』之『長』與『家長』之『長』，『命令』之『令』與『縣令』之『令』（段氏『假借』之例）認為轉注。因為他通達音聲之理，所以能注重語言中之音聲，通其語音之轉變，而超出說文研究字形的範圍。

「中國向來無國語，因國語尚未統一，經五十年來國語統一會諸公（如吳稚暉、黎錦熙等）的高瞻遠矚，不斷的討論，始定北平話為國語。一九三二年《國音常用字彙》，一九四七年《中華新韻》頒布出版，而後讀音始有統一的標準。又跟着一九一八年頒布的注音字母各處推行，始有今日普遍承認之國語與讀音。又自從文學革命以來，以白話為文學工具，教育部乃成立中國大辭典編纂處，經三十年之搜集材料始由汪怡主編《國語辭典》，在抗戰期間由一九三七年出版第一冊，至一九四五年出版第四冊，而後我們可以說中國國語有一部詳盡準確的詞書。對於以往的白話文學（詩、詞、曲及明清小說）及現代北平國音所有的材料都已有系統的記錄。這是開山的工作，前人篳路藍縷之功，我們後學乃受其賜。所以我方敢夢想做一本更合時代的漢英詞典。」

父親編纂漢英詞典是由香港中文大學贊助。在一九六五年底父母親到香港來看我們時，就與中大校長李卓敏談到他終生的抱負，即編纂一部適應現代需要的漢英詞典。當時只有兩種漢英詞典在國際間流行通用。一是一八九二年翟理斯（Herbert A. Giles）編的《漢英詞典》（*"Chinese-English Dictionary"*），以及一九三一年麥氏（R. H. Mathews）

編的《麥氏漢英大辭典》（*"Mathews' Chinese-English Dictionary"*）。這兩部字典已經不足以應付當代的需要。一九六七年春，父親受聘為中文大學的研究教授，主持詞典的編纂工作。資料的收集、查核、抄寫等工作，由一小組人員在台北擔任。

中大的預算中沒有一筆經費可供編纂詞典之用，所以尋求校外熱心人士資助，終於獲得太古輪船有限公司、利希慎置業有限公司和星采報業有限公司各捐助港幣十萬元。這計畫原定是三年完成，但後來因為工作艱巨超出預期，延為五年。金山輪船公司和《讀者文摘》也加以贊助。

在台北雙城街的辦公室工作人員有馬驥伸、黃肇珩，他們擔任收集資料、查核，後來添了陳石孚，他在英文方面有所貢獻。此外有祕書、抄寫陳守荊和施佩英。

父親認為編詞典的工作「如牛羊在山坡上遨遊覓食，尋發真理，自有其樂。」事實上，這分工作的龐大艱難，也許連他自己都沒有料到。

他擬了詞典的藍圖，即編輯體例的概念，與馬驥伸、黃肇珩商量，要他們仔細研究，提出意見。最初六個月，大概都花在體例問題上，父親不憚繁瑣，一再提出修正意見，經過討論，最後決定了「大樣」。這時，編輯小組開始試稿。他們幫父親選擇中文單字和詞句，加以註釋，寫在單張的稿紙上面，並依國語注音符號的次序排列起來。這一切作好之後，把稿子交給父親，由他審定，再譯成英文，稿紙的右邊留有空白，以備他起筆之用。

每天七、八個，甚至十個、十二個小時，他都坐在書桌前，用手寫出每個字和每個詞句的英文意義。這種繁重的工作成年累月地進行。凡在草稿中有疑問，他必反覆問明出處、用法。偶爾觸發靈感，想到佳妙詞語，他便撥電話問辦公室的同仁，是否已採錄。譯到得心應手，他會將紙片交司機送到雙城街，供大家共賞。所有原稿自始至終他都一一過目、修改，並且一校再校。

這部詞典用的檢字法是根據父親發明「明快打字機」時所發明的「上下形檢字法」再修訂的。所採用的拼音法也是將他當年參與製訂的羅馬字拼音法簡化而成的「簡化國語羅馬字」。

在這幾年中，我常到台北去看他們，雙親也來香港探望我們。雙親精神奕奕，不像七十多歲的人。父親喜歡坐在陽台上欣賞遠處的重巒疊翠，那陽明山的家真是他理想的「樂隱」環境，令人想起「樂隱詞」的兩首：

短短橫牆
矮矮疏窗
忔楂兒小小池塘

高低疊嶂
綠水旁邊
也有些風
有些月
有些涼

懶散無拘
此等何如
倚闌干臨水觀魚
風花雪月
贏得工夫
好炷些香
說些話
讀些書

在香港嘛，即使颱風即將襲港，懸起九號風球，父親也會說：「去東興樓吃餃子去！」

說去就去，天不怕，地不怕，似乎他們得天獨厚，不會被天災擊倒。結婚五十年，父母親的臉變得有點相似。父親曾描寫自己說他「坦率、誠懇、樂觀、風趣；懷着一瓣未泯的童心、保持一分我行我素的矜式，是現實主義的理想家，也是滿腔熱情的達觀者。」他們活得起勁，父親連吃一碗廣東餛飩麵都會讚不絕口。兩人始終保持天真的個性。IOS互惠基金的賬目那時仍然一片混亂，在香港有一次，一個基金的代表人去找他們，說他們的存款只是寄存於第三人處，以待某種條件完成後才能支付給存戶，說得天花亂墜，父母親卻信以為真。那筆錢一個銅板都沒有拿回來。

有一次，我去台北訪問幾天之後，雙親送我到松山機場。我們到得太早，於是在咖啡室消磨時間。不久，從窗外看見一架飛機降落，一小隊士兵操過去迎接。父親見了叫道：「快點來看，什麼大人物到了！」他跑到窗邊看，母親也跟了過去。我心裡想，他也可以算是「大人物」，七十多歲了，的確沒有失去赤子之心。

母親的衝動自有一套。有一次我要去探望中央研究院院長錢思亮，他是《讀者文摘》的編輯顧問。在汽車裡，我心裡在盤算我要跟他討論的問題。母親說，順路停下來買肉鬆給我帶回香港，她問我是要肉鬆呢，還是要肉酥？肉酥很像福州肉鬆，比較容易消化。還有魚鬆，要不要？牛肉乾呢？牛肉粒呢？送酒很好，有辣的和不辣的，你要那一種？每樣要幾斤？多買幾斤吧！小孩子愛吃，送朋友也好。我知道我不能叫她不講話，在她心目中，買肉鬆和跟錢思亮談話一樣重要。也許她是對的，這很難說。回去香港後我編出的那期《讀者文摘》，似乎每頁都有肉鬆要掉出來。

母親憑那股主觀，戰勝一切。在一九六七年左派在香港暴動的前夕，處處有騷動的現象。有一次，黎明從新聞處打電話回家說，騷動分子集中在紅綿徑的兵房要滋事了。母親聽了說，「莫影（不對）！他們要在銅鑼灣鬧事！」她怎麼會知道？因為是她的姪女說的，是姪女的傭人出去買菜時看見的。你說，是政府新聞處的報導對呢，還是那個傭人對？當然是那個傭人對的。為什麼呢？因為她是廖家的人僱用的傭人，而廈門鼓浪嶼廖家的人說的話是不會錯的。

母親憑廖家的主觀，充滿自信勇往直前，從來沒有猶疑。我快要生第二個嬰兒的時候，她說：「你千萬不要在禮拜四生喔，因為那天我在請客。」她不是在說笑。結果我還是在禮拜四生了兒子，當然不是故意的。那夜他們在客人走了之後趕到醫院看我，但是太晚了，醫院不讓他們進去。第二天清早他們又來了。「你的肚皮怎麼那麼聰明，會生兒子？我都不會，」媽媽說，對我佩服之至。我看到他們的喜悅，非常感動。

我要結婚的時候，從紐約帶了美麗的新娘禮服去巴黎，媽則在巴黎為我那幾位女儐相買了她們的禮服。我說：「媽，你看這套新娘禮服漂亮不漂亮？」她幾乎連看都沒看，她的注意力在女儐相的禮服上，因為是她買的。在結婚典禮中，是新娘的禮服還是女儐相的禮服重要，全憑主觀。

她要不是這個樣子，怎麼能和容易傷感、多情多淚的爸爸相處得這麼好？甚至與他結婚？她知道他當時並不愛她，而是愛陳錦端，訂婚四年之後才肯和她結婚，但是她充滿自信地嫁了他。結果還不是很好？

外祖父廖悅發的遺傳因子極強。廖家的女人有一種憨勁，生命力極強，我有個表親在大陸變色之後，曾翻山越嶺從廈門逃到香港。但是後來要入台灣的時候，海關查出她帶了幾冊中共出版的讀品，把她盤問了好久。結論是，她沒有智力擔任滲透工作，把她放了。父親聽了笑得前俯後仰。另有一位表姐的丈夫在大陸變色之後自己從英國回去了。表姐很不願意，但是後來還是去找丈夫了。生命根要抓得緊，不能放鬆。廖家的女人善於跟蹤，這是她們的長處。母親跟了父親五十年，一步也沒有鬆過。

祖父林至誠的遺傳因子也極強，「姓林的個個聰明」，是真的。祖父那股浪漫主義精神，那想像力極豐富，創造力極強，伶牙俐齒，愛讀書，愛說俏皮話的因子，濃得連第三代、第四代的林氏家族子女都沒有沖淡多少。姓林的個個的智力極高，其中有偏向音樂、詩畫的，有想發明利用地心引力為動力的機械的，想發明更便利的雨傘的。但是我每聽說哪個姪女不到十歲已經會做詩，哪個小姪兒看見他母親的拖鞋上繡的花太美麗所以哭了，聽說哪位姪兒要追求藝術家生活時，我都會為他們提心吊膽。藝術家每每心腸太軟，不容易在社會奮鬥，藝術家不容易混一碗飯吃。

有時我照照鏡子，看見自己也像林家，也像廖家的人。在面貌上比較像廖家，但是父親的理想主義混在我的血液中。我想我是七分林家，三分廖家的產品。遺傳是奇妙的。我愛寫作，當然是因為我是林語堂的女兒，但也不是因為遺傳的關係，而是受父親的影響耳濡目染，自然而然地寫作起來，就像皮鞋匠的兒子也會做皮鞋一樣。從小，我到處去，都被人指道：「她是林語堂的女兒。」有時我感到不公道，我自己該有自己的身分。後來我主編中文版《讀者文摘》人家介紹我時偶爾不提我是誰的女兒了，但多半是因為大家已經知道我是誰的女兒，無須再提。

別人所不知道的是身為林語堂的女兒的意味。我從小所見所聞，都是他指給我看，講給我聽的。是他打開我的眼睛，教我觀賞世界的美妙，是他教我培養好奇心，是他對我說：「文章可幽默，做事須認真。」是他教我與大人物和販夫走卒在一起時同樣自在。是他告訴我，人在世上只有一條命，所以應該想盡辦法去享受，並且對人要仁慈。那便是身為林語堂的女兒的意味。

除了我之外，只有妹妹相如知道這種意味。她現任香港大學臨床生物化學系主任，並且已經出版科學論文七十多種。

第二十五章　念如斯

有一天在香港，我收到母親從台北打來的長途電話，說父親住進醫院了。那時漢英詞典快要編好，他日夜趕工，廢寢忘食，寫到最後幾頁，他連字都看不清楚了。早上起來，母親注意到他的臉漲得通紅，嘴巴有點歪，立刻送他到醫院檢查。醫師說，他有「中風的初期徵兆」，要他徹底休息兩個月。我聽了心亂如麻，過兩天便和妹妹匆匆趕到台北去看他。走進醫院，走過長長的通道向他的病房走去時，我憂心忡忡，手足冰涼，不知道父親病得多厲害。

倒還好，他坐在病床上，看來一切如常，談笑如故。醫師說，幸虧及時到醫院裡來，住幾天便可以回家。但是如果注意到他講話不清楚，或動作不協調，例如不能把茶杯放回茶托上，便需立刻送他回醫院。這些話我聽了好像是外星人說的。伶牙俐齒、健步如飛的爸爸哪裡會講話不清楚，動作不協調？幸好，幸好，那聰明的頭腦一點也沒有損壞。他只有了中風的「初期徵兆」，並沒有真的中風。我緊抓住這幾個字自慰，把它們牢牢刻在心裡。休息兩個月就好了，那麼這個噩夢可成為過去。爸爸還是爸爸，他沒有變。我帶著這幾個字回去香港。

他出院了，真的沒事了。詞典還有些工作沒有做完，我們都勸他不要再工作得太累。他說不會的。他不會像以前那樣每天工作得那麼多小時。

過兩個月，他把詞典的工作完成了，香港中文大學就要派人來取堆滿書架的稿子，一箱箱要運到香港，排字校對的工作就要開始。他要帶母親乘這機會到歐洲去玩玩。我真是替他們高興。

就在這時候，有一天下午我剛從辦公室回家，電話鈴響了。是爸爸打來的。

「你姊姊今天早上自殺了。你不要擔心，我會照顧媽媽。」

「什麼？」

「你姊姊自殺了。今天中午蔣復璁請我在故宮吃飯時，有人跑來說，工人去打掃她的房間時，發現她吊在窗簾桿上，抱下來時已經斷氣了。桌子上的茶還是溫的。」

我聽了感到天翻地覆，趕緊打電話給妹妹，再打電話給黎明。我們三人趕到台北，走進家裡時，父親撲到我身上大哭起來。母親撲在妹妹身上也大哭起來。頓時我覺得，我們和父母親對調了位置，在此以前，是他們扶持我們。現在，我們要扶持他們了。那「坦率、誠懇、樂觀、風趣；懷著一瓣未泯的童心，現實主義的理想家；滿腔熱情的達觀者」變成一個空殼子，姐姐掏去了他的心靈。那時父親是七十六歲，母親比他小一歲。

我們把兩老送進醫院，他們哭哭啼啼地對彼此說：「我們不要再哭了，我們不哭了。」姊姊留了遺書給父母說：「對不起，我實在活不下去了，我的心力耗盡了。我非常愛你們。」

父親後來寫了一首詩：

念如斯

東方西子　飲盡歐風美雨　不忘故鄉情獨思歸去
關心桑梓　莫說癡兒語　改粧易服效力疆場三寒署
塵緣誤　惜花變作摧花人　亂紅拋落飛泥絮
離人淚　猶可拭　心頭事　忘不得
往事堪哀強歡笑　綵筆新題斷腸句
夜茫茫何處是歸宿　不如化作孤鴻飛去

我很感謝我的堂兄嫂們協助辦理姊姊後事。姊姊出殯之後，我們把父母親接到香港來住。在飛機場領行李處，母親突然暈倒，癱在我懷中。我驚得魂飛魄散。機場的人圍過來，有人叫了救護車。幸而她又醒過來了，由救護車送她到妹妹住在干德道的家。我們住在羅便臣道，很近。我辦公之後天天去看他們。母親心灰意冷，常說：「我活著幹什麼？我活著幹什麼？」除此以外，她很少說話，吃得很少。兩人在一夜之間老了許多。母親變成沒有主張，連看見自己的外孫都不會笑。爸爸則勉強擺出笑容，我的心碎了。

其實我們無論是誰都還不能夠接受姊姊自盡的悲劇，我也問爸爸，「人生什麼意思？」「活著要快樂，」他簡單的說。他沒有再說下去。

我們帶母親去看醫生，醫生給她吃藥，告訴她，她為姊姊能做到的都已經做到了，沒有理由自悔，只好接受這個事實。那位醫生聽見過父親的大名，接著和他談他的作品。我在旁邊聽著，感到雖然對我們來說，姊姊的死好像天塌下來了，但世界仍然存在，仍然正常，別人照樣在過日子。

妹妹駕車帶父母親到處去散心。在陽光熠耀的淺水灣，我們坐下來吃茶，爸爸的茶杯拿得不穩，茶滴得滿胸。母親隨便坐著，雙腿忘記攏攏。望著在沙灘上嬉水的孩子，兩人的表情都沒有絲毫溫暖。遇見朋友，他們都好像不相識。我們又扶他們踉踉蹌蹌地走回汽車。

是父親先振作起來的。詞典校對的繁重工作開始了。他們過了一段日子又回台北家裡。

我答應每天給他們寫一封信。中文大學開始寄校樣給父親看。他說校對校得眼睛看不清楚，我買了一座有電燈的放大鏡給他。我非常擔心他工作太忙，身體支持不住。每次電話鈴一響，我心裡就充滿危懼。

不過父親的毅力還是堅強的。他一面工作一面照顧母親，要她好起來。但是姊姊自縊而亡違背了母親一切生命信仰的依據。她沒有眼淚了。她變成一股精神，時時刻刻提防橫禍再度降臨。她像一頭貓頭鷹，睜大眼睛注意父親每一個動作。她面色灰白，縮緊雙唇，話很少。

「鳳，我每校完一頁要蓋圖章，你來替我蓋吧，」爸爸替她找事做。她靜靜地蓋，但也不能整天整夜地蓋。

還是再到香港找女兒吧。要不然怎麼辦？

我們去接他們時，看見他們又老了瘦了許多。父親說，母親患了恐怖症，一直以為家裡有小偷，她失眠，憂慮，對什麼都不感興趣，都沒有主張。

現在回來了好了，妹妹和我說。我們會照顧他們。話雖這麼說，我們非常擔心。果然，即使在妹妹家裡，母親也感到恐懼，有人按門鈴，即使是郵差，她都不要他進來。我的孩子去看他們，爸爸說，就在這裡吃午飯吧，媽媽說：「不要！家裡沒有東西給他們吃！」

第二晚我們帶他們到鏞記吃燒鵝。飯後父親突然大吐鮮血，趕緊送進瑪麗醫院。醫生說是由於身心過度疲勞引起十二指腸脫垂，所以吐血。他們給他輸血，打針。我去醫院看他時，他側身躺著，呼呼大睡，身上沒有蓋毯子。我看他稀白的頭髮，微紅的後腦勺，瘦削的骨架，纖長的手指，像年輕人的雙腳，他僅僅是一撮毛髮、骨頭、神經、血管、器官、腺、肌肉，全身躺在那裡，可以觸摸，可以秤量，可以傷害，可以受突擊，不可預防。他不是跟平常人一樣嗎？他的精神就躲在這具肉體中嗎？我聽他穩定的鼾聲，感到安慰。爸，睡覺吧！不要做夢，好好的休息。我心如刀割。

出院之後，醫生要他在家裡再休息，這兩個星期中，由於他失血過多，有心臟病突發的危險。我們不讓他起床，我們燉牛肉湯、雞湯給他進補。兩個星期過去了，他沒有事。他的精神又回來了。他在養病時一直態度溫和，不要麻煩別人。有一次我聽見他悄悄對母親說：「女兒各有自己的事要做，我們不要搞亂她們的生活。」又有一次我聽見他對她說：「中共進了聯合國。世界在變，我們要設法適應。」

母親面部毫無表情。她不再講國語英文，從此只講廈門話。她好像變成廖悅發的化身，以廖家的標準衡量一切。有一位老友是殷商，要來看他們。母親不見。「我們沒有錢，沒有面子見人。」

他們來我家時，母親總是坐得筆挺，態度很客氣，因為我是出嫁了的女兒，像潑出去的水，在黎家她是客人。她吃了飯告別時，總對我和黎明客氣地說：「多謝。」

她好像沒有嫁過林家的人，對父親的一舉一動抱著懷疑的態度，唯有未出閣的妹妹能給她安慰，還有，住在銅鑼灣的表姐說的話她才肯聽。表姐常來看她，和她談廈門鼓浪嶼的事。廖家那幢大房子還在那裡，但年久失修，裡面住著幾個老人。我的三舅，聽說窮得只穿短褲，赤足過日子。還有二舅母，八十多歲了，她僱了個小童照顧她。他們的孩子都分散了。唯有談到廖家的事才引得起母親的興趣。表姐說：「二姑，你記得嗎？那幢大房子的地址以前是漳州路一百二十號，現在改為四十四號。以前寫信時，只寫鼓浪嶼廖宅，就可以收到，誰都知道那是阿公的房子。」我三姨，母親最愛的妹妹，住在福州，日子也很苦。提到三姨，母親有了感情。

「二姑，你多福氣！」表姐說：「兩個女兒在你身邊，服侍你。比起裡面的人，你多福氣。」

母親輕輕的哼了一聲。

等她的情況好了一點，雙親又回台北的家。但一回去，母親又焦慮起來。父親說，我們有這麼好的家，怎麼不能住下去？但是母親要和妹妹一起住才感到安全。他們一到香港，母親的精神就好起來，但是父親捨不得那陽明山美好的環境和房屋，以及在台北的許多朋友，不喜歡住在妹妹小小的公寓裡，住久了精神就不好。他們因之在台北香港之間來來往往，後來他們住在香港的日子比住在台北的多。

那部父親認為是他寫作生涯的巔峰之作，《林語堂當代漢英詞典》，於一九七二年十月由香港中文大學出版，全書約一千八百頁。他費了五年的工夫在這部詞典上。記得我去機場接他們，在乘小輪過海的時候，他站在甲板上，喜形於色，對我說：「我工作完畢了！從此我可以休息了！」我替他高興。他不知道，別人在七十七歲之前早就退休了。《當代漢英詞典》的印刷和發行的費用，是由恆生銀行有限公司墊借的。同時中文大學曾成立一個監理會，由大學校董利榮森和利國偉議員指導。李卓敏校長在序中說：「沒有一部詞典敢誇稱是十全十美的。這一部自不能例外，但我們深信它將是迄今為止最完善的漢英詞典。」

父親雖然說他工作完畢了，但是仍然不肯罷休。他還希望編一部國語詞典，利用漢英詞典的中文部分資料，再以整理編纂。他和開明書店的劉甫琴經理談了許多次，但母親和劉甫琴都認為以父親的健康情況，他不應該再肩負這件繁重的工作。最後還是母親說服了他。我看到父親瘦弱仁慈的失望的臉，不覺心裡充滿悲痛。

父親「退休」之後，便練字，畫畫，看書以消磨時間。他還將A. A. Milne的兒童詩歌*Winne the Pooh* 譯成中文（沒有出版）。他想整理他的作品，出版《林語堂全集》。他的英文作品幾乎全部譯成中文，但有些譯文水準很差，令他看了「不免心中作嘔，但也無可奈何。」他說，他「所遺憾的，是三十來年著作全用英文，應是文字精華所在，惜未能直接與中國讀者相見。」

父親八十歲時，世界筆會推舉他為副會長，這是除印度光詩南，日本川端康成之外，亞洲作家中榮膺此職位的第三人。那年，他並被提名為諾貝爾文學獎候選人。

雙親漸漸衰老，父親比較老得快，他走路要用手杖了，記憶也開始衰退。他在《八十自述》中說，「自然韻律有一道法則，由童年、青年到衰老和死亡，一直支配我們的身體。優雅的老化含有一份美感。」在《吾國與吾民》寫「秋之歌」的那一段話最常被人引用：

無論國家和個人的生命，都會達到一個早秋精神瀰漫的時期，翠綠夾著黃褐，悲哀夾著歡樂，希望夾著追憶。到了生命的某一個時期，春日的純真已成回憶，夏日的繁茂餘音嫋嫋，我們瞻望生命，問題已不在於如何成長，而在於如何真誠度日，不在於拚命奮鬥，而在於享受僅餘的寶貴光陰，不在於如何花費精力，而在於如何貯藏，等待眼前的冬天。自覺已到達某一境地，安下心來，找到自己追求的目標。也自覺有了某一種成就，比起往日的燦爛顯得微不足道，卻值得珍惜，宛如一座失去夏日光彩的秋林，能保持經久的風貌。

我喜歡春天，但是它含有太多稚氣；我喜歡夏天，可是它浮躁。我最喜歡的還是秋天，因為秋天樹葉剛呈嫩黃，氣氛比較柔和，色調比較濃豔，可又染有一絲憂愁和死亡的預感。它黃金的瑰麗景色所顯現的不是春天的純真，也不是夏天的威猛，而是垂老的柔順和慈祥的智慧。它知道生命有涯，但也安命。它既知道生命的種種限制，又有豐富的經驗，從而展示了最鮮豔的繽紛的色彩：綠色象徵生命和力量，橙色象徵稱心的滿足，而紫色象徵順從和死亡。月亮照耀的時候，它純潔的容貌好像在沉思，而落日的餘暉映照著它的時候，它仍然會嫣然歡笑。清晨的山風吹過，使它顫動的樹葉飄落地面。你不知道落葉的歌是歡笑的歌唱，還是訣別的哀吟。辛棄疾寫得好：

少年不識愁滋味　愛上層樓　愛上層樓　爲賦新詞強說愁。
而今識盡愁滋味　欲說還休　欲說還休　卻道天涼好個秋。

他在《八十自述》中說，

我覺得自己很福氣，能活到這一把歲數。和我同一代的許多傑出人物都已作古。無論一般人的說法如何，能活到八九十歲的人可謂少之又少。胡適、梅貽琦、蔣夢麟和顧孟餘都去世了。史達林、希特勒、邱吉爾和戴高樂亦然。那又怎麼呢？我只能儘量保養，讓自己至少再活十年。生命，這個寶貴的生命太美了，我們恨不得長生不老。但是冷靜地說，我們的生命就像風中的殘燭，隨時可以熄滅。生死造成平等，貧富貴賤都沒有差別。

我們的孩子長大了。他們有他們的前途，要過她們自己的日子，在無常的世間獨立面對各種多變的情況。

我回顧一生，覺得此生無論是成是敗，我都有權休息，悠哉遊哉過日子，享受兒孫繞膝的快樂，享受人生的最高福祐的天倫之樂。

我有幸生得幾個好孩子，孝順我們，對我們真誠敬愛，每個人都一心盡責。我身邊圍滿令我自傲的孫兒、姪兒和姪女。朋友愈來愈少了，很多人都離開我們，長眠地下。最好的友伴也不可能生生世世在一起。我的工作已經完畢，我不在乎別人是稱讚還是批評我。我現在不如以前那麼急於創作，精神沒有以前好。誰也不能要我再編一次漢英詞典。完成『當代漢英詞典』的工作不如降低血壓來得重要，甚至不如一張穩定的心電圖來得重要。想當年我曾為那部字典忙得廢寢忘食哩。我寫到幾百萬字厚書的最後一行，這最後的一行成為一條輕輕的軌跡。我有心臟病的初期徵兆，醫生叫我徹底休息兩個月。

這時我好像又上了人生的一課。我已經生男育女，出版了幾部書，又出來做事，自以為人世閱歷頗深。現在我看見父親逐漸老去，這樣聰明的人開始胡塗，體力逐漸衰弱，才深切知道世上還有許多想像不到的令人哀傷無比的事。《八十自述》中有許多事實上的錯誤。這篇文章是用英文寫的，文法拼法也有許多錯誤。他開始中氣不足，喉嚨有許多痰。我們勸他戒煙，沒想到他說戒就戒了。有一天，他從書桌抬起頭來看我時，我覺得他那對爍亮的眼睛變得遲鈍了。我心裡一震，感到不好。

「爸爸，大會堂在展覽中文印刷機，有許多新花樣，我帶你去看看好不好？」

他不想去。

一九七五年四月，總統蔣公崩逝，父親聽了消息後跌倒在地上。起來之後，許久沒有言語。

十月十日是父親八十大壽，朋友們在香港利園酒店為他做壽，來賓除了中文大學的許多教授和利榮森、利國偉等，還有簡又文、徐訏、張國興等老友。過兩天，妹妹帶雙親到台北。在那裡，有十個文藝、學術、新聞團體在大陸餐廳舉行盛大的聯合茶會，慶祝雙親八十大壽。《華岡學報》出版「慶祝林語堂先生八十歲論文集」，內有蔣宋美齡、張群、蔣緯國、錢復、蔣復璁、曾寶蓀、馬星野、謝冰瑩等人的賀詞和文章。

張群的賀詞如下：

> 自夫論理亂思想關本根仁者當世變蒿目哀沉淪窮原而竟委糾謬抉其傾並世數才傑佼佼推林君讀書破萬卷下筆力千鈞微言張大義莊與諧俱陳門牆列桃李國際知聲名八十神明王如日猶未曛大老天所祚海嶽共遐齡
>
> 語堂先生語言妙天下等身述作薄海聲名
>
> 茲值八十覽揆令辰敬賦一詩藉祝

蔣復璁作父親八秩大慶祝辭摘錄如下：

> 自古至今，仁人君子，必有其勇，必有其德，必有其業，必有其壽。徵之史實，毫釐不爽。是故能巍巍乎立於天地之間而無愧也。今維林語堂先生，足資矜式矣。先生祖籍福建之龍溪廈

門。三代為基督徒。父為長老會牧師。自幼篤信基督教。既長，於清季宣統三年，入上海聖約翰大學就讀神學院，以對神學課程之乏味，乃放棄基督教之信仰。迨至民國四十七年，再皈依基督教。此乃其獨特意識之表現，亦為超越實體而獲心靈之勝利也。

先生著書數十種，均譯數國文字，實為不朽之作，為中外士林所推重。近年在香港出版之《當代漢英典辭》巨著，曾哄動一時，名聞遐邇，乃對文化教育之一大貢獻也。先生顏其書室曰「有不為齋」。蓋以道家尊尚黃老之說，主清淨無為，化治於無形。佛家謂：「真理非由因緣造作而成，故曰無為」。而儒家思想，重孔子之道，講仁義道德，有為有守。「有為」謂「養其身以有為也」。「有守」謂有節操也。有守則不為不義，不為外物所誘也。先生一生，澹泊高潔，與人無爭，游心物外專事著述。舉凡世俗名利，概不足攖其心。且嘗語出詼諧，有「幽默大師」之稱。然其生平為人，坦率真誠，忠貞不二，正直不阿。有剛強不撓之毅力；自強不息之恆心。擇善固執，唯道是從，唯義是守。見義勇為，不為外誘。高尚之品德，乃儒家之風範，有為有守也。故先生所謂「有不為齋」者，有為而有不為，即勇於為義而不為不義者也。亦儒而亦道也。觀其在抗戰期間及共匪叛亂政府來台灣後，先生始終主持正義，在海外為政府宣傳，口誅筆伐，堅持國策，對國家之貢獻實甚大也。今歲十月十日，欣逢先生八秩攬揆之辰，稱觥介壽，並侑以辭曰：道術天下裂，漢志述流別，三家稱巨子，老莊與儒墨。老子倡無為，莊生超萬物，孔孟祖堯舜，有為盡己力。兼愛與為我，楊墨因絕跡。董生定一尊，漢武重儒術，相沿二千年，服膺無敢失。廊廟慕山林，江湖思魏闕。道儒不可分，理學取道佛。吾道本一貫，萬殊大成集。廈門林先生，耶儒道釋合，家世基督徒，神學先肄業。改途習語文，進修赴美德。讀書破萬卷，生花夢彩筆，學成得博士，德言稱孔碩。掌教遍南北，程門多立雪。隻眼慕公安，抒情多佳作，紙貴洛陽城，重譯十餘國。騷壇執牛耳，中國蕭伯納。偕老有嘉配，齊眉同心結。承歡有嬌女，傳經讀史策，逍遙一神仙，蒙莊亦見拙。秉心持正義，衛國專筆伐，不為不義事，霜雪比高節。十月慶上壽，康強逢大吉，長生祝期頤，永為國人式。

年底，美國圖書館學家安德生（**Arthur James Anderson**）編〈林語堂英文著作及翻譯作品編目〉。他在前言說：「東方和西方的智慧聚於他（林語堂）一身，我們只要稍微涵讀他的著述，就會覺得如在一位講求情理的才智之士之前親受教益。他有自信、有禮、能容忍、寬大、友善、熱情而又明慧。他的筆調和風格像古時的文主義者，描述人生的每一方面都深刻機敏，優美雍容，而且由於顧到大體，所以在估評局部事物時能恰如其分。最足以描繪他的形容詞是：有教養。他是最令人讚佩，最罕見的人—一位有教養的人的典型。」

安德生並且編纂#*Lin Yutang:The Best of an Old Friend*（《林語堂精摘》）由**Mason/Charter**出版。在當年五月，父親為這本書寫序說：

「我喜歡中國以前一位作家說過的話：『古人沒有被迫說話，但他們心血來潮時，要說什麼就說什麼；有時談論重大的事件，有時抒發自己的感想。說完話，就走。』我也是這樣。我的筆寫出我胸中的話。我的話說完了。我就要告辭。」

我看了嚇了一跳，好像爸爸有死亡的預感。

他變得時常掉眼淚，遇到風和日麗的氣候，他掉眼淚，聽見山上鳥聲，他掉眼淚。這個世界太美了，他怎麼捨得走？

聖誕節快到，我帶他到永安公司，那裡擠滿了大人小孩在採購禮物，喜氣洋洋。他看見各式各樣燦爛的裝飾品，聽見聖誕頌歌，在櫃台上抓起一串假珍珠鍊子，而泣不成聲。那店員好奇的看他，不知道這位消瘦的老人為什麼在哭。我的胸膛漲得快要爆炸了。饒了他吧，小姐，我想，你要讀過他的書，知道他多麼熱愛生命，方才知道他為什麼在掉眼淚。讓他抓起一個個裝飾品，對著這些東西流淚吧。

不久之後，他坐上輪椅，在妹妹的小公寓裡從臥室到客廳都要用輪椅。他一天比一天瘦下去，每次傷風或患痛風之後，就失去身體一部分的功能。我們請教費子彬中醫，他開了方子讓我們到余仁生藥舖去抓藥回來煎給他吃，但也不見得有效。

後來他不會打睡袍上腰帶的結了。我們教他怎麼打，而他耐心的學。有時他睡覺時會從床上掉下來，自己爬不起來，靜靜地躺在地上到天亮。

「爸，你怎麼不喊我？」妹妹說。

「你白天要工作，我不想吵你。」

我聽了眼淚向肚子裡吞。

他像個囚犯被綑縛在輪椅上。「我真羨慕你，」他對我說，「想去那裡就去那裡。」

我看他的身體一天不如一天，知道人的老化是不可避免的，正如小孩一天天長大，也無法停止。但是我不懂什麼自然韻律的法則，我對生老病死完全不了解，而且不能接受。我也不知道一旦爸爸去了，我自己會變得怎樣，我的世界會不會粉碎。我不敢想得太多。日常生活要照樣過，即使頭上蒙著陰雲。

有一天早上，在我上班之前，妹妹打電話給我說，「你快點來。爸在吐血，我已經叫了救護車要送他到瑪麗醫院。」我趕到干德道，陪著車子一起到醫院。檢查結果是胃出血。第二天，醫生用探針從氣管插入胃裡，以了解出血的情形。妹妹和我在病房的走廊等了好幾個小時，才看見護士把他推回來。他活受罪，心情很壞。我們在醫院陪他一天，看他情況相當穩定，才回家。不料第三天我在辦公室時，妹妹來電話說：「你快點來。爸爸心臟病突發，醫生說，情況不好。」

我聽了渾身發抖，手足冰涼。那時《讀者文摘》的辦公室設在鰂魚涌，離瑪麗醫院很遠，記得編輯湯象陪我下樓，找到計程車。

我從窗子望出去，那每天都經過的英皇道，軒尼詩道，紅棉徑，羅便臣道，都好像是陌生的，那碧綠的山景，好像從來沒有見過，我在異邦坐汽車，不知道終點是什麼。

到了醫院一問，爸爸已送入加強醫護部。我和妹妹穿上白色的罩衣，套上罩鞋進去那間大房間，看見醫生正為他戴上氧氣罩。他看見我叫了我一聲，那也許是最後一聲。

我們在病房外面坐下。黎明來了，女傭陪媽媽來了。醫生叫我們不要走開。許多醫生進進出出病房。有一次我在門外看見七八個身穿白衣服的人圍著他的病床。偶爾我們得到報告，在給他打強心劑。他的腎功能失靈，再來是他的腦部已經死亡，但心臟仍然跳動。

我們進去看他時，他的心臟仍然跳動。他的眼睛貼著膠帶，有四五個管子插在他雙臂和身上。他赤裸裸的平臥著，只蓋一張被單。我想，他是赤裸裸出世的，現在赤裸裸的去了。他的心臟停了又恢復跳動，一連九次，才終於放棄生命。那是一九七六年三月二十六日晚上十時十分。

有好久好久，我都不能接受父親逝世的事實。我們送他的靈柩到台北。蔣經國院長親自到機場迎靈。中華民國筆會、中華文化復興運動委員會、故宮博物院、中央通訊社、《國語日報》、中國文藝協會、中國語文協會和台灣開明書店等八個團體負責治喪事宜。

那天晚上，我們住在統一大飯店，在餐廳吃晚飯。我想到父親喜歡吃統一餐廳裡的炒羊肚，好像隨時他都會興高采烈地來和我們一起用飯。我昏頭昏腦，完全不知道，他不在人間，這怎麼可以。

四月一日下午，在懷恩堂舉行追思會，許多政要，老友都來了。之後，父親的遺體安葬在陽明山的家園裡，面對他所深愛的重巒疊翠。

父親寫過：「做文人，而不準備成為文妓，就只有一途：那就是帶點丈夫氣，說自己胸中的話，不要取媚於世，這樣身分自會高。要有點膽量，獨抒己見，不隨波逐流，就是文人的身分。所言是真知灼見的話，所見是高人一等之理，所寫是優美動人之文，獨往獨來，存真保誠，有骨氣，有識見，有操守，這樣的文人是做得的。」

我想父親這樣的文人是做得的。

第二十六章　自然的韻律

父親過去之後，有許多人寫紀念文，報界更以顯著的版面登載他去世的消息及有關他生平的文章。《中國時報》的社論說：「林氏可能是近百年來受西方文化薰染極深而對國際宣揚中國傳統文化貢獻最大的一位作家與學人。其《吾土吾民》及《生活的藝術》以各種文字的版本風行於世，若干淺識的西方人知有林語堂而後知有中國，知有中國而後知有中國的燦爛文化。尤可貴者，其一生沉潛於英語英文，而絕不成為『西化』的俘虜，其重返中國文化的知識勇氣及其接物處世的雍容謙和，皆不失為一典型的中國學者。」

《聯合報》的社論道：「他一生最大的貢獻，應該是，而且也公認是對中西文化的溝通。因為論將近代西方文化引入我國者，從嚴復和林紓那一代起，固可說代有傳人，甚之人才輩出；但論將我中華文化介紹於西方者，則除了有利瑪竇、湯若望等等外國人曾經從事之外，數獻身此道的中國學人，林語堂雖非唯一人，卻是極少數人中最成功的一人。」

《中央日報》以〈敬悼平易嚴正，愛國愛人的林語堂先生〉作社論道：

「我們對語堂先生的懷念與悼惜，當然首先是由於他在文學上的卓越貢獻。先生出生於清末民初、國事蜩螗之際，奮力苦學，卓然成家。英年即享盛名於當世，此後平均每年至少著書一卷，惟其用心之專，致力之勤，乃能以一介書生，憑等身著作，而贏得國際間普遍而久遠的尊敬。許多外國人士對我博大精深的中華文化，仰慕之情雖殷，終難深切體會；論及中國的文學與思想，古代惟知有孔子，現代每每惟知林語堂。林先生曾撰聯自說：『兩腳踏東西文化，一心評宇宙文章』，亦可略見其心胸抱負。林先生的作品雖未必能代表現代中國文學思想之全貌，但其透過文學作品而溝通東西文化、促進國際瞭解的影響與貢獻，確乎是偉大的，甚至可以說求之當世，惟此一人。

「其次，林先生雖學貫中西，名滿天下，卻始終保持平易親切、卓恂儒者的風範，從來不以才高而自負，不因名盛而自矜；尤其對青年後進，提掖激勵惟恐不及，令人感受到的是春風化雨一般的熙和氣象。世皆稱他為『幽默大師』；其實他所謂幽默，可意會而不可言傳，嘗舉釋迦、基督、孔孟老莊之言來闡釋幽默的精義是：『我們人都是有罪的，但我們也都是可以被寬恕的。』這種謙遜而又寬諒的愛心，正有古仁人君子光風霽月的情懷。

「第三、我們敬重林先生人格的醇厚與文思的慧力，我們尤其敬重他愛祖國、愛自由、堅決反共、抱道自重的凜然大節。自毛共叛亂、竊據大陸之後，林先生曾週游列邦，本著民主自由的大義，對共產暴政口誅筆伐，不遺餘力。如在本報先後連載的『匿名』與『逃向自由城』，揭斥邪說詖辭，直有雷霆萬鈞之力。去歲總統蔣公崩逝，先生在海外聞耗，悲慟至於倒地，其後病中扶筆，尊崇　蔣公為『人中之龍』。語堂先生終生未嘗加入政黨，著述治學之外，亦絕少擔任公職。平居談笑，不拘細節，然其立身處世，一本正道，從他愛國家、愛領袖的肫誠孤忠，正表現出中國知識分子明辨是非、惟守一義的傳統精神。林先生雖不幸作古，他這種精神當永為後人敬仰與懷念。

「世局混沌，國步多艱，老成凋謝，倍增棖觸。林先生是一位純文人、真作家，每每自謙「辦事」非其所長。但他近年主持中華民國筆會，嗣任榮譽會長，對增進國際交流著有貢獻。國際筆會去年在維也納舉行第四十一屆大會，推選先生為副會長，我國作家在國際文壇上享此榮譽者僅此一人。各方咸認當此中國作家可膺諾貝爾文學獎之選者，林先生應為第一人。言念及此，更痛感林先生之逝，實在是我國文學界難以補償的損失。

「林先生在生之時，永遠是達觀的、積極的。所望後起的文學作家們，在懷念悼傷之餘，要能效法林先生平易從容的修養，勤勉自勵的創作，尤其是他愛國愛人、悲憫而嚴正的精神。我們相信，以中華文化基礎的深厚，文學風氣的昌盛，繼繼繩繩，必有傳人。林先生雖然放下了他的筆，祇要中華民國精強壯盛，中國文學緜延光大，『江山代有才人出』，林先生九泉之下亦必引以為慰。」

《紐約時報》以第一版刊出父親去世的消息，以大幅的地位詳載他一生經歷和對中西文化學術界的卓越貢獻，並以三欄的篇幅刊登半身照片。該報說，「他向西方人士解釋他的同胞和國家的風俗，想望，恐懼和思想的成就，沒有人能比得上。」

《聖路易郵報》在四月二日的特寫說：「林語堂這位精力充沛的飽學之士在上星期五逝世後，使寫訃聞的報人極感困擾。訃聞須描寫一個人的性格，列敘他的成就，論述他的工作，從而綜賅歸納，稱他為哪一門的專家。但是，林語堂不止是某一門類的重要人物。他在很多方面都獲有優越的成就，實在無法一一臚列。」

華盛頓大學教授吳訥孫說，「林語堂是一位偉大的語言學家、優良的學者、富於創造力和想像力的作家。不寧惟是，他是一位通人，擇善固執，終於成為蓋世的天才。要說那一項造詣是他最大的成就，就已經錯了。他向西方和中國人證明，一個人可以超越專家這個稱謂的局限而成為一個通才。」

一九八五年，母親將陽明山的家園及父親生前藏書、作品，一部分手稿及代表性遺物捐贈台北市政府。同年五月二十八日，市政府於修葺房舍並聘用人員將書籍整理編目之後，成立「林語堂先生紀念圖書館」，開放供公眾閱讀研究。另一部分手稿，以及一座唐三彩的馬，則捐贈故宮博物院。

紀念圖書館的地址是

台北市士林區

仰德大道二段一四一號。

開放時間：每週二至週日上午九時至下午五時。（電話（02）8613003）

館中保存父親生前居所的風貌，中院天井中的水池，和池邊栽種的翠竹、蒼松，呈現出濃郁的中國式風格，圖書館保留父親原來的書房、臥室及客廳，參觀者可以看見他的書桌、眼鏡、煙斗等等。文物陳列室裡展示他中外文著作手稿、畫畫及發明中文打字機原始資料等，以及一架以「上下形檢字法」為輸入法的神通電腦終端機。

中文資訊自動化已經開始。電腦學家黃克東教授在一次中文圖書館自動化討論會說，「今天我們談自動化，不能不談到林語堂先生。林博士是最早想到自動化的人。他早在一九一八年就發表有關檢字法方面的文章。目前國內所用的拼音法仍是根據林語堂先生的方法加以改良，但是由於他在文學方面卓越的成就，使得他對中文自動化的努力反而不為人所注意。今天我們自動化已經有了成果，但是我們不能忘記前人的努力，尤其是林博士的貢獻。」

紀念館中的客廳懸掛著「有不為齋」匾額一幅，是父親的字跡。那裡也有一架電視機，定時放映介紹父親生平的錄影帶。圖書資料室典藏他的作品及譯成各種外文的版本以及珍藏中外書籍二千餘冊。前往紀念圖書館參觀者，每年有二萬五千人。

一九八五年秋天，《讀者文摘》在美國南部威廉斯堡古城舉行國際版總編輯會議，我在那裡會到雲集一堂的三十二位總編輯及二十來位美國版的編輯。在不開會的時候，我們紛紛交換個人消息。我便忍不住提到父親紀念館成立這件事。我順便請同事們搜集父親作品各種文字譯本，寄到圖書館充實收藏，因為由於父親生前時常遷居，可能有些書遺失了。

文摘的同事們非常熱心，日本、韓國、英國、西班牙、葡萄牙、西德、義大利、挪威、芬蘭、丹麥、瑞典的同事都把搜集到的書寄來。美國的同事更蒐集寄來父親許多作品的初版，對名著來說，這是最寶貴的。

從父親作品的不同文字版本及圖書館已收藏的書可見，《生活的藝術》是他著作中譯本最多，銷路最廣的作品。此書雖然遠在一九三七年出版，一九八三年卻仍被西德**Europe Bildungagem**讀書會選為特別推荐書籍，而巴西、丹麥、義大利於一九八六年都重新出版此書。英國國家廣播公司當年也將該書摘要，以西班牙語向海外傳播。瑞典、德國於八七、八八年也再出版這本書。

今年二月十日，美國總統對國會兩院聯席會講演時說在他準備訪問東亞之際，看到中國作家林語堂的作品，內心感受良深。

布希說：「林語堂講的是數十年前中國的情形，但他的話今天對我們每一個美國人都仍受用。

「他說：『今天，我們竟然害怕善良、憐憫和仁慈這些純樸的字眼。』

「朋友們，我們國家要成功，我們便必須重新領悟這些字的意思。」

父親去世之後，他的作品充斥台灣市場的情況，可稱驚人。許多出版者，無論是有沒有得到父親生前同意，都翻印他的作品。有出《林語堂全集》十三冊的，一套一套的賣，有盜印這套書的，要與出版這套書的人打官司。有盜印這套盜印書的，要與盜印者打官司。猜想他們一共賣了十幾萬套。有亂集亂譯他的作品的，或竄改書名，或以他人作品譯品充當父親的中文原著的，或將七十萬言長篇小說「京華煙雲」割裂支解，縮成為一本薄薄的小冊子的，也不標明「節譯」二字的。還有幾種英文小品的譯品，像是中學生翻譯的程度，也冠了林語堂的名。還有《林語堂短篇小說集》，且不說父親沒有用中文寫過短篇小說，那文筆染了父親所討厭的歐化冗長詞句的惡習。

有一個辨別真假品的祕訣是，假使在所謂林語堂的作品中，有「人們」兩個字，就知必是贋品，因為他向來不肯用「人們」二字。

我在香港買過一本英漢對照《百科圖解詞典》，林語堂編著。父親根本沒有編過這樣的詞典。

《當代林語堂漢英詞典》更有多種盜印版。有一次我在台北一家百貨公司門口，就有一個小販向我兜售，他說：「要過年啦！買一本送給年輕人，是最好的禮物！」

「你那些書是盜印版，」我指著他身邊一疊疊的書說。

「誰說是盜印的？印得這麼漂亮怎麼會是盜印的？」他說。

我無可奈何，只好笑著走開。

黎明在中文大學出版社任社長之職六年，退休之後，與我花了四年時間編纂的《最新林語堂漢英詞典》於一九八七年出版。我們根據父親一九七二年編的《當代漢英詞典》並參照這十五年來中文、英文的字、詞在意義和使用上的演變，以及新造、流行的單字，複合詞和短詞，審愼將事，並將成語短詞列為詞條，擴大詞典的內涵；添增使用「上下形檢字法」的說明和簡表，以及增編三種索引，希望使詞典能繼續幫助讀中英文的人。

在大陸，一九八七年長春時代文藝出版社出版《京華煙雲》，列為「拿來參考叢書」之一，初版十六萬冊。這新聞在香港《大公報》以第一版刊登。他們用的是張振玉的譯本。金鐘鳴在《京華煙雲》序中說：「在大陸出版的幾十種中國現代文學史，都以『幫閒文人』，『反動文人』，寥寥幾筆，否定林語堂的貢獻」。他也說父親不了解「中國共產黨領導的革命鬥爭」。但是，他認為應該出版這部被提名為諾貝爾文學獎候選人的作品的長篇巨著，並且「開始全面地，科學地評價林語堂及其文學活動，文學創作」。

該書的責任編輯梅中泉則說他在一九八三年才唸到《京華煙雲》。他說這本書有明顯的缺陷：「無視共產黨領導的人民戰爭。對無產階級和勞動人民的革命則抱保守和牴觸態度。」除此之外，他對這本書倒是讚揚備至，說它是那麼富有魅力，以致「一旦開卷，即不忍釋去」。他說，這本書內容豐富，堪稱近現代中國的百科全書；它細節真切，人物真切，結構是以真切再現生活為前提的；又說它風格明快，主導情志是向上的。「它畢竟是中國現代文學史上不可多得的，為世界所承認的帶史詩性的力作，」他說，「……十億炎黃子孫多為此而欣慰」。

差不多同一個時候，大陸的陝西人民出版社也出版了《林語堂論》，序中說：「我們以馬列主義為指針，在查閱林語堂各時期著述的基礎上，從多種角度加以分析研究，可以比林語堂更了解林語堂」！該書以二十四頁的篇幅討論《京華煙雲》，稱之為「一部頗為奇特的長篇小說」。它的作者和梅中泉一樣，逃不了共產黨的八股，說父親「遠遠脫離了中國的社會現實和人民生活，更不了解二十世紀以來中國社會為何動盪和變遷」；又說這本書「主要是資產階級人道主義的軀體穿上莊子道學的衣冠……故弄玄虛」。不過，它說，

「《京華煙雲》這部結構宏大，人物眾多，線索交錯的小說……有條不紊，順理成章，……中國特色鮮明……總的看來，《京華煙雲》既帶有某些政論性，又含有較多抒情性、小說中敘述和描寫揉和在一起，其中又穿插不少議論。而無論敘述、描寫和議論，都是林語堂個人的筆調，具有恣肆，幽默而熱情的特色，嚴肅之中有輕鬆。」這篇序的作者對《京華煙雲》的風物、景物的描寫頗為讚賞，而他特別欣賞的卻似乎是《京華煙雲》，「敘述時事演變又往往以人物活動為中心，寫到不少真人，這是其他現代小說作品少見的……這種以人物帶時代的寫法，加強了敘述部分的形象性、生動性，而且顯露了作者的愛憎……《京華煙雲》的敘事往往落筆於人物活動，無異於在大故事中穿插人物掌故，既加強時代氣氛，又增加了知識性趣味性。」這大概是他稱之為「頗為奇特」的緣故吧。

之後，大陸不少出版社也競相印行父親的作品，人民文學出版社印行《紅牡丹》，湖南文藝出版社印行《賴柏英》、浙江人民出版社印行《中國人》（《吾國與吾民》）上海書店影印出賣《大荒集》和《翦拂集》等等。

父親說過，「要做作家，必須能夠整個人對時代起反應。」他做到了，所以他的作品可以傳世。

母親於一九八七年四月八日在香港去世，享年九十。在大約四十年前，父親曾送她一個手鐲，上面刻了若艾利（**James Whitcomb Riley**）的那首「老情人」（***An Old Sweetheart***）

不朽的詩：

同心如牽挂　一縷情依依
歲月如梭逝　銀絲鬢已稀
幽冥倘異路　仙府應凄凄
若欲開口笑　除非相見時

林語堂中英文著作及翻譯作品總目

以下是父親著作詳目，分中文著作、英文著作、翻譯作品三類。所列出版者都是初版出版者。英文出版者除特別註明之外，均屬美國。

中文著作部分，只列父親自己編輯文集，不列他人編輯的，翻譯作品部分，只限於出過單行本的書。事實上，在他的英文作品中，如《吾國與吾民》、《生活的藝術》、《孔子的智慧》、《老子的智慧》、《中國畫論》等等書中，有許多篇為中譯英作品。

除此之外，父親寫過數百篇中文英文的文章。

中文著作

1. 一九二八年
翦拂集　上海北新書局

2. 一九三三年
語言學論叢　上海開明書店

3. 一九三四年
大荒集　上海生活書店

4. 我的話上冊（行素集）　上海時代圖書公司

5. 一九三六年
我的話下冊（披荊集）　上海時代圖書公司

6. 一九四一年
語堂文存（第一冊）　上海林氏出版社初版

7. 一九六五年
無所不談一集　臺北文星

一九六六年

8. 平心論高鶚　臺北文星

一九六七年

9. 無所不談二集　臺北文星

一九七四年

10. 無所不談合集　臺北開明

一九七六年

11. 紅樓夢人名索引　臺北華岡

英文著作

一九三〇年

1. *Letters of a Chinese Amazon and Wartime Essays*（林語堂時事述譯彙刊）　上海開明書店
2. 開明英文讀本（三冊）　上海開明書局
3. 英文文學讀本（二冊）　上海開明書店
4. 開明英文文法（二冊）　上海開明書店

一九三一年

5. 現代新聞散文選（*Readings in Modern Journalistic Prose*）　上海商務印書館

一九三五年

6. 開明英文講義（三冊）　林語堂、林幽合編，上海開明書店

7. *The Little Critic: Essays, Satires and Sketches on China, First Series:* 1930-1932（英文小品甲集）　上海商務印書館

8. 英文小品乙集（*The Little Critic: Essays, Satires and Sketches on China, Second Series; 1933-1935*）　上海商務印書館

9. *Confucius Saw Nancy and Essays about Nothing*（子見南子及英文小品文集）　上海商務印書館初版

10. *A Nun of Taishan and Other* **Translations**（英譯老殘遊記第二集及其他選譯）　上海商務印書館初版

11. *My Country and My People*（吾國與吾民）　New York: Reynal & Hitchcock, Inc.,（A John Day Book）

一九三六年

12. 中國新聞輿論史（*A History of the Press and Public Opinion China*）　上海別發

洋行 The University of Chicago Press

一九三七年

13. *The Importance of Living*（生活的藝術）Reynal & Hitchcock, Inc.,（A John Day Book）

一九三八年

14. *The Wisdom of Confucius*（孔子的智慧） Random House, The Modern Library.

一九三九年

15. *Moment in Peking*（京華煙雲） The John Day Company

一九四〇年

16. *With Love & Irony*（諷頌集） The John Day Company

17. *Leaf in the Storm*（風聲鶴唳） The John Day Company

一九四二年

18. *The Wisdom of China and India*（中國印度之智慧） Random House

一九四三年

19. *Between Tears & Laughter*（啼笑皆非） The John Day Company

一九四四年

20. *The Vigil of a Nation*（枕戈待旦） The John Day Company

一九四七年

21. *The Gay Genius: The Life and Times of Su Tungpo*（蘇東坡傳） The John Day Company

22. *Chinatown Family*（唐人街） The John Day Company

一九四八年

23. *The Wisdom of Laotse*（老子的智慧） Random House

一九五〇年

24. *on the Wisdom of America*（美國的智慧） The John Day

一九五一年

25. *Widow, Nun and Courtesan: Three Novelettes From the Chinese Translated and Adapted by Lin Yutang*（寡婦，尼姑與歌妓：英譯三篇小說集） The John Day Company

一九五二年

26. *Famous Chinese Short Stories, Retold by Lin Yutang*（英譯重編傳奇小說） The John Day Company

一九五三年

27. *The Vermilion Gate*（朱門） **The John Day Company**

一九五五年

28. *Looking Beyond*（遠景） **Prentice Hall**

一九五七年

29. *Lady Wu*（武則天傳） World Publishing Company

一九五八年

30. *The Secret Name*（匿名） **Farrar, Straus and Cudahy**

一九五九年

31. *The Chinese Way of Life*（中國的生活） **World Publishing Company**

32. *From Pagan to Christianity*（信仰之旅） **World Publishing Company**

一九六〇年

33. *The Importance of Understanding: Translations from the Chinese*（古文小品譯英） **World Publishing Company**

一九六一年

34. *Imperial Peking: Seven Centuries of China*（帝國京華··中國在七個世紀裡的景觀）
Crown Publishers
一九六一年

35. *The Red Peony*（紅牡丹）　**World Publishing Company**
一九六二年

36. *The Pleasures of a Nonconformist*（不羈）　**World Publishing Company**
一九六三年

37. *Juniper Loa*（賴柏英）　**The World Publishing Company**
一九六四年

38. *The Flight of the Innocents*（逃向自由城）　**G. P. Putnam's Sons**
一九六七年

39. *The Chinese Theory of Art: Translation form the Marter of Chinese Art*（中國畫論，譯自國畫名家）　**G. P. Putnam's Sons**
一九七三年

40. *Chinese-English Dictionary of Modern Usage*（當代漢英詞典）　香港中文大學

翻譯作品

英譯中：

1. 國民革命外紀，原著者待查，約十七年，上海北新書局
2. 女子與知識，英國，羅素夫人原著，約十八年，上海北新書局

一九二九年

3. 易卜生評傳及其情書，丹麥，布蘭地司原著，上海春潮書局
4. 賣花女（劇本），英國，蕭伯納原著，上海開明書店
5. 新俄學生日記，俄國，奧格約夫原著，林語堂、張友松合譯，上海春潮書局

一九三〇年

6. 新的文評，上海北新書局

中譯英：

一九三九年

1. 浮生六記（漢英對照），清朝沈復原著，上海西風社

一九四〇年

2. 古文小品（漢英對照），晉朝陶潛等著，上海西風社
3. 冥寥子游（漢英對照），明朝屠隆著，上海西風社

林語堂傳

1989年11月初版　　定價：新臺幣300元
2008年8月初版第二十刷
2011年1月二版
2017年7月二版四刷

著　　者　林太乙
總編輯　胡金倫
總經理　羅國俊
發行人　林載爵

出版者　聯經出版事業股份有限公司
地址　台北市基隆路一段180號4樓
台北聯經書房　台北市新生南路三段94號
電話　(02)23620308
台中分公司　台中市北區崇德路一段198號
暨門市電話　(04)22312023
郵政劃撥帳戶第0100559-3號
郵撥電話　(02)23620308
印刷者　世和印製企業有限公司
總經銷　聯合發行股份有限公司
發行所　新北市新店區寶橋路235巷6弄6號2F
電話　(02)29178022

行政院新聞局出版事業登記證局版臺業字第0130號

本書如有缺頁，破損，倒裝請寄回台北聯經書房更換。　ISBN 978-957-08-3755-1 (平裝)
聯經網址 http://www.linkingbooks.com.tw
電子信箱 e-mail:linking@udngroup.com

國家圖書館出版品預行編目資料

林語堂傳／林太乙著．
--二版．--臺北市：聯經，2011.01
386面；14.8×21公分．
ISBN 978-957-08-3755-1（平裝）
[2017年7月二版四刷]

1.林語堂 2.臺灣傳記

783.3886 100000440